走向生命关怀的
教师专业发展

杨翠娥◎著

知识产权出版社

全国百佳图书出版单位

图书在版编目（CIP）数据

走向生命关怀的教师专业发展/杨翠娥著. —北京：知识产权出版社，2015.12

ISBN 978 – 7 – 5130 – 3962 – 8

Ⅰ.①走… Ⅱ.①杨… Ⅲ.①师资培养—研究 Ⅳ.①G451.2

中国版本图书馆 CIP 数据核字（2015）第 312284 号

责任编辑：汤腊冬　　　　　　　　**责任校对：**谷　洋

执行编辑：申立超　　　　　　　　**责任出版：**刘译文

走向生命关怀的教师专业发展

杨翠娥　著

出版发行：知识产权出版社 有限责任公司	**网　　址：**http://www.ipph.cn
社　　址：北京市海淀区马甸南村 1 号（邮编：100088）	**天猫旗舰店：**http://zscqcbs.tmall.com
责编电话：010 – 82000860 转 8108	**责编邮箱：**tangladong@cnipr.com
发行电话：010 – 82000860 转 8101/8102	**发 行 传 真：**010 – 82000893/82005070/82000270
印　　刷：北京嘉恒彩色印刷有限责任公司	**经　　销：**各大网上书店、新华书店及相关专业书店
开　　本：787mm×1092mm　1/16	**印　　张：**16.5
版　　次：2015 年 12 月第 1 版	**印　　次：**2015 年 12 月第 1 次印刷
字　　数：296 千字	**定　　价：**39.00 元

ISBN 978-7-5130-3962-8

给教师专业发展以生命关怀

　　小杨既是多年从事教育学教学的教师，又是我的硕士和博士生。从硕士到博士，她的研究方向都是教师教育和教师专业发展，这几年她还承担了几项教师教育和教师专业发展课题。她把自己在教育教学中的体会、思考和研究成果与攻读硕士、博士学位的研究方向和承担的研究课题紧密结合、深入研究，取得了很好的成绩。她在《走向生命关怀的教师专业发展》书稿完成之后，希望我写一篇序，由此我成为这部书稿的第一个读者。通读之后，我感到全书从研究视角、研究框架、总体思路到材料运用、文字叙述，都显示出一种理论的力度和现实的深度，蕴含着职业的情感、严谨的学风和研究的功力。我感受最深的主要有三个方面。

　　一是本书以新颖的研究视角，即生命关怀的角度，对教师专业发展予以反思。教师专业发展是一种生命之学，因此，教师专业发展过程实质上就是教师生命质量不断提升的过程。这就说明关注教师专业发展，不仅要关注教师专业发展的过程，更要关注这一过程与事件中的生命。只有整体的生命延续，才能维持动态的专业发展。作者认为，从"生命"的视角来看，教师专业发展过程是教师专业素养内在生成的过程，是教师不断解决问题，并逐渐走向成熟的过程，也是教师日常教育生活体验的过程，更是教师不断反思、不断超越自身，从而实现生命意义、彰显生命价值的过程。虽说该书分别从"身份体认""内在生成""阶段探寻""现状透视"以及"哲学省思"五个方面剖析教师专业发展的种种问题，并为问题的求解提供了思路，但读后有一以贯之的明晰线索可以把握，即全书始终围绕教师的专业发展和生存现状、教师的自我效能感和职业幸福感、教师的道德智慧和专业成长力、教师职业的生命意义和价值进行疏释与衡论。

　　二是本书通过实证材料的科学分析、平心衡论，对教师角色予以了定位，对成熟教师的标准予以了厘定，从而对师范生的入职适应性、教师的生存状态不只是有了粗线条的勾画，而是细节性的描绘。例如，对师范生的入职适应性问题的论析，就下了很大功夫。她从职业认知、职业能力、人际关系和工作环境四个维度，在湘西自治州6个县市的35所中小学对622位教师进行了调查和访谈，着力探讨、考察了职业认同感、从教意愿、技能准备、学历、知识结构和教龄等个人因素，以及师范院校的教育和任教中小学校的管理等环境因素对师范生向教师转变过程的影响。另在教师生存状态、职业倦怠与职业压力、职业幸福感与自我效能感等方面，可以说包含了她多年来研究教师专业发展的多方面成果，尤其显示了她较好的教师教育研究能力。

三是本书对于教师专业发展的一些关键性问题进行了深入的思考，形成了她对教师专业发展的独到见解，从而使她所书写的教师专业发展又具有鲜明的个性化特征。书中对"教师生命意义"的研究便是一例。近些年来，随着教育"技术化"促成了教师的生存状态不佳，教育"工具化"促成了教师的精神生命式微，教育的"泛道德化"促成了教师的自我价值消解，引起了不少学者对"教师生命意义"的关注，研究成果已有许多。她在此基础上，衡论诸家的观点，再作自己的推进，明确地提出"教师生命意义主要是指教师的职业生命意义，指教师这一社会角色存在的目的和价值，以及教师在教育生涯中的自我确证感和自我实现感"，并进而阐发了"教师生命意义"与"教师生命道德"的内在关联，指出教师生命意义的迷失呼唤教师生命道德的觉醒。这就为教师专业发展提供了伦理维度。

总之，杨翠娥的《走向生命关怀的教师专业发展》值得一读。在这种阅读中，阅读者当然会各有心得、各有评说，但有一点我想可以达成共识，这就是从中可以看到的结论：给教师专业发展以生命关怀。

吉首是个好地方，张家界和凤凰古城是吉首的近邻。祝愿小杨聚集南方山水、名城之灵气和古都西安敦厚历史文化之精神，在教育教学和研究中取得更好成绩！祝愿她和她的学生的生命更加精彩，生活更加幸福！

郝文武

2015年11月
于陕西师范大学

目 录

绪论　教师专业发展的生命意蕴

自从 1966 年联合国教科文组织与国际劳工组织在《关于教师地位的建议》中提出"应该把教师职业作为专门职业来看待"，教师专业发展便开始成为教育研究的主题之一。尤其是 20 世纪 80 年代以来，教师专业发展一直是国内外教育界关注的焦点问题。迄今为止，以"教师专业发展"为主题的研究成果已不计其数，许多国家甚至将教师专业发展纳入政策的视野之中。然而，从总体上看，现有研究更多的是立足于"职场"，而从"个体生命的人"的角度探讨教师专业发展还有待于进一步深入。本书试图以生命哲学为理论视角，本着生命关怀理念全面思考教师专业发展问题，旨在通过关注教师的内在发展过程和生存现状，提升教师的自我效能感和职业幸福感，增强教师的道德智慧和专业成长力，提高教师的专业发展水平，进而凸显教师职业的生命意义和价值。

一、教师专业发展研究视角：生命哲学

生命哲学（philosophy of life）是 19 世纪末至 20 世纪上半叶在德、法等国流行的一种具有非理性主义特征的哲学思潮。它把揭示人的生命的性质和意义作为全部哲学研究的出发点，进而推及人的存在及其全部认识和实践，再由人的生命和存在推及人的历史和文化，以及人与周围世界的关系。简言之，生命哲学由对生命的揭示而推及对整个世界的揭示。作为一种哲学思潮，生命哲学的思想走过了不同的历史时期，且由于对生命概念、研究角度和层次的不同，生命哲学出现了一些各具特色的派系。❶

一般认为，生命哲学的奠基人是阿图尔·叔本华（Arthur Schopenhauer）和弗里德里希·威尔海姆·尼采（Friedrich Wilhelm Nietzsche）。叔本华的"生

❶ 刘放桐，等. 新编现代西方哲学［M］. 北京：人民出版社，2000：119.

活意志"和尼采的"权力意志"均属于"生命意志",故二人也就自然归属于生命哲学家之列。在叔本华看来,生命是一种痛苦,是一种斗争,每一个生命都是以他的方式来证明世界的现实。他认为,武力是不能折断生命意志的,人的行动准则就应该是"要尽一切可能让所有闯入生活的东西都能生存下去"。❶尼采把生命归结为权力意志,认为"一个生命体首先想要发泄其力量——生命本身就是权力意志",他高扬人的生命活力、创造力,并认为人应当自我超越。❷ 这两个哲学家对主体问题、生活实践和自我体验的关注为生命概念成为哲学的中心打好了基础。

生命哲学的主要代表人物要数亨利·柏格森(Henri Bergson)、威廉安姆·詹姆士(William James)、威尔海姆·狄尔泰(Wilheim Dilthey)和格奥尔格·西梅尔(Georg Simmel,也译为齐美尔)。他们从不同的角度对"生命"进行了诠释。作为法国最具代表性的生命哲学家,柏格森认为,时间是生命的本质,自由是纯粹的自我创造。他指出,对一个有生命之物来说,时间是他的生命的真正本质,是他的实在性的意义所在。生命的每一个时期的变化都是连续的,生命本身只同时间有关。柏格森强调,生命是一种本原的冲动力,是世界上一切事物生生不息、推陈出新的最深刻的根源,它无时无刻不在创造自身和创造新的东西,整个宇宙自然的创造都是由于生命冲动促成的。❸

詹姆士在他那个年代是美国最有声望的实用主义者,他用实用主义的思维方式来解读生命,并将生命定义为"继续向前的东西",是不断解决问题的过程。詹姆士还对主体问题产生了浓厚的兴趣,他将通向内心经验的自我分成三种:一是物质的自我,包括身体和与此有关的东西;二是社会的自我,指人在社会中扮演的不同角色;三是精神的自我,是人内心的状态,包括愿望、感情和思想等,这些东西构成了人的内在生命。❹

狄尔泰是德国最具影响力的生命哲学家,他通常用"生命"一词泛指人类个人和集体生活的整个范围,包括他们的表现、创造以及人类的社会组织、文化成就,人心向内与向外的一切活动等。但他有时又认为,生命就是人的生活,而人的生活就是人的经验。经验也不只是人的感性知觉经验,而是人的全部精神生活,主要指人对自己的存在的内在体验。狄尔泰特别强调生命的时间

❶ [德]费迪南·费尔曼. 生命哲学 [M]. 李健鸣,译. 北京:华夏出版社,2000:38.
❷ 张曙光. 生存哲学:走向本真的存在 [M]. 昆明:云南人民出版社,2001:271-272.
❸ 刘放桐,等. 新编现代西方哲学 [M]. 北京:人民出版社,2000:132-139.
❹ [德]费迪南·费尔曼. 生命哲学 [M]. 李健鸣,译. 北京:华夏出版社,2000:79,88-89.

性和历史性，指出"生命，作为相互影响的、时间上相续的事件，就是历史生活"，生命的本质只能到历史性的存在中去寻找，也就是只有在历史的进程中才能领悟生命的真谛。对每一个人来说，生命就在他的活动、态度以及他对人与事的认识、他与周围环境的关系中表现出他独具的特征。但每一个人同时又是无数交叉系统中的一个点，无数个人聚成生命之网络，汇成生命之巨流，而生命本身就在他们中间实现为社会的、历史的实在。狄尔泰由此认为，"生命以及对生命的体验是对社会—历史世界的理解的生生不息、永远流动的源泉"。❶

西梅尔是德国生命哲学的另一个主要代表人物，他用"生命比生命更重要"和"生命超出生命"两个特别的命题来说明生命。所谓"生命比生命更重要"，是指生命是一个生生不息的创造过程。生命是一种运动，这种运动是持续不断的。"只要有生命存在，它就产生某种活生生的东西"，也即每时每刻在产生自身。生命是一股不可逆转的流，在其中每一个瞬间都消溶进下一个瞬间。西梅尔认为，时间是生命和有生命之物的根本特征，只有有生命之物才具备时间上的延展性，而僵死的物质无所谓过去、现在和将来。他还认为，没有无内容的生命过程和生命形式。我们在自己的生活中"体验"生命的内容，这种"体验"实际上是心灵把握生命的活动。每一当下直接的体验把这一内容与别的内容联系起来，把个人的整个生活经历连结起来，因此，每一个生命形式都是独一无二的。总之，生命过程是不断保持生命自身、不断壮大和发展生命自身的过程。但西梅尔所理解的生命的含义不仅仅如此，它不仅创造更多的生命来时时更新自己，而且还从自身创造出非生命的东西，这些东西又具有它们自身的规律和意义。也就是说，生命有超越生命自身的能力。这就是西梅尔的第二个命题："生命超出生命。"❷

生命哲学在哲学界长期有重大的影响，很多哲学家都对其发展做过贡献。比如，奥斯瓦尔德·斯宾格勒（Oswald Spengler）、路德维希·克拉格斯（Ludwig Klages）和泰奥多尔·莱辛（Theodore Lessing）就将生命哲学引入意识形态阶段，"文化"被看作"最高级的生命体"。马克斯·舍勒（Max Scheler）、马丁·海德格尔（Martin Heidegger）、卡尔·雅斯贝尔斯（Karl Jaspers）和埃德蒙德·胡塞尔（Edmund Husserl）又分别从哲学人类学、存在哲学、生存哲学和现象学对生命哲学作出了回答，他们的作品证实了生命哲学给了主体哲学新的

---

❶　刘放桐，等. 新编现代西方哲学［M］. 北京：人民出版社，2000：126.
❷　刘放桐，等. 新编现代西方哲学［M］. 北京：人民出版社，2000：128.

动力。尤其是，海德格尔的存在哲学和雅斯贝尔斯的生存哲学思想被看作生命哲学的延续。路德维希·维特根斯坦（Ludwig Wittgenstein）的语言实用论则为我们描绘了一个未来生命哲学的前景，从而让我们看到生命哲学的思想是如何通过语言分析的思考得到解释和加以发展的。❶

大体上来看，生命哲学可以归结为生物学倾向和历史—文化倾向两种主要类型。以柏格森为代表的生物学倾向的生命哲学家主张用运动变化和整体联系的观点说明生命现象；以狄尔泰为代表的历史—文化倾向的生命哲学家则认为，生命大体上是指人的生活经验，它不是作为一种自然现象的外在生命，而是作为反思主体的人内在的、体验和领悟到的生命。这种内在生命超越了外在生命的被动性，包含了主动参与的动态意义，其形态往往是合目的性的，即追求有待实现和达到的价值。尽管不同的生命哲学家对于生命的解读不尽相同，但他们之间仍存在许多共同之处。他们都倾向于认为，生命不是物质或精神、感性或理性的实体，而是主体对自己存在的体验、领悟，是心灵的内在冲动、活动和过程。他们大都反对用机械和静止的观点，而主张用运动、进化和创造的观点看世界，强调生命的变异性和创造性以及作为人的生命的体现的心灵世界的独特性。他们都强调生命和激情对理性和经验的超越，从而具有非理性主义倾向。但他们并没有完全否定经验和理性在一定范围内的作用，所以又并非纯粹的反理性主义。❷

德国哲学家费迪南·费尔曼（Ferdinand Fellmann）在分析了各个时期的生命哲学思想后指出，"生命哲学是一种信念，相信人只能通过生命这个媒体了解和得到自己"❸。在笔者看来，无论是作为一种哲学思潮，还是作为一种人生信念，生命哲学对个体生命存在的关注和解读无疑为教师专业发展研究提供了重要的理论视角。特别是，生命哲学对生命的主体性、独特性、创造性、超越性、整体性、时间性以及生活经验、内在生命等内容的重视，都值得我们借鉴并以此来重新审视和思考教师专业发展。

二、生命哲学视野下教师专业发展的意蕴

从生命哲学对生命的观照和阐释以及对生命意义的思考和追问中，我们可以推演出，生命哲学视野下的教师专业发展具有强烈的生命意蕴。从"生命"

---

❶ ［德］费迪南·费尔曼. 生命哲学［M］. 李健鸣，译. 北京：华夏出版社，2000：21-22.
❷ 刘放桐，等. 新编现代西方哲学［M］. 北京：人民出版社，2000：119-121.
❸ ［德］费迪南·费尔曼. 生命哲学［M］. 李健鸣，译. 北京：华夏出版社，2000：16.

的视角看，教师专业发展是教师专业素养内在生成的过程，是教师不断解决问题，并逐渐走向成熟的过程，也是教师日常教育生活体验的过程，更是教师不断反思、不断超越自身，从而实现生命意义、彰显生命价值的过程。具体来说，教师专业发展的生命意蕴主要体现在如下三个方面。

第一，生命具有独特性和创造性。教师专业发展应该是教师专业素养内在生成的过程，因此，必须关注教师自身的生命体验和内在价值。生命哲学认为，每一个生命都是独一无二的，都具有不同于他人的自我经验。生命过程是主体对自己存在的体验过程，是心灵内在冲动的过程。教师作为具体的人，其生命是别人无法代替的，教师专业发展过程自然也就是教师生命的一种自我体验过程，是教师自我生成、自我实现的过程。是否发展、怎样发展、发展到何种程度，最终都取决于教师自身，外在的力量只能起到一种辅助的作用。因此，在生命哲学视野下探讨教师专业发展首先必须尊重教师自身的生命体验。生命哲学认为，生命是一种创造性的存在，"它无时无刻不在创造自身和创造新的东西"。尼采对人的生命活力和创造力的高扬，柏格森的"本原的冲动力"，詹姆士的"继续向前的东西"，狄尔泰的"生生不息、永远流动的源泉"，西梅尔的"生命比生命更重要"等，都很好地论证了生命具有无限的创造性和可能性。教师专业发展过程是教师自我生成的过程，这种生成不是简单的量的积累，而是一种创造性的生成和自主发展。生成包含着创造，生成过程就是创造过程。简言之，教师专业发展过程就是教师创造自身的过程。生命的意义不仅仅是当下的生命体验，也不只是现时的生命所表现出的特性，更重要的是通过创造而实现的生命自身的不断发展。❶ 因此，在生命哲学的视野下探讨教师专业发展不仅要关注教师的生命体验，还要关注教师的内在价值，使教师的创造性能够得到充分的发挥。只有这样，才是对教师生命的真正关照，教师的生命意义也才能得以实现。

第二，生命具有时间性，生命即生活。教师专业发展应该是教师不断解决专业问题，并逐渐走向专业成熟的过程，也应该是教师日常教育生活体验的过程，因此，必须关注教师的生活和生存状态。生命哲学认为，生命具有时间性，人的生命亦即人的生活。柏格森论证了时间是生命的本质，时间是生命的实在性意义所在，他强调了生命冲动本质上是纯粹的时间之流，并将时间区分为"真正的时间"和"科学的时间"两种，前者指生活和具体的时间，后者

❶ 王春燕. 教师：从职场专业发展走向生命关怀的个体成长［J］. 全球教育展望，2008（6）：58－62.

指度量和抽象的时间。詹姆士认为生命是不断解决问题的过程，而"过程"实质上就是时间上的相续。狄尔泰更加强调生命的时间性和历史性，指出生命作为时间上相续的事件就是历史生活。西梅尔论证了时间是生命和有生命之物的根本特征，指出只有有生命之物才具备时间上的延展性。的确，生命具有时间性，正是时间的不重复性、不间断性才保证了生命的存在。据此，我们可以将教师专业发展理解为教师不断解决专业问题，并逐渐走向专业成熟的过程，这个过程是一个永无止境的过程，是一个持续终身的过程——生命不止，发展永续。而且，人的生命不可能孤立地存在，它总是处于与其他存在物的关系之中。所以教师的专业发展也不是孤立的，而是在与他人的"共在"中进行的，教师专业发展过程是教师与教师之间相互合作的过程，是教师群体共同提高的过程。同时，对于人而言，生命即生活，生活是人最起码的存在样态。只有在生活中，人的生命活力才能得以展现，生命的个体才能获得发展。因此，教师专业发展必须通过自己的教育生活世界才能实现，教师专业发展过程实质上也是教师日常教育生活体验的过程。所以，在生命哲学视野下审视教师专业发展，必须关注教师当下的生活和生存状态。

第三，生命具有完整性和超越性。教师专业发展应该是教师专业结构逐渐完善的过程，是教师不断超越自身的过程，因此，必须关注教师的整体生命和生命意义。生命是一个完整的个体，生命哲学家主张用整体联系的观点来说明生命现象。作为生命个体的人不仅有肉体的层面，更有精神和灵魂的层面。换言之，人不仅具有肉体（自然）生命，还有精神生命和社会生命，忽略其中之一，生命都是不完整的。正如雅斯贝尔斯在《什么是教育》中指出："毋庸置疑，生命是完整的，它有着年龄、自我实现、成熟和生命可能性等形式，作为生命的自我存在也向往着成为完整的，只有通过对生命来说是合适的内在联系，生命才能是完整的。"❶ 也如叶澜教授所言："生命有多方面的需要：生理的、心理的、社会的、物理的、精神的、行为的、认知的、价值的、信仰的。任何一种活动，人都是以一个完整的生命体的方式参与和投入，而不只是局部的、孤立的、某一方面的参与和投入。"❷ 教师作为一个独立的个体，跟其他个体一样具有生命的完整性，同时也具有各种生命欲求，既有作为维持个体生

---

❶ ［德］雅斯贝尔斯. 什么是教育［M］. 邹进，译. 北京：生活·读书·新知三联书店，1991：37－38.

❷ 转引自王春燕. 教师：从职场专业发展走向生命关怀的个体成长［J］. 全球教育展望，2008（6）：58－62.

命不可或缺的物质需求，更有人之不同于动物生命的精神需求，如愉悦的情绪、丰富的精神生活和幸福感等，忽略哪一个方面教师的生命都将是残缺不全的。因此，我们可以将教师专业发展理解为教师专业素质的各个方面共同提高和整体完善的过程。生命哲学认为，生命有超越自身的能力，即所谓"生命超出生命"。作为生命个体的人更是一个超越性的存在，一个价值存在。超越性是人的生命特有的发展方式，它意味着生命发展的动力在于内而不在于外。从本质上看，超越性本身就是对人生意义的一种追求，"人正是通过对自己生命的不断超越，来揭示生命的意义、凸显生命的价值、实现生命的理想、追求生命的完满的"❶。教师作为一个特定的社会角色，也只有通过对自己生命的不断超越，才能实现自己的生命意义，彰显自己的生命价值。教师生命的超越性主要表现为精神对物质的超越、发展对功利的超越、意义对存在的超越、宁静对喧嚣的超越、内在尊严对外在价值的超越等。因此，教师专业发展实际上就是教师不断超越自身的过程。综上所述，在生命哲学视野下探讨教师专业发展，必须关注教师的整体生命和各种生命欲求，也必须关注教师的生命意义和生命价值。

三、走向生命关怀的教师专业发展

如前所述，生命哲学关注人的主体性和生命体验，强调人的生命意义和存在价值。在生命哲学视野下探讨教师专业发展，就是要关注教师的生命体验和当下的生存状态，关注教师的整体生命，关注教师的生命意义和内在价值，从简单的"职场"专业发展走向生命关怀的专业发展。换言之，走向生命关怀的教师专业发展就是要从"生命"出发，从教师作为"个体生命的人"的角度，在对个体完整生命的关怀下思考教师专业发展。在这个过程中，生命哲学是理论视角，生命关怀是核心理念。那么，教师专业发展如何走向生命关怀，在教师专业发展过程中怎样体现生命关怀呢？笔者认为，生命关怀理念在教育实践中有不同的表现形式，而哲学思维、人文精神、职业幸福感和内在生命价值等应该是教师专业发展体现生命关怀的具体表现。因此，走向生命关怀的教师专业发展可以围绕培养"哲学之思"、倡导人文精神、提升职业幸福感和彰显生命价值四个具体理念或线索，将生命关怀的核心思想渗透到教师专业发展的整个过程之中。

---

❶　刘济良. 生命教育论［M］. 北京：中国社会科学出版社，2004：183－184.

其一，培养"哲学之思"。哲学是追寻智慧的学问，"哲学之思"能帮助人提升生命的意义和价值。正如法国哲学家布莱兹·帕斯卡尔（Blaise Pascal）所指出的那样，人只不过是一根苇草，是自然界最脆弱的东西，但他是一根能思想的苇草，我们全部的尊严就在于思想。思想不但让我们得以为"人"，而且让我们过上更加知性的生活，让我们的人生更有意义和更有价值。❶ 苏格拉底（Socrates）也说过，未经理性审慎的生活是不值得过的。尽管经过了理性的省察我们不一定就能找到生活的方向，但是不经过理性的省察就一定找不到生活的目标。❷ 柏格森指出，"哲学就是改变我们思维的习惯方向"。费尔曼在其《生命哲学》一书的结尾总结道："哲学不能代替人塑造生命，但它能鼓励人去寻找自我。"❸ 可见，哲学对人生命的重要影响是哲学家们普遍认可的。作为智慧追寻的哲学实际上是对更好的思想方式的追寻，这种思想方式事关人类所面临的各种各样的困境。正如这种追寻关涉其他人类事务一样，这种追寻也关涉教育。❹ 虽然哲学并不能保证教师能够成为好的思想者或教育者，但是，它确实能够提供有价值的视角以便帮助教师更清晰地思考问题。就像乔治·F. 奈勒（George F. Kneller）所说的那样，"哲学解放了教师的想象力，同时又指导着他的理智。教师追溯各种教育问题的哲学根源，从而以比较广阔的眼界来看待这些问题。教师通过哲理的思考，致力于系统地解决人们已经认识清楚并提炼出来的各种重大问题。那些不应用哲学思考问题的教育工作者必然是肤浅的。一个肤浅的教育工作者，可能是好的教育工作者，也可能是坏的教育工作者——但是好也好得有限，而坏则每况愈下"❺。所以，对于教师来说，哲学应该成为一种专业发展的工具，它无论是对教师的工作还是生活都具有很高的价值和意义。教师要想在个人和职业生涯中获得一种深刻和广博的视野，就离不开哲学的视角。哲学能为教师提供丰富的思想来源，开启心智，形成教育智慧。运用哲学思维方式，可以拓宽教师的教学视野，深入理解教育教学问题，批判地反思已有的教育经验，批判性地思考教育现状，并寻找改善教学工作的方向和途径。具体地说，从哲学角度审视教育，可以帮助教师理解学生、课程、管理以及目标之间的相互关系。可以引导教师探讨管理和教学生涯

---

❶ 吕陈君. 智慧简史：对世界奥秘的终极探索［M］. 北京：中国言实出版社，2008：13.

❷ 张志伟，欧阳谦. 西方哲学智慧［M］. 北京：中国人民大学出版社，2000：9 – 10.

❸ ［德］费迪南·费尔曼. 生命哲学［M］. 李健鸣，译. 北京：华夏出版社，2000：73，218.

❹ ［美］奥兹门，［美］克莱威尔. 教育的哲学基础［M］. 7 版. 石中英，邓敏娜，等，译. 北京：中国轻工业出版社，2006：11 – 12.

❺ 陈友松. 当代西方教育哲学［M］. 北京：教育科学出版社，1982：28.

中的伦理困境，以便在日常教育生活中作出理性的教育决策。哲学反思可以提高教师对教育问题的洞察力和理解力，可以使教师更好地解决形形色色的教育问题，从而不断提升自己的专业水平，实现专业发展。

其二，倡导人文精神。人文精神是人之为人的根本精神，是人对自身本质、价值、终极关怀和在世界之中的地位的根本看法和不懈追求。郝文武教授指出，当代人文精神是以人的整体、全面、长远和根本利益为终极关怀的价值追求。它关心的不只是现实的人，也是未来的人；关心的是神性和物性统一的人，而不是神性和物性分裂的"单面人"；它强调的是共利精神，而不仅仅是功利、公利和双赢精神。共利精神是尊重每个人的权利，实现每个人的价值，发挥每个人的潜能，使每个人过上文明幸福生活的精神。❶ 周国平教授将人文精神的基本内涵区分为三个层次：一是人性，即对人的尊严和幸福的追求，是广义的人道主义精神；二是理性，即对真理的追求和思考，是广义的科学精神；三是超越性，即对生命意义的追求，是广义的宗教精神。实际上，人文精神可以简单地理解为对人生价值和生命意义的观照，其核心内容就是我们常说的"以人为本"，以人为终极关怀，其实质是尊重人、关心人、充分发挥人的潜能和人的价值。❷ 以人为本包含着以人的生命为本、以人的发展为本。尊重人、关心人包含着尊重人的生命、关心人的发展。人文精神本身就内含着生命关怀的理念。走向生命关怀的教师专业发展必然要倡导人文精神，用人文精神引领教师专业发展。比较而言，立足于"职场"的教师专业发展主要关注的是教师作为"社会人"的发展，强调教师职业的社会功能，主张教师要奉献甚至牺牲，属于一种工具理性取向，这难免会忽视教师的内在生命诉求。而在人文精神引领下走向生命关怀的教师专业发展，则从作为"个体生命的人"的角度关注教师，强调教师职业的内在尊严和发展价值，主张教师不仅讲奉献，也要谋求自身的发展，不仅以学生为本，而且以自己为本，不仅尊重、关心学生，而且尊重、关心自己。甚至教师要先尊重自己、关心自己、发展自己，然后再推己及人，把这份尊重和关心延伸到学生身上，最终达到与学生共同发展。这属于一种价值理性取向。一个连自己都不尊重、不关心的人，一个不谋求自身发展的人很难真正做到尊重、关心和发展他人。因此，教师只有首先以自己为本，以自己为终极关怀，其专业发展才能走向本真。

其三，提升职业幸福感。幸福是生命存在的基本方式，是人生的终极目标

---

❶ 郝文武. 教育哲学研究 [M]. 北京：教育科学出版社，2009：129 – 132.

❷ 郝文武. 教育哲学 [M]. 北京：人民教育出版社，2006：362.

和生活动力。每个人都有追求幸福的权利，教师也不例外。对于幸福是什么的问题，每个人的认识不同，感受也不一样，可以说，幸福是客观条件与主观感受相统一的产物。而幸福感则归根结底是人的一种内在的愉悦的心理体验。对于教师而言，职业幸福感是其在教育生涯中产生的最为美好的心理感受，它是教师作为生命个体的一种职业生活境界，它反映了教师作为教育主体的一种良好的生存状态。关注教师专业发展必然要关注教师的内在体验，关注教师作为教育主体的生活和生存状态。因此，走向生命关怀的教师专业发展必须尽力提升教师职业幸福感，使其拥有良好的生活状态。事实上，教师专业发展与教师职业幸福感是相辅相成的，它们互为手段，互为目的，彼此交叉和相互渗透。专业水平的提高可以使教师在教育过程中产生更多的胜任感、成就感和满足感，而胜任感、成就感和满足感都是职业幸福感的重要源泉。职业幸福感的产生又反过来能激发教师更多的工作热情和信心，成为教师进一步发展和提高自己专业水平的内在动力。在亚里士多德（Aristotle）看来，幸福就是合乎德性的实现活动。他将幸福等同于善，认为最大的幸福就是最高的善。❶ 可见，幸福与德性是相统一的。从这个意义上说，职业幸福感也属于教师专业发展的内容，可以归入教师专业伦理那一类。总之，教师职业幸福感与教师专业发展紧密相连，在教师专业发展过程中要体现生命关怀就必须提升职业幸福感。教师只有在教育生活中感受到幸福和美好的存在，其专业发展才会真正成为自己内心的需要，成为自己生命的一个组成部分。

其四，彰显生命价值。生命具有完整性，它表现出不同的层次。人之为人，人之不同于动物的地方就在于，人不仅仅是为了维持自己的自然生命而活着。人在满足自然生命的基础上，还要不断超越自然生命，追求生命的意义，展现生命的价值。换言之，人不仅要活着，而且还要活出精彩，活得有意义、有价值。人的价值有社会价值和自我价值之分。社会价值是一种外在的、工具性的价值。自我价值是一种内在的、自我发展、自我实现的价值，亦即生命价值。从社会角度来说，人要活出精彩就必须尽力创造社会价值；而从个体生命的角度看，人要活得有意义还必须充分实现自身的内在价值。作为独特的生命个体，教师也期望自己有限的生命能富有意义，富有价值。教师的生命意义和价值反映了教师自我实现的需要，教师专业发展过程应该成为教师实现生命意义、彰显生命价值的过程。有学者提出，以教师为业有两种基本方式：一是

---

❶ 苗力田. 亚里士多德选集（伦理学卷）［M］. 北京：中国人民大学出版社，1999：18.

"靠"教育而生存；二是"为"教育而生存。❶"靠"教育而生存的教师把教师看作一种维持生计的职业，是一种生存型教师；"为"教育而生存的教师将教师看作值得追求和托付的事业，是一种生命型教师。在专业发展过程中，生存型教师更多的是关注发展带来的经济效用，具有较强的功利性；生命型教师更多的是关注自身潜能的发挥，具有更强的发展性。相对而言，"为"教育而生存的生命型教师比"靠"教育而生存的生存型教师更能彰显自身的生命意义和价值。生命型教师是教师发展所应该追求的最高层次和最高境界。走向生命关怀的教师专业发展就是要造就生命型教师，以最大限度地挖掘教师的潜能，充分实现教师的生命意义，彰显教师的内在生命价值。

总之，教师专业发展是教师专业素养内在生成的过程，是教师教育生活体验的过程，更是教师不断超越自身、实现自我价值的过程。走向生命关怀的教师专业发展就是要立足于"生命"，用生命关怀的理念引领教师专业发展，将生命关怀理念贯穿于教师专业发展过程的始终。而生命关怀理念在教师职业生涯中主要又以哲学思维、人文精神、职业幸福感和生命价值等具体方式体现出来。因此，走向生命关怀的教师专业发展应该围绕培养"哲学之思"、倡导人文精神、提升职业幸福感和彰显生命价值四个具体理念或线索进行。虽然四个具体理念或线索之间存在相互交叉、相互重叠的地方，但它们各自的侧重点是不一样的。本书除绪论外共包括五章内容，每一章都力图围绕四个具体理念或线索将生命关怀的基本思想渗透其中。五章内容的基本结构如下：

第一章——身份体认：教师角色定位。传统的教师角色定位主要强调教师的社会责任，关注教师的"育人"价值，体现了人们对教师职业所寄予的崇高期望。"蜡烛""园丁""灵魂工程师"等美誉将教师角色固化成了"圣人"甚至"超人"，似乎教师注定就应该是无欲无求的个体。事实上，人们对教师的崇高期望已经不单纯是一个"专业人员"所能承载的。作为生命个体，教师也是生活中的普通人，也有自己的各种生命诉求。作为一种职业，教师只是众多职业中的一种，教师职业除了具有崇高的"育人"价值，也应内含着充满人性的"育己"价值。因此，走向生命关怀的教师专业发展首先应该给教师角色一个全面而合理的定位。本章从追溯我国古代教师称谓出发，分析各种教师角色隐喻和不同的角色定位对教师发展的影响，强调合理的教师角色定位应该能够彰显教师职业的生命价值和内在尊严。具体包括四方面内容：我国古

❶ 刘铁芳. 从"敬业"到"乐业"：当前师德建设的基本问题［J］. 教育科学研究，2005（7）：54－56.

代教师称谓种种、教师角色隐喻的喜与忧、教师角色的生命价值、教师角色的现代转型。

第二章——内在生成：教师专业发展。在生命哲学视域下，教师专业发展是教师专业素质内在生成的过程。内在生成意味着教师专业发展过程是别人无法代替的，外部力量只能提供条件方面的支持和保障。内在生成意味着教师专业发展是一种自主发展，其动力来自教师内部而不是外部，来自"我要发展"而不是"要我发展"。内在生成也意味着教师专业发展是教师不断更新、不断超越自身的过程，而要实现更新和超越就需要教师不断学习、不断反思。同时，人不是孤立的存在物，他总是要同别人发生各种联系。内在生成的专业发展过程也离不开教师与教师之间的真诚合作，教师专业发展是教师群体共同提高的过程。因此，走向生命关怀的教师专业发展必须重视教师的内在生成过程，强调教师自主发展。本章以教师自主发展为核心，从全面梳理教师专业发展的含义、特征和内容入手，系统分析终身学习、教学反思和专业合作等教师专业自主发展的基本路径。具体包括四方面内容：教师专业发展概述、教师终身学习、教师教学反思、教师专业合作。

第三章——阶段探寻：教师发展历程。在生命哲学视域下，教师专业发展是教师不断发现问题、解决问题的过程，是教师职业生命从不成熟逐渐走向成熟的过程。在这个过程中教师的发展往往会呈现出不同的阶段性特点，每个阶段有每个阶段的问题，每个阶段有每个阶段的需要。换言之，教师在不同的发展时期，其思想、态度、心理和行为等方面都会表现出一定的差异。走向生命关怀的教师专业发展必须关注教师的发展历程，尊重教师在不同发展阶段的差异性。师范生向教师角色转变的过程是绝大多数教师发展历程中的重要阶段，这个阶段能否顺利度过将关系到教师的未来发展方向和水平。本章在简要介绍美国、英国和我国教师的评价标准，介绍教师发展阶段理论以及教师教育一体化相关理论的基础上，重点探讨了师范毕业生向教师角色转变的适应性现状、问题、影响因素和提高师范生入职适应能力的措施，以求有效地促进教师专业持续发展。具体内容包括四个部分：成熟教师的标准、教师专业发展阶段理论、教师教育一体化与教师发展、师范毕业生的入职适应性研究。

第四章——现状透视：教师生存状态。生命具有完整性，它既有物质的层面，也有精神的、社会的层面。探讨走向生命关怀的教师专业发展必须关注教师的整体生命，既要改善物质条件、提高物质待遇以满足教师自然生命的需要，更要提供各种精神方面的支持和帮助，以满足教师精神生命的欲求。教师专业发展是教师教育生活体验的过程，因此，走向生命关怀的教师专业发展还必须关注教师当下的生活和生存状态。简单地说，教师生存状态是指教师所处的物质和精神环境。本章重点探讨精神环境，即教师的主体生存状态或职业生存状态，它是由教师的职业生命存在和职业生命活动所表现出来的生存状态，主要包括身心健康、职业压力、职业倦怠和工作满意度等方面的内容。本章的逻辑结构是，首先从总体上初步扫视我国教师的生存现状，然后分别从含义、现状、原因、对策等方面重点对教师的心理健康、职业压力和职业倦怠进行具体的分析。全章的具体内容包括教师生存状态扫描、教师心理健康、教师职业压力和教师职业倦怠四个部分。

　　第五章——哲学省思：教师生命意义。生命具有超越性。对于人而言，超越性本质上就是对人生意义的一种追求。可以说，人是一种"意义"的存在，"意义"决定了人的生活和发展方向，体现了人生的价值和内在尊严。失去"意义"，人与动物也就没什么根本区别了。生命意义指的是个体作为生命存在的目的和价值，教师生命意义是指教师这一特定社会角色存在的目的和价值。本章所思考的教师生命意义主要指教师职业生命意义，是教师作为特定职业角色存在的意义和价值，尤其强调教师的内在生命价值。本章的逻辑结构是，围绕教师专业发展从教师自我效能感、职业幸福感、道德智慧和生命道德四个方面对教师生命意义进行理性思考。最后提出，要追寻生命意义、彰显生命价值，需要教师在自身的专业发展过程中，既要崇尚"生命诚可贵，奉献价更高"的价值情怀，又要培养"创造着就是快乐着"的幸福情怀，更要有一种"与学生共同进步"的发展情怀，努力使自己成为"为"教育而生存的生命型教师，而不只是"靠"教育而生存的生存型教师。

第一章 身份体认：教师角色定位

在社会生活中，每个人都扮演着一种或多种角色。每种角色都有自己应该承担的责任和应尽的义务，每种角色也都有各自的内在需要和价值诉求。教师就是一种特定的社会角色。在不同的历史时期，人们对教师的角色定位不完全一样；在同一个历史时期，不同的人对教师的角色定位也不尽相同。一般认为，教师角色是指与教师的社会地位、身份相一致的一整套权利、义务及规范化的行为模式，是人们对具有教师身份的人的行为期待。这是对教师角色的一种综合性认识。这种认识包含了人们理解教师角色的三种常见的情况：第一种，认为教师角色就是教师的社会地位；第二种，认为教师角色就是教育过程中教师的典型性行为；第三种，认为教师角色就是对教师所持有的一种希望。三种常见情况分别从社会、教育和心理不同的层面揭示了教师角色的基本内涵，也在某种程度上反映了人们不同的教师角色定位。但无论从哪一种角度看，人们对于教师角色的定位主要还是强调教师的社会身份、行为规范以及他人对教师的期望，忽视了教师自身的内在需要和价值诉求；强调了教师应尽的责任和义务，忽视了教师应享有的权利。笔者认为，合理的教师角色定位既应该强调教师必须承担的责任、义务和必须遵守的行为规范，也应该关注教师个体生命的内在需要和价值诉求。而走向生命关怀的教师专业发展首先就应该给予教师合理的角色定位。本章从追溯我国古代教师称谓出发，试图分析各种教师角色隐喻的喜与忧，分析不同的角色定位对教师发展的影响，尤其想强调合理的教师角色定位应该有利于彰显教师职业的生命价值和内在尊严。

一、我国古代教师称谓种种

在不同的历史时期，人们对于教师这一特定的社会角色的称谓不尽相同。

在中国古代，关于教师的称谓就有如下一些：[1]

师氏：这是我国对教师最古老的称呼，源于《周礼》。西周建国之初，为了加强军事统治力量，培养贵族子弟，开办了国学，主要学习射箭、驾驭等军事技能、文化知识，由高级军官任教并以军队官职"师氏"称呼他们，后发展成凡任教者，均称"师氏"。

师长：是古代对教师的尊称，《周礼·地官》："三日顺行，以事师长。"《韩非子·五蠹》："今有不才之子……师长教之弗为变。"古人把教师视为学识渊博、经验丰富、品德高尚的长辈而大加尊敬和崇拜。

师傅：是古代教师的通称。《谷梁传·昭王十九年》："羁贯成童，事就师傅。"封建社会东宫太子的教师，被称为"太子师傅"。"外傅"是古代对教师的特称。

师资：源于《后汉书·欧阳歙传》"上令陛下获杀贤之机，不使学者丧师资之益"句。师资，指的就是教师。杨士勋疏《谷梁传·僖公三十二年》中也有"师者教人以不及，故谓师为师资也"。

师父：是古代对教师特别亲切的尊称，包含有视教师如父亲之意，《白虎通·封公侯》："人有三尊，君、父、师。"封建社会许多人家厅堂建造的牌位上写着："天地君亲师位"。

教职：原为周礼小宰六职之一，掌管教导之事，到清代时发展成为对教师的专称。

博士：据《史记·循史列传》"公仪休者，鲁博士，以高弟为鲁相"记载，这里的"博士"，指的就是教师。到了汉代，"博士"成为太学教师的专门称谓。唐宋时期有了专科学校，称教师为博士就更为普遍。还根据所教专业之不同，称为算学博士、书学博士、律学博士等。当然，古时的"博士"跟现代意义上的"博士"是不一样的。

学官：源于《史记·儒林传序》"公孙弘为学官"句，"学官"指的就是教师。

校官：汉代对太学教师的称谓。

讲郎：源于《后汉书·儒林传》"又诏高生授《古文尚书》、《毛诗》、《穀梁》、《左氏春秋》，虽不立学官，然指擢高第为讲郎"。"讲郎"指的是当时太学的教师。

---

[1] 夏民安．教师称谓种种［J］．教书育人，2003（2）：45．林琳．古代教师称谓溯源［J］．文史杂志，1996（5）：52－53．

助教：西晋立国子学校，置"助教"职，为国子监教师的称呼，主要协助国子博士传授经学，其后多在国学中设助教者，近代成为高等学校教师的职称。

司业：这是古代主管音乐的官，相传乐师兼教国子，故后世亦作教师的称词。采濂《送东阳马生序》"有司业博士为之师"句，显然，这里的"司业"指的就是教师。隋以后，国子监专设"司业"，协助祭酒掌儒学训导之事，相当于现代大学副校长。

祭酒：原本是古代祭祀的一种荣誉称谓，东汉设"博士祭酒"，"祭酒"遂成为学官的称呼。西晋改"国子祭酒"，主管国子学和太学。隋以后，称"国子监祭酒"。相当于现代大学校长。

老师："老师"一词起源颇久，最初是指年老而资深的学者，如西汉司马迁《史记·孟子荀卿列传》："齐襄王时而荀卿最为老师。"后来用于尊称教授生徒者，如金元好问《示侄孙伯安》诗："伯安入小学，颖悟非凡儿，属句有凤性，说字惊老师。""老师"的称谓在宋元时期为"小学"教师的别称。

先生：古代对年纪已老、德高望重的教师的尊称。按《礼记》注："先生，老人教育者。"《孟子》注："学士年长者，故谓之先生。"古时把"门馆""私塾"老师之中年长者都一律尊称为"先生"。

山长或洞主：书院的主持人，是古代学生对书院中授徒讲学之首席教师的敬称。一般都是书院的主讲者，总领院务。五代时蒋维东隐居衡岳讲学，学生尊称他为"山长"，"山长"之名由此起源。至元代，成为书院院长的正式名称，类似如今的校长。

经师：原指对儒家经典有专长而教授有方者，一般是指儒学学官。汉代学校教师称"经师"。《后汉书·章帝纪》："郡国曰学，县道邑侯国曰校，校学置经师一人。乡曰庠，聚曰序，庠序置孝经师一人。"后来把在学校里传授儒家经典的教师一律统称为"经师"。

人师：指操行品德可以为人师表者。袁宏《后汉纪》："经师易遇，人师难遭。"由此可见，"人师"是比"经师"更加崇高的尊称，这说明古代很重视有封建道德修养做学生榜样的教师。

座师：在古代科举制度中，考中的举人、进士称乡会试的主考或总裁官为"座师"，犹如唐朝时所称"座主"。

房师：在古代科举制度中，举人对荐举本人试卷的同考官尊称为"房师"。因为乡试分若干房，每房有一同考官，试卷必须经过某房的同考官选荐，方能取中。

教谕：是宋代京师设立的小学和武学中的教师称谓。元、明、清代的县学都以"教谕"作为教师的称谓，主持文庙祭祀，宣扬儒家经典和皇帝的训示，教诲和管束所属学生。

教习：是明代翰林院学官兼教师的称呼。当时选进士入翰林院学习，命学士一人任教，通称"教习"。以侍读、侍讲学士以下翰林官分司训课者，称为"小教习"。至清代末叶，兴办学堂，开始时仍称教师为"教习"。辛亥革命后渐废不用。

训导：明、清各府、州、县学皆设"训导"，地位略次于"教谕"。

学录：宋代在国子监设置"学录"，掌管执行学规，纠举并处罚太学犯规学生。明、清代仍设置"学录"，目的是监督学生，不得有法外行动。

学正：宋代在国子监设置"学正"，地位在博士、助教之下，学录之上。元代以后，各州学亦设"学正"，相当于府学的教授。

西席或西宾：古代对家庭教师的尊称。因为古人的风俗习惯常席地而坐，以西为尊、为大。唐代以前，私塾教师赴宴，必请入西席面东而坐。故民间尊称私塾教师为"西席"，亦称"西宾"。

夫子：本为古代对男子的尊称，后用以尊称教师，如春秋时大教育家孔丘，被古人尊称为"孔夫子"。

总之，在我国古代对教师的称谓颇多，在此不可能尽数列举。虽然称谓不同，但教师所扮演的角色大体上是一致的，即都扮演着"育人"的社会角色。而且，很多称谓本身还是一种官衔。这在一定程度上显现了教师的社会地位，说明了教师自古就是一项受人们尊重的职业。当然，人们尊重的是教师的社会价值或工具价值，尊重的是教师的"育人"价值。至于教师的自我价值或生命价值，教师的"育己"价值，人们一般是不会在意的。值得一提的是，虽然"教"字与"师"字在我国古代早已普遍采用，但把这两个字连用而成为一个特定概念，专指向学生传授文化科学知识和进行思想品德教育的人，却是近代才出现的专门称谓。

二、教师角色隐喻的喜与忧

自古以来，人们对教师的称谓多种多样，对教师职业的比喻也是五花八门。有"红烛""春蚕""园丁"，有"人梯""铺路石""渡船"，有"人类灵魂的工程师"，甚至还有"臭老九"等。这些比喻中有褒有贬，包含着人们对教师角色的肯定和期望，也夹杂着对教师职业的贬谪。同时，这些比喻也在一定程度上反映了传统教师角色定位的特点：强调教师的社会责任，忽视教师的个人生命价值与需要；强调教师的权威，忽视教师与学生的合作关系；强调教师的学科素养与教学技能，忽视教师促进学生成长的专业意识；强调教师劳动的传递性，忽视教与学的创造性。下面选取几种常见的比喻略加分析。❶

（一）"蜡烛论"

有人把教师比喻为蜡烛，"燃烧自己，照亮别人"。不可否认，这一隐喻首先是对教师职业的无私奉献精神的一种肯定和期望。但如果换个思维角度，我们也不难发现，这种隐喻一方面淡漠了教师的内在尊严、生命意义和劳动的欢乐，另一方面也忽视了教师的持续学习和专业成长。为了照亮别人而一味地牺牲自己，这似乎过于悲壮，因为教师也是平常人，也是自然人，他也有自己的情感和兴趣爱好，也有自己的生活和发展愿望，他也可以生活得有滋有味。教师的生命价值不一定非得用牺牲自己的方式来实现。何况蜡烛无论怎样燃烧，其光也是非常有限的，也许只能照亮学生的一部分，也许有时还会限制学生的发展，因为它的光实在是太微弱了，而且它的生命也是如此的短暂。所以，教师应该做"长明灯"，在照亮别人的同时，自己也光彩照人；在发展学生的同时，自己也不断进步；在学生快乐成长的同时，自己也能感受职业的幸福。而且为了照亮别人，教师这盏"长明灯"还应该不断"充电"。

（二）"园丁论"

"教师是辛勤的园丁"，这一隐喻首先肯定了教师职业的艰辛，也在某种程度上体现了教师对学生个性差异的关注。学生作为种子，他可以有一个宽松的田园式的生长环境，教师这个"园丁"会在其成长历程中，根据各自的特点，定时为他们培土、浇水、施肥，使他们长得更美、更宜人。但这一隐喻实际上也体现了教育阶段顺序的固定性和不可修复性，隐含了淘汰制和人为的强制性。种子的发芽、开花、结果，具有很强的季节性和时令性，一旦错过时节就很难弥补，而学生在发展阶段中出现的一点过错，是可以通过教育和自身的努力得到修复的。每个学生都有权接受平等的教育，对于暂时落后的学生，教师更应该给予更多的关爱和帮助。而"园丁"对于植物的态度则不是这样的，种子发芽以后，园丁会根据其情况进行间苗，那些长得歪歪扭扭的、没有什么

---

❶ 参见新课程实施过程中培训问题研究课题组. 新课程与教师角色转变［M］. 北京：教育科学出版社，2001：16－19.

希望的幼苗往往就会被淘汰掉了。在植物的成长过程中，园丁还会根据自己的喜好和领导的要求，对它们进行强制性的修剪。而现代教育理念则更主张展现学生的个性。

（三）"工程师论"

"教师是人类灵魂的工程师"隐含了教师从事的是一个非常重要的职业，目的是塑造学生的灵魂。普天之下，只有人才有灵魂，教师则是这唯一灵魂的塑造者，这是何等的崇高！难怪有人说"教师是太阳底下最光辉的职业"。然而，"工程师论"也明显存在着偏狭。首先，它暗示了一种固定、统一的标准，强调了整齐划一、批量生产，它类似于工业化的生产模式，忽视了学生的差异性和主观能动性。通过批量生产出来的产品往往都是一个模子，毫无特色可言，学生的灵魂如果通过这种塑造，就会失去创新意识，变得毫无生气。何况，作为活生生的人，每个学生都有自己独特的个性，任何高水平的"工程师"都很难做到按固定、统一的标准对他们进行塑造。其次，作为"工程师"的教师表面看来似乎可以按自己的蓝图设计方案、生产出产品，可事实并不如此。"工程师"在设计方案时必须遵从上级的旨意，听从领导的安排，按照上级的要求和规定进行操作，具有太强的规范性。教师如果也像工程师一样，那么他的工作就会失去想象和创造的空间，变得毫无自主权可言。如果教师的工作也成了机械运动，那么他的生命本身就变得毫无意义和价值。

（四）"一桶水论"

"教师要给学生一碗水，自己要有一桶水。"这一隐喻强调了教师的职业素养之一——足够的知识储备，也指明了学科知识具有传递性。但是这个隐喻也明显表露出很大的不足，首先，一个"给"字就使人想到了注入式、灌输式的教学，学生被当成了接受知识的容器。能够把从教师那儿接收到的知识，在考试中在试卷上原模原样地复制出来的学生，便是人们心目中的好学生。在这样一种教育理念支配下，知识的传承仅仅是为了考试、为了升学，教学毫无创造性的成分，教师只要把自己桶中的水简单地"倒给"学生就行。其次，这一隐喻暗示了教学内容的单一性，只注重知识的传授，不顾及其他。最后，这一隐喻只关注教师知识量的积累，不管质如何。如果教师的那"一桶水"是混的，其间夹杂了很多不干净甚至有害的物质，岂不把学生带入歧途？何况知识总是日新月异的，教师的那桶水放久了肯定会过时、会变味。就算那桶水不变味，又能给得了学生几碗呢？所以，"一桶水论"的隐喻，与其说是对教师职业的要求，倒不如说是对教师职业的贬谪。

三、教师角色的生命价值

（一）价值的内涵

在经济学领域，价值是指体现在商品里的社会必要劳动。价值的质是凝结在商品中的无差别的一般人类劳动；价值的量是凝结在商品中的社会必要劳动时间的数量。价值量的大小决定于生产这一商品所需的社会必要劳动时间的多少。在哲学层面上，价值是指客体以自身属性满足主体需要或主体需要被客体满足的效用关系。价值由两方面构成，一是主体的需要，二是客体的属性，价值是在二者的关系中生成的。因此，价值既有主体性，又有客观性。其主体性表现在，客观事物的某种属性是否具有价值或具有什么价值，要以人的需要为基准，同一客体对于不同主体的价值是不同的，带有主体的个性特征。其客观性表现在，价值必须以客观事物本身所具有的属性为现实基础，人的需要是受社会实践和历史条件制约的。通俗地说，价值就是指用途、作用或重要性。说某物有什么价值，就是说该物对于他物有什么用途、作用或重要性。

人的价值，指人的一生创造性的劳动及其道德行为对社会、他人需要所具有的积极意义以及社会、他人对个人贡献的尊重、需要的满足和肯定性的评价，一般包括社会价值和自我价值两个方面。社会价值指个人对社会、他人所作出的贡献，满足社会、他人需要的状况，通常也称客体价值、外在价值或工具价值。自我价值指社会、他人对个人贡献的尊重和需要的满足，对个人贡献的肯定性评价，通常也称主体价值、内在价值或生命价值。二者是辩证统一的，自我价值是实现社会价值的必要条件，社会价值是人价值的高级形式。不可否认，人生的价值在于奉献，但奉献不等于牺牲，并且奉献也不是人生的唯一价值。崇尚人的社会价值是没有错，但忽视人的自我价值也是不可取的。

（二）教师价值的内涵

人的价值有社会价值和自我价值之分。教师作为职业人，其价值自然也有社会价值和自我价值两个基本方面。教师的社会价值，是指教师对于社会、对于服务对象等所作的贡献和所发挥的作用，是一种外在价值，表现出一定的工具性。这种价值是教师职业产生、存在和发展的基本条件。教师通过培养人才、传承人类知识和文化，从而实现其政治、经济、道德和文化的价值。教师的自我价值，指教师职业对于教师自身的意义和价值，是一种内在价值，表现出一定的主体性。教师的自我价值包括：从事教育劳动并通过劳动交换而获得一定的报酬，从而实现教师职业维持生计的实用价值；促进社会进步、文化传承和人的发展而获得社会的尊重，满足教师的社会性需要，实现一种精神价值；释放个体的智慧和情感，在自己的职业中独立地进行创造性活动，获得一种内在尊严和欢乐的生命价值。❶ 对于教师而言，维持生计的实用价值固然重要，但这种价值只是满足了教师的最低层次的需要，只是教师生存的基础和前提，难以展现教师的生命意义。生命价值才是教师自我价值的核心内容，它反映了教师自我实现的需要，体现了教师对真善美、幸福和自由的诉求。教师职业除了具有崇高的社会价值之外，应该充盈着自由的快乐，应该内含着创造的幸福，应该展现教师自身的生命价值。

（三）教师角色的生命价值

如上所述，教师的生命价值是教师自我价值的核心内容，指教师职业对于教师自身的意义和价值，主要表现为教师在劳动过程中实现自身的发展，获得职业的内在尊严和创造的欢乐。如果说教师的社会价值强调"育人"的话，那么教师的生命价值则强调"育己"。"育人"价值固然崇高，"育己"价值对于教师生命而言也不可或缺。事实上，教师也只有不断地"育己"才能更好地"育人"。众所周知，教师作为学校教育教学工作的生力军，其生命价值的实现不仅影响着学校工作的方方面面，而且更直接地影响着学生的身心发展。正如叶澜教授所指出的那样，"没有教师的生命质量的提升，就很难有高的教育质量；没有教师精神的解放，就很难有学生精神的解放；没有教师的主动发展，就很难有学生的主动发展；没有教师的教育创造，就很难有学生的创造精神"。❷ 因此，要更好地实现教师的社会价值，发挥教师的"育人"功能，就必须关注教师的生命价值，重视教师的"育己"过程。

然而，从古至今，一谈到教师职业，人们自然就会联想到教师的社会价值和奉献精神，对教师的生命价值和内在需要关注甚少。大家耳熟能详的"师者，所以传道授业解惑也""师道尊严""道之所存，师之所存"等，首先强调的是"道"，强调教师的"传道"这一社会功能，强调"师"对于"道"的工具价值，所谓的"尊师"只是为了"重道"。人们还用各种比喻来歌颂教师职业，例如"教师是太阳底下最光辉的职业""人类灵魂的工程师"，连同"园丁""红烛""人梯"等，几乎把教师职业提到了"神圣化"的高度。如果说这些都是对教师的歌颂和赞美的话，那人们歌颂的主要是教师为他人的牺

---

❶ 阮成武. 主体性教师学［M］. 合肥：安徽大学出版社，2005：77.
❷ 叶澜，等. 教师角色与教师发展新探［M］. 北京：教育科学出版社，2001：3.

牲精神，赞扬的依然是教师对学生的爱心和默默无闻的奉献，关注的还是教师的社会价值。教师角色定位的"神圣化"给教师套上了道德枷锁，消解了教师的生命价值。似乎教师注定就是一个无欲无求的角色，似乎选择了教师就等于选择了奉献，选择了牺牲。

课堂作为教师劳动的主阵地，本是最能显现教师生命价值的场所，然而，在"升学率"的指挥棒下，教师角色被打上了"技术化""工具化"的烙印。传统的课堂教学不仅没能使教师实现自身的发展、体验职业的快乐，相反还成了教师消解生命价值的"伤心地"。首先，课堂教学的目标在某种程度上消解了教师的生命价值。人的生命是完整的，人的有意义的活动需要知情意行各种因素的积极参与，也只有各种因素都被充分调动起来，人的生命的完整性才能得以展现。受片面追求"升学率"的影响，传统的课堂教学一般只注重认知目标，情感因素很难得以体现。虽然教师的教案里也有情意目标这部分内容，但那通常只是为了应付检查，并没有得到真正落实。因为教师为了更好地完成认知教学目标，往往只能直奔主题，生怕一随意发挥就会影响教学进度。所以课堂中不仅学生的激情没能调动起来，教师自己也难以有什么情感的体验，就更谈不上职业活动中的内在尊严和幸福了。如果说教师还有什么情感因素的话，那多是完成知识教学任务后的一种轻松感了。其次，课堂教学的内容在某种程度上消解了教师的生命价值。人是一种创造性的存在，创造使人充满生命活力，创造使人的生命价值得以显现。课堂教学本应内含着创造的幸福，师生本应在其中享受活动的乐趣。然而，传统的课堂教学很难做到这一点。受教育评价制度的影响，考试大于一切，分数高于一切，升学先于一切。而"考试、分数、升学"一般都以教材内容为准，教学中谁要是偏离了教材，谁就是在拿自己的声誉和学生的前途开玩笑。所以，为了应付考试，为了使学生获得高分，为了提高学生升学率，教师不得不紧扣教材、深挖教材，尽力不遗漏任何的得分点。课堂教学也就只能关注学生如何理解教材内容、如何掌握教材内容、如何巩固教材内容了。教师的创造性根本无从发挥，也不敢发挥。这样日复一日、年复一年地"重复着昨天的故事"，教师就真成了名副其实的"教书匠"了。教师在"教书匠"的职业生涯中又何谈生命价值的实现呢？最后，课堂教学的方法在某种程度上消解了教师的生命价值。由于课堂教学的目标主要是认知维度，课堂教学的内容主要来源于教材，这就决定了课堂教学的方法也主要是灌输。因为只有灌输，教材的内容才能在短时间里装进学生的脑袋，只有灌输，才能节省更多的时间让学生用来巩固课本知识，加深对教材的理解。于是，我们在课堂教学中经常能看到的就是教师的"独角戏"和"满堂灌"，学生则毫无表情地听着、抄着和记着。偶尔，我们在公开课上也能看到比较活跃的课堂，似乎师生都动起来了，教师很有激情，学生也充满了活力。然而那更多的是"演"给听课者看的，课前都已经演练好了的，甚至有的教师在课前就已经规定好了什么问题应该由什么学生提或什么问题应该由哪些学生回答。现实的课堂很少有师生的"对话"，能很好地把教材内容灌输给学生就已经算是不错的教师了。长此以往，学生的大脑几乎可以停止思考，成为机械地接受知识的容器，其生命的活力逐渐被消解。教师也在这长期的机械式的灌输中逐渐消解了生命价值，失落了生命的本真意义。

生命应该是完整的，富有个性的；生命也应该是自由的，具有创造性的。教师角色的生命价值应该在创造性的富有个性的教育教学中体现出来。然而，无论是从人们对教师的角色定位来看，还是从教师在传统课堂教学中所扮演的实实在在的角色来看，教师的生命价值都没能很好地凸显出来。近年来，越来越多的专家和学者强调，教育作为人的一种生活方式，应该充满生命的活力，焕发生命的光彩，他们强烈呼吁教育要回归人性化的轨道。然而，这些呼吁似乎主要是为了学生，这当然并没有错。可是，教师的生命也同样需要呵护。在笔者看来，展现教师生命活力，彰显教师角色的生命价值便是对教师生命最好的呵护。

四、教师角色的现代转型

如前所述，我国的教师角色长期被定位在"传道、授业、解惑"上，"师道尊严"成了这一角色的行为规范。这种观念不仅忽视了学生的独立人格，而且也没有彰显教师生命的内在价值。"教师是蜡烛，燃烧自己，照亮别人""教师是人类灵魂的工程师""教师是辛勤的园丁""教师要给学生一碗水，自己要有一桶水"等各种形象隐喻描绘，强调了教师的奉献精神和社会对教师角色的期望，在某种意义上提升了教师的职业形象，但无意间也贬低了教师的内在价值，淡漠了教师的内在尊严和专业发展，不免使教师角色笼上了一层悲剧色彩。为了使教师能更有尊严地生活，为了彰显教师职业的生命价值，我们应该树立新型的教师观，给教师以合理的角色定位。教师也是生活中的普通人，而不是"完人""圣人"，更不是"超人"，所以不应该用"完人""圣人""超人"的标准去要求和评价教师。社会和学校在推崇教师奉献精神的同时，也应该关注教师内在发展的需要。教师自身也要对自己扮演的角色进行深刻反思，并努力实现合理的教师角色定位的转型。具体来说，在我国新一轮基础教育课程改革背景下，教师角色应实现以下四个方面的转变。

（一）变教书匠型教师为专家型教师

传统的课程更多的是关注学生基础知识与基本技能的掌握，教师的主要任务是传播已有的科学文化知识。教师使用全国统一的教材、统一的教学大纲、统一的教学参考书，以致完全成了知识的"代言人"。教师甚至用统一的模式来完成知识传播的任务。教师教，学生被教；教师讲，学生听；教师板书，学生抄。其结果是教师成了机械的"教书匠"，成了教育教学和课程的被动执行者，学生则成了被动接受知识的容器。这种做法不仅忽视了学生的主体地位和权利，而且教师的创造性也难以发挥。没有创造性的教学就难以展现教师生命的内在价值。为了适应新课程改革，为了满足自身发展的需要，教师必须变被动为主动，努力实现从"教书匠"到教育教学"专家"的转型。

"专家"型教师意味着教师应该是教育教学的研究者，这就要求教师在教育教学实践中积极从事科研活动。传统的教学活动与研究活动是彼此分离的，教师的任务只是教学，研究被认为是教育学专家的"专利"。教师很少有从事教学研究的机会，即便是有机会参与，也只能处于辅助的地位配合专家、学者进行实验。这种教学与研究的分离对于教师的专业发展极其不利。专家、学者们的研究成果不一定能转化为教师实践上的创新，教师的教学如果没有理论的指导，也容易固守重复旧经验，落入照搬老方法的窠臼。同时，教学与研究的脱节也不能适应新课程改革的要求。在新课程实施过程中出现和碰到的各种各样的新问题，都是过去的经验和理论难以解释和应付的，教师不能被动地等待别人把研究成果送上门来，再不假思索地将这些成果运用到教学中去。教师自己就应该是一个研究者，教师在教学过程中要以研究者的心态置身于教学情境之中，以研究者的眼光审视和分析教学理论与教学实践中的各种问题，对自身的行为进行反思，对出现的问题进行探究，对积累的经验进行总结，使其形成规律性的认识。这实际上就是国外多年来所一直倡导的"行动研究"。"行动研究"是为行动而进行的研究，即不是脱离教师的教学实际而是为解决教学中的问题而进行的研究；"行动研究"是在行动中的研究，即这种研究不是在书斋里进行，而是在教学的活动中进行的；"行动研究"是对行动的研究，即这种研究的对象和内容就是行动本身。可以说，"行动研究"把教学和研究融为一体，它是教师由"教书匠"型转变为"专家"型的重要途径，是教师创造性劳动的重要保证。

"专家"型教师还意味着教师应该是课程的建设者和开发者，他们应该积极投身到课程的建设和开发活动中去。在传统的教学中，教学与课程是彼此分离的。教师被排斥于课程之外，教师的任务只是教学，他们只需要按照教材、教学参考资料、考试试卷和标准答案去教；课程游离于教学之外，教学内容和教学进度是由国家的教学大纲和教学计划规定的，教学参考资料和考试试卷是由专家或教研部门编写和提供的，教师成了教育行政部门各项规定的机械执行者，成为各种教学参考资料的简单照搬者。教学与课程的分离使教师丧失了课程的意识和能力，不少教师离开了教科书就不知道教什么，离开了教学参考资料就不知道怎么教，离开了练习册和习题集就不知道如何测评。新课程倡导民主、开放、科学的课程理念，并确立了国家课程、地方课程、校本课程三级课程管理政策，这就要求课程必须与教学相互整合，教师必须在课程改革中发挥主体性作用。教师不能只成为课程实施中的执行者，教师更应成为课程的建设者和开发者。为此，教师要形成强烈的课程参与意识，改变以往消极被动执行的做法；教师要了解和掌握各个层次的课程知识，包括国家层次、地方层次、学校层次、课堂层次和学生层次，以及这些层次之间的关系；教师要提高和增强课程建设能力，使国家课程和地方课程在学校、在课堂实施中不断丰富和完善；教师要锻炼并形成课程开发的能力，尤其是要形成开发本土教材、乡土教材、校本教材的能力；教师要培养课程评价的能力，学会对各种教材进行评鉴，对课程实施的状况进行分析，对学生学习的过程和结果进行评定。[1] 教师只有在教学科研、课程建设、开发和评价的过程中才能不断提升和主动地发展自己。

（二）变知识灌输型教师为能力促进型教师

我们知道，传统的课程强调知识的传授和灌输，教师成了知识的"代言人"和机械的"教书匠"，学生成了被动接受知识的"容器"。这既不利于学生主体性的发挥，也不利于教师劳动创造性的展现。一方面，学生不是一个个无血无肉的物和一个个待灌的瓶，而是活生生的有思想、有自主能力的人，他们都有自己的躯体、自己的感官、自己的头脑、自己的性格、自己的意愿、自己的知识和思想基础、自己的思想和行动规律。这是别人不能代替的。教师不可能代替学生读书，代替学生感知，代替学生观察、分析、思考，代替学生明

---

[1] 教育部基础教育司. 走进新课程：与课程实施者对话 [M]. 北京：北京师范大学出版社，2002：125 – 127.

白任何一个道理和掌握任何一条规律。教师只能让学生自己读书，自己感受事物，自己观察、分析、思考，从而使他们自己明白事理，自己掌握事物的发展规律。❶ 另一方面，在知识经济时代，学生获得知识的渠道多样化了，教师作为学生唯一知识源的地位已经动摇，而且随着知识更新步伐的加快，学生在学校获得的知识到社会上也远远不够用。因此，充分发挥学生的主体作用，注重学生能力的培养，让学生从"学会"到"会学"，就显得尤为重要和迫切。所谓"授之以鱼，不如授之以渔"。所以，教师不能只把知识传授作为自己的主要任务和目的，把主要精力放在检查学生对知识的掌握程度上，而应将自己作为学生学习和能力发展的促进者。为了促进学生学习和能力的发展，教师必须担负起教学过程和教学资源的设计、开发、评价和管理的重任；要为学生创造更好的学习环境，提供丰富的学习资源；要使用不同的教学策略，尝试新的教学模式，去激发他们的学习动机，引导他们主动完成学习过程，并激励他们主动探索和发现知识。❷ 教师在促进学生能力发展的同时也提高和发展了自身。

（三）变教学专制型教师为教学交流型教师

教学是教师的教和学生的学的"双边"活动过程，这种"双边"活动是基于交往和互动的，其实质是"教学相长"，是师生共同发展。然而在传统的教学中，教师负责教，学生负责学，教学就是教师对学生单向的"培养"活动：以教为中心，学围绕教转；以教为基础，先教后学；教支配、控制学，学无条件地服从于教，教学由共同体变成了单一体，"双边"活动变成了"单边"活动，学的独立性丧失了，教学只是教与学两方面的机械相加。教师机械地教、学生被动地学，致使教师越教越不想教、学生越学越不爱学。学生的个性得不到很好的发展，教师的生命价值也逐渐被消解了。

新课程强调，教学是教与学的交往、互动，师生双方相互交流、相互沟通、相互启发、相互补充，在这个过程中，教师与学生分享彼此的思考、经验和知识，交流彼此的情感、体验与观念，丰富教学内容，求得新的发现，从而达到共识、共享、共进，实现教学相长和共同发展。交往意味着教学不是教师教、学生学的机械相加，而是师生互教互学，彼此形成一个"学习共同体"。在这个共同体中，教师不再仅仅去教，而是也通过对话被教，学生在学的同时也在教。教师成了学生式的教师，学生成了教师式的学生，师生共同对整个成

---

❶ 教育部基础教育司. 走进新课程：与课程实施者对话 [M]. 北京：北京师范大学出版社，2002：122.

❷ 程方平. 中国教育问题报告 [M]. 北京：中国社会科学出版社，2002：139.

长负责。对教学而言，交往意味着人人参与，意味着平等对话，意味着合作性意义建构，它不仅是一种认知活动过程，更是一种人与人之间平等的精神交流。对学生而言，交往意味着主体性的凸显、个性的表现、创造性的解放。对教师而言，交往意味着上课不仅是传授知识，而是与学生一起分享理解，促进学习；上课不是单向的付出，而是生命活动、专业成长和自我实现的过程。交往还意味着教师角色定位的转换：教师由教学中的主角转向"平等中的首席"。❶ 因此，教师应构建新型的师生关系，变"传话"为"对话"，变教学专制型教师为教学交流型教师，把学生当成朋友、视为伙伴，与学生一起成长。

（四）变单打独斗型教师为专业合作型教师

在传统的应试教育背景下，知识主要是以学科的方式呈现的，每位教师都有各自的学科领域，他们都会根据自己任教科目的任务对学生负责，这便导致了很多教师各自为政，甚至单打独斗。加上教室设置的相对封闭性和传统评价方式带来的"分数"竞争的残酷性，最终导致了教师与教师之间缺乏交流、沟通和合作。有些教师为了确保自己所教的学生"分数"领先，好的经验也不愿跟他人分享。这种封闭保守、彼此孤立的状态无形中断绝了可获得他人支持与帮助的渠道，阻碍了教师的专业发展。虽然我们倡导教师"自主"管理、"个性化"教学，但"自主"不等于"孤立"和"保守"，"个性化"也并不排斥"合作"。事实上，合作在某种程度上对教师的个性化发展是相当有利的。

在我国新一轮基础教育课程改革中，课程的综合化是改革的一个基本理念，尤其在义务教育阶段，它特别强调各学科之间的联系。综合课程具有跨学科性，它打破了各学科之间的界限，形成了各学科知识的相关化、融合化、广域化。由于学科的综合化和相互渗透，教师如果仍是单打独斗，肯定不能适应时代的变化和要求，孤军作战只能使自己变得孤陋寡闻、墨守成规，甚至可能会使自己陷入绝境。教师劳动创造性的特点要求教师随时注意知识的更新，合作可以使教师在交流中相互学习、相互影响、共同提高。此外，教师在教育教学中难免会碰上困难、出现危机。在面临这种危机的时候，教师就需要通过合作而得到他人的支持和帮助，如果教师自己陷入孤立状态，则不容易克服这个

❶ 教育部基础教育司. 走进新课程：与课程实施者对话［M］. 北京：北京师范大学出版社，2002：115–116.

危机，教师发展也就很难实现。因此，教师必须改变孤军作战的状态，由"单打独斗"逐渐向"专业合作"转型。不仅同类科目的教师应密切合作，不同科类、不同年级，甚至不同学校的教师之间也应进行广泛的交流和相互协作。

综上所述，传统的教师角色定位不利于教师专业发展，不利于教师生命价值的彰显，也已经不能适应教育教学改革的需要。因此，社会和学校应本着生命关怀理念给予教师合理的角色定位，在强调教师社会价值的同时，也关注教师的内在发展需要。在我国新一轮基础教育课程改革背景下，教师自身也应努力实现角色的合理转型。从自我发展的角度看，教师要力争成为教育教学的"专家"，实现主动发展；从与学生的关系看，教师应成为学生学习的"促进者"，并视学生为"伙伴"，与学生一起成长；从与同行的关系看，教师之间应成为"合作者"，实现共同进步。唯有如此，教师才能获得职业的内在尊严，才能真正体验职业的幸福，从而实现教师角色的生命价值。

第二章 内在生成：教师专业发展

如果说合理的教师角色定位是走向生命关怀的教师专业发展的前提的话，那么，重视教师专业的内在生成就是走向生命关怀的教师专业发展的关键和核心所在。在生命哲学视域下，教师专业发展是教师专业素养内在生成的过程。教师专业的内在生成主要有三层意蕴：其一，内在生成体现着教师的主体价值，意味着教师专业发展过程是别人无法代替的，外在的因素只能提供基本的条件保障和支持；其二，内在生成意味着教师专业发展是一种自主发展，其动力来自教师内部而不是外部，来自"我要发展"而不是"要我发展"；其三，内在生成意味着教师专业发展是教师不断更新、不断超越自身的过程，而更新和超越需要科学的方法才能得以实现。终身学习和教学反思就是教师不断更新和超越自身的最有效的方法。当然，教师的自主发展并不是孤立进行，而是在与他人的"共在"中实现的，这就需要教师与教师之间的真诚合作。从这个意义上说，教师专业发展是教师群体共同提高的过程，专业合作也是教师专业发展的基本方法。因此，走向生命关怀的教师专业发展必须重视教师的内在生成过程，必须强调教师的自主发展。本章立足于教师的主体地位，以教师自主发展为核心，在全面梳理教师专业发展的含义、特征和内容的基础上，系统分析终身学习、教学反思和专业合作等教师专业自主发展的基本路径。

一、教师专业发展概述

（一）教师专业发展的概念

要理解"教师专业发展"的概念，首先要理解"专业""专业化"和"教师专业化"的含义。

尽管"专业"一词在现代生活中已经是一个耳熟能详的术语，但人们对它的理解仍比较模糊。在国外，有这么几种基本认识：专业是指"具备学术的、自由的、文明的特征的社会职业"；专业是指"一群人在从事一种需要专门技术之职业，这种职业需要特殊的智力来培养和完成，其目的在于提供专门性的社会服务"；专业是"通过特殊的教育或训练掌握了业经证实的认识（科学或高深的知识），具有一定的基础理论的特殊技能，从而按照来自非特定的大多数公民自发表达出来的每个委托者的具体要求，从事具体的服务工作，借以为全社会利益效力的职业"。在我国，专业通常包含三层意思：一是指大学中的学业门类；二是产业部门中的业务部门；三是某种专门的工作或职业。综合国内外的观点，专业通常是指一种专门的职业。

一种职业要被认可为专业，必须达到一定的标准或具备一些基本特征。1948 年，美国教育协会提出了专业的八条标准：含有基本的心智活动；拥有一套专门化的知识体系；需要长时间的专门训练；需要持续的在职成长；提供终身从事的职业生涯和永久的成员资格；建立自身的专业标准；置服务于个人利益之上；拥有强大的、严密的专业团体。1956 年，利伯曼（M. Liebeman）提出了专业的八个特征：范围明确，垄断地从事社会不可缺少的工作；运用高度的理智性技术；需要长期的专业训练；从业者无论个人、集体均具有广泛的自律性；在专业的自律性范围内，直接负有作出判断、采取行为的责任；非营利，以服务为目的；形成了综合性的自治组织；拥有应用方式具体化了的伦理纲领。❶ 1998 年，舒尔曼（Shulman，L. S.）提出了专业工作应具备的六个特征：运用专门的知识与技能；经过长期的培养与训练；强调服务的理念和职业道德；享有有效的专业自治；形成坚强的专业团体组织；需要不断地学习进修。❷ 概括起来说，一种职业要被认可为专业，大致必须具备三个基本特征：首先，专门职业具有不可或缺的社会功能；其次，专门职业具有完善的专业理论和成熟的专业技能；最后，专门职业具有高度的专业自主权和权威性的专业组织。❸

专业与职业的区别❹

（1）从事专门职业需要以掌握系统的专业知识和技能为前提，按照科学

---

❶ 教育部师范教育司. 教师专业化的理论与实践 [M]. 2 版. 北京：人民教育出版社，2003：33 - 34.

❷ 许凤琴. 教师教育与教师专业化 [J]. 高等师范教育研究，2003，15（3）：7 - 11.

❸ 教育部师范教育司. 教师专业化的理论与实践 [M]. 2 版. 北京：人民教育出版社，2003：35 - 36.

❹ 教育部师范教育司. 教师专业化的理论与实践 [M]. 2 版. 北京：人民教育出版社，2003：37 - 38.

的理论和技术行事；而从事普通职业无须专门的知识和技能，只需按例规行事。

（2）专门职业的从业人员需要接受长期的专业训练，而且这种训练是在大学里进行的，是以是否接受过高等专门教育为标志；而普通职业的从业人员无须接受长期的专业训练，主要通过个人体验和个人工作经历而积累工作经验。

（3）专业与职业相比，更多地提供一种特有的、范围明确的、社会不可或缺的服务，在自主的范围内对于自己的专业行为与专业判断负有责任，以高质量的专业服务获得报酬，并且把服务置于个人利益之上。

（4）专门职业把服务和研究融为一体，即专业人员不仅要提供优质的专业服务，同时为了保证服务质量和服务水平的不断提高，还要在服务中不断进行研究，通过研究提高专业水平，并且对专业人员而言，这种研究是一种自觉的行为；而普通职业仅提供一种服务，没有研究的意识。

（5）在专业问题范围内，有明显的内行和外行的差异，非专业人员对专业内的事物了解极为浅薄，正如隔行如隔山；而普通职业无内行和外行之别。

（6）专门职业的从业人员把工作看作是一种事业，是一种生活方式，不同专业的从业人员有不同的生活方式；而普通职业的从业人员仅仅把工作当作是一种谋生的手段。

（7）专业人员一般具有较高的职业声望，在社会职业声望的排位中处在最高层。

专业化是指一个普通的职业群体在一定时期内，逐渐符合专业标准、成为专门职业并获得相应的专业地位的过程。霍尔提出了专业化过程的 14 个特点：清楚地定义专业的功能；掌握理论知识；解决问题的能力；实际知识的运用；为维护前途而进行超越专业的自我提高；在基本知识和技术方面的正规教育；对能胜任实践工作的人授予证书或其他称号；专业亚文化群的创建；用法律手段强化专业特权；公众承认的独特作用；处理道德问题的道德实践和程序；对不符合标准的行为的惩处；与其他职业的关系；对用户的服务关系。❶

教师专业化包含两层意思：一是教师职业的专业化；二是教师个体的专业化。根据专业和专业化的含义和特征，我们首先可以得出教师专业化的第一层意思：教师专业化是指教师职业成为专门职业并获得相应的专业地位的过程。

---

❶ 教育部师范教育司. 教师专业化的理论与实践［M］. 2 版. 北京：人民教育出版社，2003：45.

对于教师职业到底是不是一种专业，人们意见不一。有的人认为教师职业是一种专业，有的人认为教师职业只是一种"准专业"或"边际专业"。笔者认为，从教师职业的贡献和社会功能方面看，教师职业是一种专业；但从教师职业的专业自主权和专业组织方面看，教师职业离成熟专业的标准的确还有一定的差距，是一个"形成中的专业"。但不管怎样，教师职业应该成为一种专业，教师专业化已经成为世界教师教育的发展趋势与潮流，它是提高教师整体素质和专业水平的必然选择。1966 年，联合国教科文组织与国际劳工组织在《关于教师地位的建议》中提出：应该把教师职业作为专门职业来看待。1986 年，美国卡内基工作小组、霍姆斯小组相继发表了《国家为培养 21 世纪的教育做准备》《明天的教师》两个报告，这两个报告的中心思想就是在教师队伍中确立等同于医师、律师的"专业性"。1996 年，联合国教科文组织召开了以"加强在变化着的世界中的教师的作用之教育"为主题的第 45 届国际教育大会，提出"在提高教师地位的整体政策中，专业化是最有前途的中长期策略"。1998 年，在北京召开的"面向 21 世纪师范教育国际研讨会"明确"当前师范教育改革的核心是教师专业化问题"。2000 年，我国出版的第一部对职业进行科学分类的权威性文献《中华人民共和国职业分类大典》，首次将我国职业归并为八个大类，其中教师属"专业技术人员"一类，定义为"从事各级各类教育教学工作的专业人员"，下分高等教育教师、中等职业教育教师、中学教师、小学教师、幼儿教师、特殊教育教师、其他教学人员等小类。❶

教师专业化的第二层意思是教师个体的专业化。它是指教师个体专业水平不断提高的过程。具体地说，教师专业化是指教师在整个专业生涯中，通过终身专业训练，掌握教育专业知识技能，形成专业道德，逐渐提高从教素质，成为一个良好的教育专业工作者的专业成长过程。教师个体的专业化逐渐成为教师专业化的主流内涵。教师个体的专业化过程实际上也是教师个体专业发展的过程。

对于"教师专业发展"的概念，不同的学者有不同的理解。归结起来，教师专业发展通常有两种基本理解：一是教师的专业成长过程；二是促进教师专业成长的过程（即教师教育）。不过，第一种理解更为普遍一些。如霍伊尔（Hoyle，E.）认为，教师专业发展是指在教学职业生涯的每一个阶段，教师掌握良好专业实践所必备的知识与技能的过程。富兰（Fullan，M.）和哈格里

---

❶ 教育部师范教育司. 教师专业化的理论与实践［M］. 2 版. 北京：人民教育出版社，2003：代序二.

夫斯（Hargreaves，A.）指出，教师专业发展既指通过在职教师教育或教师培训而获得的特定方面的发展，也指教师在目标意识、教学技能和与同事合作能力等方面的全面的进步。我国台湾学者罗清水认为，教师专业发展乃是教师为提升专业水准与专业表现而经自我抉择所进行的各项活动与学习的历程，以期促进专业成长改进教学效果，提高学习效能。❶ 在本章中，笔者主要取其第一层意思，将教师专业发展理解为"教师的专业成长或教师内在专业结构不断更新、演进和丰富的过程"❷。具体地说，教师专业发展是指教师通过接受专业训练和自身主动学习，不断提升专业水平，逐步成为一名专家型或学者型教师的持续发展过程。

从以上的概念分析中可以看出，"教师专业发展"与"教师专业化""教师专业成长"几个概念的内涵有相互重叠的地方，所以日常生活中人们常常将它们混为一谈。从广义的角度说，"教师专业发展"与"教师专业化"两个概念是相通的，均用以指加强教师专业性的过程。但从狭义的角度看，它们之间还有一定的区别："教师专业化"更多是从社会学角度加以考虑的，主要强调教师群体的、外在的专业性提升；"教师专业发展"更多是从教育学维度加以界定的，主要指教师个体的、内在的专业性提高。就"教师专业发展"（teacher professional development）和"教师专业成长"（teacher professional growth）来说，两者是同义的，只是前者强调发展过程，后者主要是指发展的结果。❸

（二）教师专业发展的特点

教师的发展分为两个层次：一是教师作为常人的发展；二是教师作为从事教育这一特殊职业的专业人员的发展。教师专业发展主要是指教师作为"专业人"的发展。如前所述，教师专业发展是"教师内在专业结构不断更新、演进和丰富的过程"，是教师自主发展和持续终身的过程。归根结底，教师专业发展是教师职业生命的内在生成和自我完善的过程。在这个过程中，具体呈现出自主性、终身性、独特性和实践性等"生命性"特点。

1. 自主性

所谓自主就是"自己做主"。教师专业发展是教师"自己做主"的发展过程。自主性一方面表现为发展的主体性和不可替代性，另一方面表现为发

---

❶ 叶澜，等. 教师角色与教师发展新探［M］. 北京：教育科学出版社，2001：222－224.
❷ 叶澜，等. 教师角色与教师发展新探［M］. 北京：教育科学出版社，2001：226.
❸ 叶澜，等. 教师角色与教师发展新探［M］. 北京：教育科学出版社，2001：208，228.

展的动力在内而不在外，是"我要发展"而不是"要我发展"。教师能不能发展，通过什么途径发展，在哪些方面得到发展以及发展到什么程度等，最终都取决于教师自身。自主性是教师专业发展最基本的特点，是最能体现教师专业发展"生命性"的特点。教师只有具备专业发展的自主性和自觉性，才能真正实现专业发展。教师专业发展的自主性具体表现在专业发展意识的形成，专业发展目标的设立，专业发展内容的确定，专业发展方式和途径的选择等方面。在某种程度上，专业自觉或专业自主本身就是教师专业结构的重要组成部分。

2. 终身性

教师专业发展不是一蹴而就的，而是一个长期的、持续终身的发展过程。一方面，生命个体的不确定性和生成性决定了教师专业发展具有"终身性"的特点。教师的成熟只是相对的，发展才是绝对的，教师专业发展贯穿于教师职业生涯的始终，生命不止发展永续。另一方面，知识的不确定性和获取渠道的多元化决定了教师专业发展具有"终身性"的特点。知识日新月异、瞬息万变，教师也不再是学生获取知识的唯一渠道。教师只有坚持终身学习，不断提升自己的专业水平，才能适应不断变革的社会对教师职业的需要。

3. 独特性

每个生命都是独一无二的。每个教师都有自己的思想、感情和独立人格，所以，教师的专业发展既具有共性，又具有自己的独特性和差异性。这种独特性和差异性具体表现在专业发展的速度、程度以及发展的途径、方式和内容等方面。在教师专业发展过程中，有的教师发展快，有的教师发展慢；有的教师这方面发展得好，有的教师那方面发展得不错；有的教师喜欢通过这种方式来提升自己，有的教师则习惯于那种方式发展自身。即便是两个都得到很好发展的教师，其风格也不尽相同。

4. 实践性

人的发展总是通过主体的各种实践活动来实现的，离开实践活动人的发展无异于"纸上谈兵"。因此，教师专业发展离不开教师自身的教育教学实践，其具有实践性的特点。教师专业知识的理解离不开对教育教学活动的感悟，专业技能和专业能力的增强离不开教育教学实践的历练，专业信念的巩固更是离不开教育教学情境的陶冶。可以说，教育教学实践是教师专业发展的现实动力和源泉。那种"书斋式"的教师专业发展是没有生命活力的，也是没有意义的，而且也算不上是真正的发展。只有与具体的教育教学实践密切联系，并在教育教学实践中不断学习、不断反思和不断改进，教师专业发展才能真正得以实现。正如美国学者特拉弗斯（Travers）所指出的那样："教师角色的最终塑造必须在实践环境中进行。"❶

（三）教师专业发展的内容

教师专业发展的内容实际上指的是教师的专业结构或专业素质问题，传统的提法是"教师素质"或"教师职业素养"。教师的专业结构包括哪些成分，教师应该具备哪些基本的专业素质呢？不同的时期、不同的专家学者说法不尽相同（见表2-1）。

表2-1 关于教师专业结构的不同观点❷

研究者	教师专业结构
叶澜	1. 专业理念；2. 知识结构；3. 能力结构
艾伦	1. 学科知识；2. 行为技能；3. 人格技能
林瑞钦	1. 所教学科的知识（能教）；2. 教育专业知能（会教）；3. 教育专业精神（愿教）
曾荣光	1. 专业知识；2. 服务理想
饶见维	1. 教师通用知能；2. 学科知能；3. 教育专业知能；4. 教育专业精神
姚志章	1. 认知系统；2. 情意系统；3. 操作系统
唐松林	1. 认知结构；2. 专业精神；3. 教育能力
教育部师范教育司	1. 专业知识；2. 专业技能；3. 专业情意

综合表2-1的观点，笔者认为，教师专业发展的内容主要由专业知识、专业能力、专业信念、专业自觉和专业伦理等几个方面构成。

1. 专业知识

教师首先必须具备从事专业工作所要求的基本知识，这是教师成为一名专业人员的前提和基础。教师究竟应该具备哪些方面的专业知识才是合理的，专家、学者们持有不同的观点（见表2-2）。

---

❶ 张素玲. 教师专业发展的特点与策略 [J]. 辽宁教育研究，2003（8）：80-82.

❷ 叶澜，等. 教师角色与教师发展新探 [M]. 北京：教育科学出版社，2001：230. 教育部师范教育司. 教师专业化的理论与实践 [M]. 2版. 北京：人民教育出版社，2003：54.

表 2－2　关于教师知识结构的不同观点❶

研究者	教师知识结构
舒尔曼 （Shulman, L. S.）	1. 学科内容知识；2. 一般教学法知识；3. 课程知识；4. 学科教学法知识；5. 有关学习者的知识；6. 有关教育情景知识；7. 其他课程知识
斯腾伯格 （Sternberg, R. J.）	1. 内容知识；2. 教学法的知识（具体的、非具体的）；3. 实践的知识（外显的、缄默的）
格罗斯曼 （Grossman, P. L.）	1. 学科内容知识；2. 学习者和学习的知识；3. 一般教学法知识；4. 课程知识；5. 情景的知识；6. 自我的知识
考尔德黑德 （Calderhead, J.）	1. 学科知识；2. 机智性知识；3. 个人实践知识；4. 个案知识；5. 理论性知识；6. 隐喻和映象
申继亮、辛涛	1. 本体性知识；2. 条件性知识；3. 实践性知识
教育部师范教育司	1. 普通文化知识；2. 所教学科知识；3. 教育学科知识

从表 2－2 可以看出，关于教师知识体系的分类具有多样化的特点。在我国人们普遍熟知的是后两种观点。一种认为教师合理的知识结构包括本体性知识、条件性知识和实践性知识三个方面。本体性知识是指教师所具有的特定的学科及其相关知识，如语文知识、数学知识等，这是教师开展教学活动的基础。条件性知识是指教师所具有的教育原理、心理学、教学论、班级管理、现代教育技术等方面的知识，这是教师顺利开展工作的基本条件。实践性知识也叫课堂情境知识，指教师在面临实现有目的的行为中所具有的课堂情境知识及与之相关的知识，这是教师教学经验的积累，体现了教师个人的教学技巧、教育机智和教学风格。如导入、强化、发问、课堂管理、沟通与表达等技巧。

另一种认为合理的教师知识结构应该包括普通文化知识、所教学科知识和教育学科知识三个组成部分。首先，教师要精通所教学科和专业的知识。所教学科和专业是教师用以向学生传授知识的必备基础。教师既要对所教学科和专业的知识有比较系统而深入的理解，还要对本学科的历史、现状和未来以及在本学科方面作出过重大贡献的著名专家、学者的生平事迹有所了解。所谓"资之深，则取其左右逢其源"。因此，教师首先应是一个学者，是所教学科

❶ 叶澜，等. 教师角色与教师发展新探［M］. 北京：教育科学出版社，2001：236. 教育部师范教育司. 教师专业化的理论与实践［M］. 2 版. 北京：人民教育出版社，2003：56－58.

和专业的专家，需要通晓所教学科和专业的知识。其次，教师要具有广博的普通文化知识。教师的工作任务不仅仅是"教书"，还必须"育人"。要完成"育人"的任务，教师必须对学生施加全面的影响。这种全面的影响要求教师在通晓所教学科和专业知识的前提下，拥有比较广博的文化科学知识。同时，为了满足学生多方面的兴趣，提高教师的威信，教师也应该"上知天文、下知地理"，做个博学之士。最后，教师要掌握教育理论知识，懂得教育规律。具有精深的学科专业知识和广博的普通文化知识，只是教师从事专业工作的前提条件和基础。要提高工作效率，达到良好的教育效果，教师还必须善于"科学育人"。这就要求教师必须具有良好的教育学、心理学、教学论等教育学科方面的知识修养，懂得青少年身心发展的一般特点、个性和品德形成的一般规律以及如何根据这些特点和规律教育学生。

2. 专业能力

专业能力是指教师顺利完成教育教学任务的必备心理特征，体现了教师取得专业工作成效的潜在可能性。教师专业能力是一个复杂的系统，由许多具体的因素构成。关于教师的能力结构也有很多观点（见表2-3）。

表2-3 关于教师能力结构的不同观点❶

研究者	教师能力结构
邵瑞珍等	1. 思维条理性、逻辑性；2. 口头表达能力；3. 组织教学能力
曾庆捷	1. 信息的组织与转化能力；2. 信息的传递能力；3. 运用多种教学手段的能力；4. 接受信息的能力
陈顺理	1. 对学生的调控能力；2. 对教学影响的调控能力；3. 自我调控能力
孟育群	1. 认识能力；2. 设计能力；3. 传播能力；4. 组织能力；5. 交往能力
罗树华、李洪珍	1. 基础能力（智慧能力、表达能力、审美能力）；2. 职业能力（教育能力、班级管理能力、教学能力）；3. 自我完善能力；4. 自学能力（扩展能力、处理人际关系能力）
徐君藩	1. 自学能力；2. 表达能力；3. 组织能力；4. 教育机智和专科能力
教育部师范教育司	1. 教学设计能力；2. 教学实施能力；3. 学业检查评价能力

综合而言，教师的专业能力可以分为两个层次：第一个层次是与教师教学实践直接相联系的基本能力，如语言表达能力、组织能力、管理能力、学科教

❶ 叶澜，等. 教师角色与教师发展新探［M］. 北京：教育科学出版社，2001：238. 教育部师范教育司. 教师专业化的理论与实践［M］. 2版. 北京：人民教育出版社，2003：62-64.

学能力等；第二个层次是有利于深化教师对教学实践认识的各种特殊能力。两个层次的专业能力都是教师专业发展不可或缺的内容。在我国新一轮基础教育课程改革背景下，教师尤其需要重视提高第二个层次的专业能力。

一是课程开发能力。国家课程、地方课程、校本课程"三级课程管理"政策的施行，一方面要求课程必须与教学相互整合，另一方面也赋予了教师参与课程开发的权利。因此，教师应该成为课程开发的主体，从被动的课程执行者转变为主动的课程开发者，并不断提高课程开发能力，尤其是开发校本课程的能力。

二是教育科研能力。新课程改革给学校和教师的教育教学实践带来了许多值得研究的问题。教育科研能力体现了教育实践与教育理论的密切结合，是新课程改革和教育教学创新对教师专业发展的必然要求，也是新时期教师专业持续发展的动力。校本课程的开发离不开教育科研，教师的专业拓展、专业水平的提高也离不开教育科研。"科研兴校"已然成为一种潮流，进行教育科研也已成为提高教师专业能力的最直接、最有效的途径。

三是教学反思能力。反思是一个不断发现问题、分析问题和解决问题的过程。在新课程改革背景下，教学反思代表了教师专业发展的一种新理念，提供了教师发展专业的新方法。教师只有对自己的教育教学行为不断反思，才能知道自己的优势和不足，明确自己的努力方向，进而才能不断适应变化了的环境和学生，不断改进教育教学策略，提高自身的教育教学水平。

四是终身学习能力。在竞争如此激烈的当今社会，终身学习的理念已经被世界各国广为接纳。可以说，在 21 世纪，终身学习既是人们的一种积极生活态度，又是人们的基本生存素质。如前所述，教师专业发展是一个持续终身的过程，"一朝受教，终身受用"的时代已不复存在。教师要想适应这个不断变革的社会，就必须具有终身学习的能力。

五是专业合作能力。课程的综合化是我国新课程改革的一个基本理念。由于学科的相互渗透，教师如果仍是单打独斗，肯定不能适应时代的变化和要求。孤军作战只能使教师变得孤陋寡闻、墨守成规，甚至可能会使自己陷入困境。因此，专业合作越来越成为教师专业发展的重要途径之一，它可以使教师在交流和沟通中相互学习、相互影响、共同提高。

3. 专业信念

《现代汉语词典》对"信念"的解释是"自己认为可以确信的看法"。据此，我们可以将教师的专业信念理解为"教师自己选择、认可并确信的教育观念或教育理念"❶。具体地说，教师专业信念是指教师在长期的教育实践中，基于对教育工作价值的理解而形成的关于教育的观念或理性信仰。专业信念是教师专业发展的灵魂。教师能不能超越教育生活的平淡与无奈，走出"教书匠"的困惑，固守心灵的宁静，以满腔的热忱投入到教育实践当中，为教育事业奉献自己毕生的智慧和心血，就要看教师是否有专业精神和坚定的专业信念。如果说专业知识主要强调"会不会"，专业能力主要强调"能不能"的话，专业信念则强调的是"愿不愿"的问题。专业知识和专业能力体现的是教师专业工作所需的实际本领，专业信念则体现的是教师专业工作的精神支撑。没有实际本领的提升，就没有教师的专业发展；没有精神的支撑，教师的专业发展也是被动的、暂时的、浅显的。

当然，专业信念作为教师专业发展精神层面的内容，在不同的历史时期有不一样的要求和表现。新时期要求教师建立科学的教师观、学生观和教育活动观，树立各种先进的教育理念。对于自己从事的工作，教师要把它当作终身奋斗的事业，而不仅仅是一种谋生的手段；对待自己，教师不仅仅是"传道授业解惑"，更要凸显自身的生命价值；对待学生，教师始终要"以人为本"，充分调动学生自我发展的能动性和自觉性；对待教育活动，教师要让其充满生命的气息，焕发生命的活力，挖掘生命的潜能。总之，在我国新课程改革背景下，教师要树立素质教育、创新教育、人文教育和生命教育等先进的教育理念，将专业发展纳入自己的职业生命，结合教育教学实践重新构建与时代相符合的专业信念体系。

4. 专业自觉

教师专业水平的提升取决于专业知识的掌握、专业能力的增强和专业信念的形成。然而，教师能不能很好地掌握专业知识、增强专业能力、形成专业信念，又有赖于教师个体的专业发展意识和态度。我们可以将教师所具有的较强的自主发展意识和积极的专业发展态度称之为专业自觉。教师的专业信念是教师专业发展的灵魂，这种灵魂的形成则是教师专业自觉的结果。教师专业自觉强调的是教师专业发展的主动性、积极性和主体性，强调教师"我要发展"的态度，而不是"要我发展"的态度。可以说，专业自觉是推动教师专业发展的不竭动力，没有教师的专业自觉就没有教师的专业发展。

如果教师对自己从事的教育工作的专业性有清晰的体认，能主动承担专业

❶ 叶澜，等. 教师角色与教师发展新探［M］. 北京：教育科学出版社，2001：231.

发展的责任，将专业发展当成自己追求的目标，并能在教育教学实践中不断进行自我反省、自我批判、自我超越，那么教师的专业发展就一定能够实现。相反，如果教师缺乏最基本的专业发展欲望，既没有对自己过去专业发展历程的总结意识，也没有对自己现有专业发展水平的把握意识，更没有对自己未来专业发展方向的规划意识，那么教师就只能在教育实践中无目的地"游荡"，也就不可能做到有计划的、主动的专业发展。总之，只有形成专业自觉，才能使教师的专业发展内化为教师个体自愿、自觉的行动，才能使教师专业持续、健康地发展。

5. 专业伦理

专业伦理是专业必不可少的组成部分，是专业成熟的重要标志。教师专业伦理是教师专业必不可少的重要组成部分，它是在教师专业化背景下提出来的概念，旨在指导和规范教师的专业实践，保障教师的专业地位和专业自主权。对于教师专业伦理的含义，不同的学者有不同的表述。概括地讲，"教师专业伦理就是教师在其专业化的现实状况下所必须具有的伦理特性"❶。通俗地讲，"教师专业伦理是指教师在从事教育教学这一专业工作时应该遵守的基本伦理规范和行为准则"❷。具体来说，"教师专业伦理是指履行教育教学职责的专业人员共同拥有和必须遵守的，有利于促进教育者自身和受教育者全面健康发展的，有利于促进社会和谐发展的专业精神和专业规范的总和，是社会价值和专业价值的具体体现"❸。

教师专业伦理是对传统师德的继承、发展和超越。传统的师德标准主要反映了社会公众对教师的期望和要求，具有明显的社会他律特征；教师专业伦理既注重社会他律，也注重切实可行的专业自律建设。传统师德总体上具有静态的特征，强调教师应具备何种道德，不太注重这种道德是如何形成以及怎样发展的，将教师的德行要求看成是永恒、僵化的；教师专业伦理则强调教师德行与教师的其他专业发展同步，而且是在整个专业生涯中不断发展的，具有动态的特征。传统师德追求教师德行的"至善至美"，注重教师德行对学生的示范作用，具有单一性特点；教师专业伦理既强调教师德行要求及其示范性，也注重教师德行的专业价值和个体生命价值，具有多元化特点。我国教师专业伦理目前还没有统一的标准。有学者认为，教师不仅应具备科学的教育理念、正确

---

❶ 孙峰. 教师专业伦理的价值选择 [J]. 思想理论教育, 2008 (22): 4-8.
❷ 徐廷福. 论我国教师专业伦理的建构 [J]. 教育研究, 2006 (7): 48-51.
❸ 罗昂. 教师专业伦理的内涵与持续发展 [J]. 中国德育, 2008, 3 (4): 22-25.

的专业价值观、崇高的事业心、顽强的敬业精神，还应积极促进学生的发展，谋求自身的专业发展，探究学科课程的发展规律，关注家庭和社区教育，主动与其他教师和社会成员合作。还有学者认为，教师应具备认真敬业、主动负责、热诚服务、精益求精等专业精神，热爱学生、为人师表、以身作则等专业规范，终身学习、不断提升服务品质的专业态度以及活泼开朗、耐心细致、善良正直的专业人格。●

（四）教师专业发展的途径

教师专业发展是一个终身持续不断的过程，在这个过程中会受到很多因素的影响和制约，归结起来，主要有社会因素、学校因素和教师个人因素三大方面。社会因素具体包括教师的社会地位和福利待遇、教师资格制度、教师培养培训制度以及教师考核、评价制度等；学校因素主要包括学校的教学设备条件、教学制度、校长的办学理念与管理风格、教师文化、学生来源、班级规模和课程等；教师个人因素主要包括教师的家庭结构、从业动机、工作态度、受教育程度、自我专业发展需要与意识等。总之，教师专业发展总是要受到教师所处时代和社会的大环境的影响，以及教师工作的学校和生活的家庭等小环境的制约。因此，要促进教师专业发展就需要社会、学校和教师个人的共同努力。

目前，一些国家已经开始寻求多种途径来实现教师的专业化，提高教师的专业发展水平，如师范学校延长实习时间，增加教育专业类课程比重来提高新师资的专业化水准；为在职教师建立专业发展学校，提供专业发展机会；建立教师资格证书制度和专业评审制度，逐步扩大教师专业自主权等。在这里，我想强调的是教师专业自主发展问题，也就是在教师专业发展过程中，教师自己应该如何努力以逐渐提高自身的专业水平问题。综合一些学者的研究，我认为有这么三个方面值得关注：首先，教师要树立终身学习理念，通过学习不断实现自我超越；其次，教师要养成自我反思的习惯，通过反思努力实现自我完善，使自己逐渐成为研究型教师；最后，教师之间要密切合作，通过合作逐渐整合教师团体智慧，从而促进教师共同发展。不断进行专业学习是教师角色适应于发展的必要条件。一个理性而成熟的教师，不但能对自己的教学进行反思，在教学过程中表现自身的价值，还能进行团体的合作与协商。可以说，学

● 罗昂. 教师专业伦理的内涵与持续发展［J］. 中国德育，2008，3（4）：22-25. 徐廷福. 论我国教师专业伦理的建构［J］. 教育研究，2006（7）：48-51.

习、反思与合作是教师专业自主发展的主要路径。接下来，本章将分别对终身学习、教学反思和专业合作这三条教师专业自主发展路径进行专门的、较为系统的介绍。

二、教师终身学习

（一）终身学习理念的内涵

一提到"终身学习"这个词，我们很容易联想到"终身教育"和"学习化社会"这两个概念。事实上，"终身学习"的概念是由"终身教育"的概念转化而来的，而终身教育的最终目标是期望建立一个人人都学习的"学习化社会"。因此，"终身学习""终身教育""学习化社会"三个概念通常被人们联系在一起来理解。虽然"终身教育""终身学习"和"学习化社会"理念传入我国已有些时日，但学术界对这几个概念至今仍然没有一个统一的界定。

1. 终身教育

终身教育思想最早于20世纪50年代中期产生于法国，而这一教育理念的正式提出，是在1965年联合国教科文组织在巴黎召开的第三届国际成人教育促进会议上。在这次会议期间，联合国教科文组织成人教育计划处处长、法国成人教育理论家和活动家保尔·朗格朗（Paul Lengrand，也译作保罗·朗格朗）正式向大会提交了关于终身教育的提案，终身教育理念由此在全世界得以传播和推广。世界上许多国家把终身教育作为教育改革和发展的战略重点。

关于终身教育的含义，朗格朗认为，"终身教育是一系列很具体的思想、实验和成就，换言之，是完全意义上的教育，它包括了教育的所有各个方面，各项内容，从一个人出生的那一刻起一直到生命终结时为止的不间断的发展，包括了教育各发展阶段各个关头之间的有机联系"。❶《学会生存》一书指出，"终身教育是学习化社会的基石"，"终身这个概念包括教育的一切方面，包括其中的每一件事情。整体大于其部分的总和。世界上没有一个非终身的而又分割开来的'永恒'的教育部分。换言之，终身教育并不是一个教育体系，而是建立一个体系的全面组织所根据的原则，而这个原则又是贯穿在这个体系的每个部分的发展过程之中的"。❷《教育——财富蕴藏其中》一书指出，"终身

---

❶ ［法］保尔·朗格朗. 终身教育引论［M］. 周南照，陈树青，译. 北京：中国对外翻译出版公司，1985：15－16.

❷ 联合国教科文组织国际教育发展委员会. 学会生存：教育世界的今天和明天［M］. 华东师范大学比较教育研究所，译. 北京：教育科学出版社，1996：223.

教育是不断造就人、不断扩展其知识和才能以及不断培养其判断能力和行动能力的过程"。❶ 加拿大学者克里斯托弗·K. 纳普尔（Christopher K. Knapper）认为，"终身教育至少在某种程度上可以被看作内含一种教育哲学或教育模式。在这一意义上，人们使用这一术语时指的是：一套教育目标，一套实现目标的程序，一套价值观念"。❷ 虽然表述不一，但从中我们可以看出，"终身教育"至少包含三层意思：第一，终身教育是一种教育理念，是构建未来教育体系的原则；第二，教育贯穿人的发展的一生；第三，教育覆盖人的发展的各个方面。

终身教育原则❸

- 要保证教育的连续性以防止知识过时；
- 使教育计划和方法适应每个社会的具体要求和创新目标；
- 在各个教育阶段都要努力培养新人，使之能适应充满进步、变化和改革的生活；
- 大规模地调动和利用各种训练手段和信息，这种训练和信息超出了对教育的传统定义和组织形式上的限制；
- 在各种形式的行动（技术的、政治的、工业的、商业的行动等）和教育的目标之间建立密切的联系。

在这些原则的基础上可以建立多种多样的模式，这些模式都考虑到各种不同的方面，但都服从同一个条件，这就是使教育成为生活的工具，成为使人成功地履行生活职责的工具。

2. 学习化社会

关于学习化社会的含义，英国学者贾维斯（Jarvis, P.）认为，"学习社会曾是依附终身教育而来的一种理想。在此社会中，提供所有社会成员在一生中的任何时间，均有充分的学习机会。因此，每个人均得通过学习，充分发展自己的潜能，达成自我的实现"。我国台湾学者胡梦鲸认为，学习化社会将是一

---

❶　国际 21 世纪教育委员会. 教育——财富蕴藏其中［M］. 联合国科教文组织总部中文科，译. 北京：教育科学出版社，1996：92.

❷　［加］纳普尔，等. 高等教育与终身学习［M］. 徐辉，陈晓菲，译. 上海：华东师范大学出版社，2003：8.

❸　［法］保尔·朗格朗. 终身教育引论［M］. 周南照，陈树青，译. 北京：中国对外翻译出版公司，1985：65.

个以终身教育体系为基础，以学习者为中心，人人均能终身学习的理想社会，"在这个社会中，学习者的基本学习权力能够得到保障，教育机会能够公平地提供，学习障碍能够合理地去除，终身教育体系能够适当地建立"❶ 我国学者吴遵民认为，学习社会是指"充满余暇时间和自由空间的社会，在那样一种社会中，人们的学习并不以职业或经济上的目的为手段，而是以人们自发形成的，并以自主愿望为标志的一种积极向上的社会"。换言之，"学习社会"的理想是为社会民众提供广泛而多样的学习机会，而且奠定这一社会基础的是以培养和完善人性为目的、具有非功利性特征的指导理念。❷《学会生存》一书中对学习化社会的描述是，"不仅必须发展、丰富、增加中小学和大学，而且我们还必须超越学校教育的范围，把教育的功能扩充到整个社会的各个方面。学校有它本身的作用而且将有进一步的发展。但是我们越来越不能说，社会的教育功能乃是学校的特权。所有的部门——政府机关、工业交通、运输——都必须参与教育工作"❸。综上所述，学习化社会至少包含三层意思：第一，学习化社会是以终身教育为基础，终身学习为目的的社会理想；第二，学习是每个人的基本权利；第三，超越学校教育范围，社会共同参与教育。

3. 终身学习

对于"终身学习"的含义，人们的表述也是仁者见仁、智者见智。纳普尔认为，作为终身教育目的的终身学习是指"有意学习"，这种学习是有目的的，它有具体目标，这些目标是进行学习的原因，学习者有意在相当长的一段时间里保持并且运用所学的知识。❹ 日本生涯教育学会在《生涯学习事典》中指出，"对学习者的要求给予必要的应答，并由学习者自主地选择合适的学习手段与方法，然后再通过其终身的生涯来进行，这即为终身学习。其基本思想，就是基于每个个人自发的意愿而进行的活动"。❺ 1994 年 11 月 30 日至 12

---

❶ 高志敏. 关于终身教育、终身学习与学习化社会理念的思考 [J]. 教育研究，2003（1）：79 – 85.

❷ 吴遵民，等. 现代学习论：通向"学习社会"的桥梁与基础 [M]. 上海：上海教育出版社，2008：3.

❸ 联合国教科文组织国际教育发展委员会. 学会生存：教育世界的今天和明天 [M]. 华东师范大学比较教育研究所，译. 北京：教育科学出版社，1996：201.

❹ ［加］纳普尔，等. 高等教育与终身学习 [M]. 徐辉，陈晓菲，译. 上海：华东师范大学出版社，2003：11.

❺ 高志敏. 关于终身教育、终身学习与学习化社会理念的思考 [J]. 教育研究，2003（1）：79 – 85.

月 2 日在意大利罗马举行了"首届世界终身学习会议"（简称"罗马会议"），欧洲终身学习促进会为会议准备的报告中提出："终身学习是 21 世纪的生存概念""终身学习是通过一个不断的支持过程来发挥人类的潜能，它激励并使人们有权利去获得他们终身所需要的全部知识、价值、技能与理解，并在任何任务、情况和环境中有信心、有创造性和愉快地应用它们"。基于此，吴咏诗指出，"终身学习应该是一种社会行为，与其说它是一种教育概念，不如说它是一种生活方式"。❶ 吴遵民认为，终身学习是"人在一生中所需要的知识、技术，包括学习态度等应该如何被开发和运用的全过程"，"终身学习强调的基本特征是'有意义的学习'，而其学习场所也不限于家庭、学校、文化中心或企业等。但凡被个人或集团可以加以利用的一切教育设施及资源都应被包含在内"。❷ 而我国的俗语"活动老，学到老"其实也是对终身学习的最朴素的解释。

从上述的定义表述中我们不难发现，终身学习具有四个基本特征：其一，终身性。终身性是终身学习在时间上的规定性，也是终身学习最重要的特征。所谓"活动老，学到老"，学习是一个终身的过程，从生命开始到生命结束，学习贯穿于人的发展的各个阶段。其二，全民性。全民性是终身学习在范围上的规定性。终身学习不是个别人或少数人的事，而是每一个人的基本权利之一，无论性别、年龄、民族、职业、地域的差异，人人都享有学习的权利。终身学习是一种社会行为，它正逐渐成为现代社会和未来社会人们的一种"生活方式"，成为人们生活的不可或缺的重要组成部分。其三，自主性。学习者是终身学习的主体。为什么学习、学习什么、怎样学习、何时学习等，都由学习者自己决定，不需要教育机构自上而下的布置和安排。诚如日本生涯教育学会所指出的那样，终身学习是"基于每个个人自发的意愿而进行的活动"，是"由学习者自主地选择合适的学习手段与方法"展开的。自主性是终身学习的重要本质特征。其四，多元性。终身学习不仅贯穿于人的一生，而且贯穿于学习的各个层面、各个空间。从学习的主题来看，终身学习可以是学会生存、学会学习、学会创造，也可以是学会关心、学会负责、学会合作。从学习的内容来看，可以是知识层面的、技能和能力层面的，也可以是态度和情意层面的。从学习的方式来看，终身学习可以是个人独立进行的，也可以是群体共同学习；可以是正规的，也可以是非正规的。从学习的途径来看，可以从书刊杂志

❶　吴咏诗. 终身学习——教育面向 21 世纪的重大发展［J］. 教育研究，1995（12）：10–13.
❷　吴遵民. 现代国际终身教育论［M］. 上海：上海教育出版社，1999：16.

上学，可以从网络上学，可以从电视电影上学，还可以向他人学习。从学习的场所来看，终身学习可以是学校内的，也可以是学校外的；等等。总之，终身学习无论在主题内容、方式方法，还是在途径、空间等方面都展现出多元化的特点。

从以上关于终身教育、学习化社会和终身学习的内涵分析中，我们可以看出，三者之间有着非常密切的联系，尤其是终身教育和终身学习，在很多情况下常常被人们交叉使用。三者的契合点在于都强调了学习的重要意义，终身教育的目的是倡导终身学习，学习化社会构建的目的是营造终身学习的氛围。可以说，终身教育和学习化社会是终身学习的社会外部条件，终身学习的实现有赖于终身教育体制的形成和学习化社会观念的普及。终身教育、学习化社会和终身学习虽然联系密切，但它们毕竟是不同的概念。它们虽然都强调学习的重要性，但角度不一样。"终身教育是体制，终身学习是内容、目的和结果"❶。终身教育更多的是从社会角度出发，是一种自上而下的过程；终身学习更多的是从个人角度出发，是一种自下而上的过程；而学习化社会则介于两者之间。如果说终身教育是 20 世纪重要的教育理念，那么终身学习就是 21 世纪的重要教育理念，而学习化社会则是连接它们的桥梁。

（二）教师专业发展要求教师终身学习

学习化社会人人都需要终身学习。学习是人的基本权利，也是人的生存方式。正如《学会生存》所指出的那样，"人永远不会变成一个成人，他的生存是一个无止境的完善过程和学习过程。人和其他生物的不同点主要就是他的未完成性。事实上，他必须从他的环境中不断地学习那些自然和本能所没有赋予他的生存技术。为了求生存和求发展，他不得不继续学习"。"唯有全面的终身教育才能够培养完善的人，而这种需要正随着使个人分裂的日益严重的紧张状态而逐渐增加。我们再也不能刻苦地一劳永逸地获取知识了，而需要终身学习如何去建立一个不断演进的知识体系——'学会生存'"❷。

以"育人"为己任的教师更是需要终身学习。教师专业发展也要求教师成为终身学习者。众所周知之，现代社会教师所面临的挑战和压力越来越大，这

---

❶ ［加］纳普尔，等. 高等教育与终身学习［M］. 徐辉，陈晓菲，译. 上海：华东师范大学出版社，2003：6.

❷ 联合国教科文组织国际教育发展委员会. 学会生存：教育世界的今天和明天［M］. 华东师范大学比较教育研究所，译. 北京：教育科学出版社，1996：196（埃德加·富尔主席致联合国教科文组织总干事勒内·马厄函）.

种挑战和压力具有高度的不可预测性与复杂性。社会的进步、科技的发展、知识的日新月异，教师职业越来越找不到一套放之四海而皆准的应变通则，"一朝受教，终身受用"的时代已然成为过去。教师的专业发展成了一个终身的过程。正如《教育——财富蕴藏其中》中所描述的那样："今天，世界整体上的演变如此迅速，以致教师和大部分其他职业的成员从此不得不接受这一事实，即他们的入门培训对他们的余生来说是不够用的，他们必须在整个生存期间更新和改进自己的知识和技术。"❶ 因此，教师专业发展要求教师在整个职业生涯中必须"时时学习、事事学习、处处学习"。既要在教育教学实践中学，也要在工作之余学；既要向书本学，也要向他人学；既要学知识技能，也要学能力；既要学习如何学习，也要学习如何思考，还要学习怎样与他人合作；等等。总之，在学习化社会，教师要树立终身学习的理念，做终身学习的身体力行者，在教育教学实践中不断完善自己，不断提升自己的专业水平。

（三）坚持终身学习，促进教师专业发展

教师专业发展是教师职业生命不断完善的过程，是一种内在生成的过程。在这个过程中，虽然要受到很多因素的影响和制约，但最终还是取决于教师自身的内在因素。学习的不断进行意味着生命的不断的成熟和完善。为了不断提升自己的专业发展水平，教师必须坚持终身学习。那么，教师应该怎样践行终身学习理念，促进自身专业发展呢？

首先，教师要养成主动学习的习惯和积极的学习态度。知识经济时代，知识更新的速度加快，教师一天两天不学还行，一月两月不学也还过得去，一年两年不学就落后了，三年四年不学就肯定会被淘汰。因此，教师必须具有终身学习意识，养成积极主动的学习习惯。无论学什么、怎么学，教师都应该保持良好的学习态度。知识的积累是一个过程，教师的专业发展更是一个过程。学习意识、学习习惯和学习态度始终是教师专业发展的根本保证。没有学习的意识、积极的学习态度和良好的学习习惯，社会提供的知识再多，教师也会充耳不闻、视而不见，教师的专业发展也便成为一句空话。

其次，教师要制订学习计划和长、短期学习目标。没有目标的学习是盲目的，没有计划的学习是低效的。教师的专业发展存在不同的阶段，每一个阶段

---

❶ 国际21世纪教育委员会. 教育——财富蕴藏其中 ［M］. 联合国科教文组织总部中文科，译. 北京：教育科学出版社，1996：142－143.

都有各自的特点，处于不同阶段的教师所面临的情况以及需要解决的问题和提升的素质侧重点也不一样。所以，教师应该根据自己不同时期的不同特点，制订不同的学习计划和学习目标，并按照学习计划和目标有的放矢地开展学习，以不断充实和完善自己。

最后，教师要培养自己的终身学习能力。学习能力是顺利完成学习活动、提高学习效率的前提和基础。在学习化社会，终身学习能力既是教师专业发展的重要内容，也是教师专业发展的基础和根本保证。因此，教师在学习的过程中要有意识地培养自己的学习能力。学习能力包括很多方面的内容，有对知识的理解能力、分析能力、概括能力和记忆能力，有联系新旧知识的能力和运用所学知识解决实际问题的能力，还有制订适当学习计划和目标的能力、运用不同学习策略的能力以及自我评价学习效率的能力，等等。值得强调的是，在知识经济时代，现代技术手段日新月异，信息包罗万象、良莠不齐，因此，学习能力还包括对信息加以辨别、筛选、加工和处理的能力。

三、教师教学反思

随着社会竞争的日趋激烈，社会对教师素质的要求越来越高。新基础教育课程改革要求教师成为学者型、专家型教师。教师只有不断地自我完善，才能适应现代社会和教育改革的要求。终身学习理念在教师专业发展中不可或缺，教学反思也越来越成为学者型、专家型教师必备的重要理念，成为近年来教学界备受重视的一种促进教师专业发展的重要途径。事实证明，教师专业发展是与反思的实践联系在一起的。教师只有在反思中才能明确自己的努力方向，才能不断学习并培养终身学习的能力，从而不断提高自己的专业水平。

（一）教学反思的内涵

1. 何谓教学反思

反思是人的一种高级的认知活动，是一种批判分析的思维形式，是个体在头脑中对问题进行主动、持久、反复的思考过程，其最终目标就是"从一种不确定、怀疑和困惑的状态过渡到能够掌握问题情境、因发现解决困境材料而获得满足感"❶。反思的意识在我国古来有之，"吾日三省吾身""反求诸己"

---

❶ ［瑞典］胡森，等. 教育大百科全书：第8卷（教学、教师教育）［M］. 张斌贤，等，译. 重庆：西南师范大学出版社，2006：340.

等就是反思观念的表现。在国外，较早研究反思的有英国哲学家、教育思想家约翰·洛克（John Locke）和荷兰哲学家贝内迪特·斯宾诺莎（Benedictus Spinoza）。一般认为，最先将反思引入教学领域的是美国哲学家、教育家约翰·杜威（John Dewey）。随着人们对"反思"探讨的不断深入，便出现了教学反思或反思性教学的概念。在不需要做严格区分的情况下，教学反思和反思性教学因其核心思想的相似性而被常常混为一谈。

对于教学反思的含义，不同的倡导者根据自己的经验和意图对它进行了不同的诠释。杜威（1933）认为，反思性教学是一种"对特定情境或个人积极反应的学术性倾向"，这种倾向主要表现为三个方面：愿意接受新思想、责任感和全身心投入。愿意接受新思想是一种认知因素，它指的是这种倾向在学习教育领域内，试图寻找并构建一个可选的结构。愿意接受新思想的教师敢于冒风险，他们更倾向于从不同角度，根据事情的来龙去脉解决问题。责任感是一种执行因素，它要求教师不仅要考虑行为的短期后果，而且要顾及其长期的影响。全身心投入是一个有效性因素，它是指不要将态度限定于特定的教学情境和训练内，而是要渗入到教师全部教学和政治生活中。❶我国也有很多学者对教学反思进行了界定，如张立昌认为，"教师的反思是指教师在教育教学实践中，以自我行为表现及其行为之依据的'异位'解析和修正，进而不断提高自身教育教学效能和素养的过程"❷。当然，这个解释并不只限于教学，但从表述中可以看出，其核心内容还是教学反思。熊川武对反思性教学进行过系统的研究，他作出的解释是："反思性教学是教学主体借助行动研究，不断研究与解决自身和教学目的以及教学工具等方面的问题，将'学会教学'（learning to teach）与'学会学习'（learning to learn）统一起来，努力提升教学实践的合理性使自己成为学者型教师的过程。"❸这一定义得到了国内教育界的普遍认同。

虽然学者们对于教学反思或反思性教学的含义表达不尽相同，但其基本内涵却是一致的：教学反思离不开理性的思考，教学反思需要批判的态度和方法，教学反思是教育主体自我分析和批判的过程。而且，教学反思的最终目的是教师通过批判反思的方式解决教育教学中的各种问题，以不断提高教育教学

---

❶ ［瑞典］胡森，等. 教育大百科全书：第 8 卷（教学、教师教育）［M］. 张斌贤，等，译. 重庆：西南师范大学出版社，2006：340－343.
❷ 张立昌. 试论教师的反思及其策略［J］. 教育研究，2001（12）：17－21.
❸ 熊川武. 论反思性教学［J］. 教育研究，2002（7）：12－17.

质量，促进自身专业发展。根据学者们的描述，笔者认为，作为教师专业自主发展途径的教学反思或反思性教学可以通俗地理解为：教师对自己教学的各个环节进行严密、反复的思考，以总结经验或查漏补缺，从而不断提高自身的教学水平，促进自身专业发展的过程。

2. 教学反思的基本特征

对于教学反思的基本特征，很多学者也发表过自己的看法。如张立昌认为，教师反思的主要特征有：实践性、针对性、反省性、时效性和过程性。❶林菁认为，反思性教学的特征是突出教学的情境性、过程性、评价性和反馈校正性。❷熊川武则直接从其对反思性教学下的定义中提取出反思性教学的四个基本特征：第一，反思性教学以解决教学问题为基本点，具有较强的创新性；第二，反思性教学以追求教学实践合理性为动力；第三，反思性教学强调两个"学会"（学会教学和学会学习），是全面发展教师的过程；第四，反思性教学以增强教师的"道德感"为突破口。❸

综合专家学者们的观点，本书认为，教学反思主要有以下五个基本特征：

（1）目的性。教学反思不是为了反思而反思，也不是为了完成他人的任务而逼不得已的行动，它是教学主体主动进行的一种思维活动，因而具有明确的目的性。教师之所以要对自己的教学进行深入细致的思考和探究，其目的就是发现并解决教学中存在的问题，从而不断改进教学，追求教学实践的合理性，提高教学效果，最终促使教师自己不断进步，不断提升自己的专业水平。

（2）批判性。反思是一个批判分析的思维过程，教学反思本身就暗含着批判的意蕴。教学反思要想取得良好的效果，教学主体必须具有一定的批判意识和态度。很多时候，反思就是自己跟自己过不去，自己找自己的不足，自己挑自己的毛病，等等。而且也只有这样，教学反思才不至于流于形式。

（3）内隐性。教学反思是教学主体对自己的教学所进行的一种深入的、细致的思考过程。作为一种思维活动，它首先应该是内隐的。无论是对教学观念的反思，还是对教学的组织和实施过程的反思；无论是课堂教学前的反思，还是课堂教学后的反思，亦或是课堂教学中的反思；或者说，无论是对已经发生过的教学行为的回顾，还是对即将发生的教学行为的预想，都需要教师积极

❶ 张立昌. 试论教师的反思及其策略 [J]. 教育研究, 2001 (12): 17 – 21.
❷ 林菁. 提高教师反思性教学能力探微 [J]. 教育评论, 2003 (4): 51 – 53.
❸ 熊川武. 说反思性教学的理论与实践 [J]. 上海教育科研, 2002 (6): 4 – 9.

思维的参与，这种积极的思维过程首先是在教师的头脑中进行的，具有内隐的特点。

（4）开放性。在具有内隐性的同时，教学反思还具有开放性的特征。尤其是当反思进行了一段时间之后，要想使反思更加深入地进行下去，教师必须具有开放的态度。教师不能只局限于自己的考虑，而应该主动从多种渠道获取信息，虚心听取他人的意见和建议，这样可以避免自己的思维定势，以便更好地了解自己的教学状况，不断发现问题、解决问题，从而提升自己。

（5）坚持性。如前所述，教师专业发展不是一朝一夕之功，而是一个持续终身的过程。作为教师专业发展的重要途径之一，教学反思自然也是一个长期的过程，其间充满了曲折和艰辛，体现了一定的过程性和坚持性的特点。当学校的教学条件不能满足自己的教学要求时，就需要教师有吃苦的精神，否则教学反思很容易流于形式。尤其是反思中自己跟自己过不去，他人也给自己挑出了一大堆毛病的时候，又或者，辛辛苦苦反思了一段时间，教学仍然未见成效的时候，就更需要教师有坚强的意志品质和心理承受能力，否则教学反思很容易半途而废。缺乏坚持性的教学反思不但不能促进教师专业发展，相反还可能成为挫伤教师教学积极性的"罪魁祸首"。因此，有效的教学反思具有坚持性的特点。

3. 教学反思的主要内容

依据教育教学工作实际，教师的反思可以大致分为教学工作反思、德育工作反思、学校管理工作反思等。按照课堂教学的基本环节，教学反思的内容包括导入新课、组织教学、讲授新知识、巩固新知识和布置作业等方面。按照课堂教学效果，教学反思的内容主要包括：教学目的是否实现，任务是否完成，方法是否恰当，学生积极性是否调动起来，板书设计和作业布置是否合理，等等。按照教师专业发展，教师的反思则可以包括教育教学观念的反思，专业知识的反思，教育教学技能的反思，教育教学能力的反思，专业伦理方面的反思等。❶ 不同的教师可以根据自己教学的实际情况，从不同角度、不同方面对自己的教学加以反思。在这里，本书将从教师专业发展的角度稍加强调。作为教师专业发展的基本途径，教学反思的基本内容主要包括以下四个方面：

其一，对教学观念的反思。教学观念对教学实践有很重要的指导作用，不同的教学观念会导致不一样的教学效果。每个教师对教学的目的、任务、过

---

❶ 吕洪波. 教师反思的方法 [M]. 北京：教育科学出版社，2006：5.

程、方法以及衡量教学质量标准的把握不会完全一样。有的教师会把知识的传授放在第一位，有的教师会认为对学生的能力培养更重要，还有的教师可能会非常关注学生的情感发展等。不管教师坚持什么样的教学理念，学生的健康成长和教师自身的发展最重要。所以，教师始终应该本着"以人为本"的原则，在教学中经常反思自己的教学观念是否有利于学生更好的成长，是否能更好地促进自身的专业发展。

其二，对知识结构的反思。通常认为，教师合理的知识结构包括本体性知识、条件性知识和实践性知识三个层面。本体性知识指教师所任教学科的知识，或称专业知识；条件性知识指教师具有的教育学与心理学方面的知识；实践性知识是教师在教学实践中积累起来的与课堂情境相关的知识。三个层面的知识必须协调发展。专业知识是教师教学的基础，但也并不意味着专业知识越多教学效果就越好。教学效果还取决于教师条件性知识的掌握和实践性知识的积累。相对而言，实践性知识对教师教学效能的提高和自身的发展可能更为重要。因此，教师应时常对自己的知识结构加以反思，尤其要善于积累实践性知识。

其三，对教学技能和能力的反思。教师的教学要取得好的效果，只有渊博的知识是不够的，教学技能和能力才是关键。教学目的的把握、教学内容的安排、教学方法的选择、教学手段的使用、课件的制作、教学活动的组织与开展、教具的呈现等，都是教师所必须具备的重要技能。教师的教学能力主要包括教学设计能力、表达能力、板书能力、课堂调控能力、指导学生学习的能力、作业的批改能力、学生学习的评价能力以及教育科研能力、终身学习的能力、专业合作能力等。这些教学技能和能力都是教师教学反思的重要内容。

其四，对教学风格的反思。教学风格是教师的知识结构、技能、能力、教学观念乃至个性特点的综合体现。每个教师在长期的教学实践中都会逐步形成自己的独特的教学风格。那么，什么样的教学风格对学生更为有利，什么样的教学风格才能更好地提高教学效率，促进教师自身的专业发展呢？这是因人、因时、因条件和环境而异的，不同社会时期和不同年龄阶段的学生对教师的要求不一样，不同性格特点的教师也适合不同的教学风格。因此，教学风格也应该成为教师教学反思的基本内容。

有学者根据自己的课堂教学实际，建立了一个"课堂教学反思录"，其中所列举的反思问题值得我们借鉴。

课堂教学反思录[1]

科目_____课题_____班级_____

时间：_____年_____月_____日_____午　　　第_____节

1. 本节课我讲授的时间有多少？

2. 我讲话的音调怎样？

3. 我的体态语言是否丰富？

4. 我在教室里是怎样走动的？

5. 微笑教学了吗？

6. 训斥学生了吗？

7. 授课后感到快乐了吗？

8. 导致我心情不佳的事件。

9. 尊重学生列举。

10. 我感到最自豪的教学活动是什么？

11. 学生听课后的反应如何？

12. 学生学习状况描述。

13. 学生的合作状态。

14. 本节课的异类观点（学生姓名、观点）。

15. 意外发现_____学生的闪光点。

16. 对于_____学生，关于_____事情，课后应该找他谈话。

17. 关注现实生活的情况。

18. 所任学科与其他学科的融会贯通情况。

19. 师生对话形式。

20. 师生交往互动状况，改进措施。

21. 哪些教学设计取得了预期效果？

22. 非预期性事件（处理方法，怎样处理更机智）。

23. 这节课从学生那里学到了什么？

24. 在什么样的情形下，感到与学生的关系最密切？

25. 哪些精彩片段值得仔细地咀嚼？

---

[1] 孙传宝. 建立"课堂教学反思录"[J]. 中小学管理，2004（7）：51.

26. 哪些突发事件让我措手不及？

27. 什么时候、什么情景下感到最焦虑或沮丧？

28. 自己感觉这节课成功吗？

29. 如果给我重试的机会，在哪些方面我将做得更好？

30. 其他值得研究的问题。

以上内容涉及了教学中的方方面面，如果教师能根据这些问题，在课后或者在课堂教学过程中有意识地进行反思，天长日久，在提高自身的专业水平方面一定会有很大的帮助。当然，在具体操作中，教师不一定每次都面面俱到，而要根据实际情况有选择地加以反思。

（二）教学反思对教师专业发展的意义

1. 教学反思为教师专业素质的持续发展提供可能

国内外许多专家、学者都非常重视教学反思对提高教师专业素质的促进作用。美国心理学家波斯纳（G. J. Posner）提出了"经验+反思=成长"的教师成长公式，他指出，没有反思的经验是狭隘的经验，最多只能形成肤浅的知识，教师如果不对经验进行深入反思，那么其发展肯定会大受限制。美国教育家布鲁克菲尔德（S. D. Brookfield）认为，批判反思对我们的教学的重要性之一就是，把我们自己看作是不断被塑造的人。"当我们认真进行批判反思的时候，我们还会对职业发展开始产生不同的想法。反思过程的本质体现在我们总是处在发展的过程之中"[1]。加拿大教育家马克斯·范梅南（Max van Manen）指出，"充满智慧的反思能够发现事物，而未经反思的行动是'缺乏智慧'的、没有机智的。因此，对过去的教育经历进行反思的体验，丰富了我未来的教育经历并使其更具思想性"[2]。我国心理学家林崇德也提出"优秀教师=教育过程+反思"。熊川武教授更是强调，反思性教学是全面发展教师的过程。由此，我们可以说，教学反思的过程就是教师专业发展的过程，教学反思为教师专业素质的持续发展提供了可能性。

2. 教学反思有利于提高教师教学实践的有效性

在传统的教学过程中，教师往往满足于以往的教学经验，机械地按部就班，容易忽视各种教学情境的独特性，对教学中出现的新情况、新问题缺乏敏

---

[1] ［美］布鲁克菲尔德. 批判反思型教师 ABC［M］. 张伟，译. 北京：中国轻工业出版社，2002：52.

[2] ［加］马克斯·范梅南（Max van Manen）. 教学机智：教育智慧的意蕴［M］. 李树英，译. 北京：教育科学出版社，2001：269.

锐的应变能力，这就直接影响了教学的有效性。教学反思具有强烈的批判性和开放性，其出发点是"探究和解决教学问题"和"追求教学实践的合理性"。❶如果教师在教学实践中善于反思，并在反思中不断探索、研究、总结，并且提出一些新见解，上升到一定的理论高度，然后以此来改进教学实践，这无疑可以促进教师教学实践有效性的提高。因此，教师能否进行教学反思已经成为影响教学效果的关键性因素。正如《批判反思型教师 ABC》一书所指出的那样：批判反思"可以让我们的教学成为一种和学生相联系的活动"；可以"让我们努力创造更民主的课堂"；"当我们考虑究竟为何而教学，考虑我们为什么用一种特别的形式来教学，这时候，我们试图把自己的实践建立在诸如公正、公平和同情等这些核心的民主价值观的基础上"。❷

3. 教学反思使教师成为研究者和学习者，提升了教师专业地位

教学反思所倡导的教师观隐含着三个基本信念：教师是专业人员、教师是发展中的个体、教师是研究者。这些基本信念赋予了教师新的角色，改变了教师被动地接受教育理论指导的地位。通过教学反思，教师自觉地、理性地运用专业知识去思考、审视、反省、判断、分析和总结教学的各个环节，并不断地调整自己的教学实践，这就使得教师角色由单纯的"教书匠"变成了"研究者"。"学然后知不足，教然后知困"。通过教学反思，教师可以不断地发现问题，为了解决问题，教师不断地加以学习，这样循环往复，教师角色又由单纯的"传道授业解惑者"变成了"学习者"。教学反思使教师实现了教学与研究的统一、教育与学习的一体化。❸ 教师成为"研究者"和"学习者"，既体现了教师职业的专业性质，同时也是教师专业发展对教师角色的基本要求。因此，教学反思赋予了教师新的角色定位，使教师成为研究者和学习者，从而提升了教师的专业地位。

总之，教学反思既是教师专业发展的一种新理念，也是促进教师专业自主发展的基本途径和方法，而反思能力更是教师专业能力的重要组成部分。教师只有在教学实践中不断地进行反思，才能不断提升自己的专业水平，从而实现自己的职业生命价值。

---

❶ 熊川武. 反思性教学 [M]. 上海：华东师范大学出版社，1999：3.

❷ [美] 布鲁克菲尔德. 批判反思型教师 ABC [M]. 张伟，译. 北京：中国轻工业出版社，2002：53-55.

❸ 林菁. 提高教师反思性教学能力探微 [J]. 教育评论，2003 (4)：51-53.

（三）教学反思对教师的要求

1. 教师要具有强烈的责任心和道德感

责任心和道德感是教师自觉反思教学行为的前提。一般来说，缺乏责任心和道德感的教师，除非因教学上的失误和迫于外界压力，否则不会自觉反思自己的教学行为。[1] 布鲁克菲尔德认为，"成为一个批判反思型教师是件艰难的事情，它是一个长期的、逐渐积累的艰苦过程。在努力拼搏中，教师们还要承担着政治的、职业上的风险，驱除自己内心的恶魔"。他进一步指出，批判反思的风险主要有四种：第一，被揭示为骗子的风险；第二，被排除在为我们提供支持的网络和社会之外的风险；第三，会因为失去确定性而忍受悲伤；第四，被抛弃在被人遗忘的可怕角落。[2] 的确，教学反思是一件很艰难的事情，它有时甚至就是教师自己跟自己过不去，自己为难自己。因此，如果没有强烈的责任心和道德感，教师很难将教学反思坚持下去。

2. 教师要掌握一些教学反思的技巧和方法

教学反思的目的是解决教学实践问题，提高教育教学质量，提升教师专业水平。为了达到教学反思的效果，教师必须恰当地运用反思技巧和方法。那么，教师可以运用哪些技巧和方法反思自己的教学呢？西方学者布鲁巴赫（J. W. Brubacher）提出了四种方法可供参考：第一，写反思日记。在一天的教学工作结束后，教师写下自己的经验或体会，并独立或与其他教师一起进行评析。第二，观摩与分析。教师之间互相听课、评课并相互交换意见。第三，学术研讨会。不同学校的教师在研讨会上提出各自的教学问题，通过讨论共同寻找解决办法，同时共享有效的教学经验。第四，行动研究。教师对教学中所遇到的问题进行调查研究、建立假说、解决问题，其过程大致是问题—计划—行动—观察—反思。[3] 这四种方法既有个体反思也有群体反思，还有综合反思，教师应根据实际需要加以灵活运用。

教学反思具有开放性的特征，为了使教学反思更加全面、深入，教师还应多方听取他人的意见。而通过学生评课、倾听学生反馈意见便是一种简便易行的反思策略。学生对教学有着自己独到的见解，他们往往会根据自己的需要、兴趣、爱好，对教学的内容、方法、组织与管理等作出评价，有利于教师从学

---

[1] 熊川武. 说反思性教学的理论与实践 [J]. 上海教育科研，2002（6）：4－9.

[2] ［美］布鲁克菲尔德. 批判反思型教师 ABC [M]. 张伟，译. 北京：中国轻工业出版社，2002：279.

[3] 赵蒙成. 反思性教学：教师在职发展的必要途径 [J]. 中国成人教育，2000（10）：46.

生的角度了解自己教学的优势和不足。"对每一位教师来说，从学生眼中看自己，是其教师生涯中令人称奇的因素之一。每当我们从学生眼中看自己时，总能了解一些事情"。❶ 因此，教师可以用问卷、谈话、网上评教、意见箱等方式随时随地收集学生的反馈信息，并对这些信息加以梳理和反思，然后及时调整和完善自己的教学，从而提高教学的针对性和有效性，不断提升专业水平。

纵观反思性教学实践，我国教师经常使用的教学反思方式主要有教学日志、教学案例分析、教后记、网络教研，等等。近年来，教育叙事作为一种教育科研方法和教学反思方式，也正逐渐流行于各中小学校。稍后本书将单独对教育叙事这种反思方式进行专门的介绍。以下呈现的《以读为本 感悟语言》是关于《初冬》教学片段的一个反思，从中我们可以体验一下课后反思的基本技巧。

以读为本　感悟语言❷

教学片段

师：请看！（CAI 课件展示一棵柿子树上挂满了橘红色的大柿子）

生（齐）：哇！好漂亮！（学生脸上露出惊叹、羡慕的神情）

师：喜欢吗？

生（齐声响亮回答）：喜欢！

师：这些柿子里面藏的有我们这课要认识的新朋友——生字、新词。谁要是读对了这些词语，而且还能读出它们的意思，这个诱人的大柿子就送给谁了。

（学生满脸兴奋，个个跃跃欲试）

师：请看！（CAI 课件展示白茫茫的一片大雾，配图出现词语"白茫茫的一片大雾"）

生（惊叹）：好大的雾啊！

师：谁来读读词语！

生（平淡地读）：白茫茫的一片大雾。

师：你读得真准！可是柿子还是不愿下来，你能不能再读读让我们感觉到

❶ ［美］布鲁克菲尔德. 批判反思型教师 ABC［M］. 张伟, 译. 北京：中国轻工业出版社, 2002：42.

❷ 任劲松, 杨玉萍. 以读为本 感悟语言——《初冬》教学片段与反思［J］. 湖北教育, 2004（23）：30－31.

雾好大呀！

生（重读"大"字）：白茫茫的一片大雾。

师：有进步！（电脑小博士给予奖励，该生高兴地坐下）

师：还有想读的吗？

生（重读"白茫茫"）：白茫茫的一片大雾。

师：你们满意吗？

生：老师，我还可以把雾读得再大点！

师：真勇敢，请你试试！

生（夸张地延音重读"白茫茫"）：白茫茫的一片大雾。

师：大得我都看不清远处了！你们觉得呢？（学生们点头）大家都试着读读，可以配上你喜欢的动作，找找在大雾中的感觉！

（学生纷纷自读，配以各种动作）

（教师指导学生用同样方法朗读课文中其他的词语，如"隔着一层纱""发出淡淡的光""射出光芒""厚厚的一层黄叶"等）

课后反思

《初冬》是一篇描写初冬时节田野雾景的散文，文章短小，语言简洁、朴实，意境清新、优美。《语文课程标准》指出："语文教学要注意语言的积累、感悟和运用。"如何让学生感受课文优美的意境，感悟语言的内涵呢？在以往的初读课文、检查生字词的教学环节中，我只是单调地出示一个个生字词，检查学生是否读准字音。在后面指导读整篇课文时，容易出现指导面大、不易把握重点的现象。这次教学，我想何不从词语教学入手，在词语朗读中培养语感、感悟语言呢？因为重点词语是课文的精华，读好了这些词语，对整篇课文的感悟、欣赏也可以水到渠成。于是，在这次的教学中，出示词语时，我不是单调地呈现一个个生字，而是把生字放在词语中，在词语上面配以鲜活的图，让学生从视觉上感受美丽的画面，变抽象为形象，变遥远为现实，成功地创设了情境。在引导学生读词语时，我一改往日仅以读准字音为标准的旧模式，而是在要求学生读准字音的基础上，引导通过品读、自由读、赛读、配动作读等方式鼓励学生读出词语的内涵，读出词语的意境，直到读出自己的感情。这样不仅起到了巩固生字词的目的，更重要的是注重了语感的培养、情感的熏陶，从而较好地体现了《语文课程标准》倡导的以读为本、感悟语言的新理念。

3. 教师要有较高的教育理论修养

"我们认为具有个性的独有经历，理论可以阐明其中的一般性因素，从而帮助我们识别自己的实践。理论还可以为我们提供看待熟悉事物的多种观点"。❶ 教师只有将教学实践中遭遇的问题上升到理论层面加以剖析，才能追根溯源，实质性地解决问题。因此，教师要想做到反思意识的觉醒、反思技巧和方法的灵活运用、反思能力的增强和反思水平的不断提升，就必须具有较高的教育理论修养。教师教育理论修养的提高是一个长期的修炼过程，修炼的方式方法很多，但教师的自主学习是最为直接、最为有效的方式。一方面，教师要经常自觉地学习教育教学基本理论和阅读教育家名著，着力吸取国内外先进的教育思想、教育理念、教育方法及最新教育研究成果，广泛涉猎前沿的教改信息、动态与进展等，全面加强自身的理论修养。另一方面，教师要根据自己工作的实际需要，或针对某一具体问题，或从实践体验出发，有针对性地重点研读一些对解决实际问题有借鉴、指导作用的专著、课题研究报告、经验文章或相关资料等，重点提升某方面的理论修养。总之，只有通过广泛涉猎和重点研读，日积月累，教师的教育理论修养才能不断得到加强和提升，教学反思也才具有实施的基础和原动力。❷

4. 教师要有较强的协作意识

俗话说："当局者迷，旁观者清。"以"旁人"的眼光来审视自己的教学实践，能使教师对问题有更清晰的认识，并获得对问题解决的广泛途径。某些教学问题不仅是教师个体问题，还是教师群体问题；某些教学问题虽是教师个体问题，但却是各种复杂的因素造成的。如果只依靠教师的单纯的个体反思，往往会造成一定的局限性和片面性。因此，好的教学反思既是自我批判的，又是民主合作的。教师在教学实践过程中，既要坚持个体反思，也要倡导群体反思和综合反思。事实上，很多反思方式的使用，如观摩与分析、学术研讨会、行动研究以及网络教研、教育叙事等，都需要发挥集体的力量才能取得更好的效果。因此，每个教师都要有较强的协作意识，在教学实践中注重教师之间的经验分享、合作学习和共同提高，在个体反思的基础上多进行集体反思。

（四）教育叙事：教学反思的重要方式

1. 教育叙事的内涵

叙事，就是叙述事情，指人们通过口头、书面或映像的形式叙说已经发生或正在发生的事情。通俗地说，叙事就是"讲故事"，讲述叙事者亲身经历的

---

❶ ［美］布鲁克菲尔德. 批判反思型教师ABC ［M］. 张伟，译. 北京：中国轻工业出版社，2002：45.

❷ 胡波. 浅谈反思性教学中的个体反思策略 ［J］. 中国教育学刊，2003（6）：31 −34.

故事。它普遍地存在于文学、艺术作品和我们的日常生活、工作当中，是人们表达思想的常见方式。叙事研究最初于 20 世纪 70 年代在西方教育研究领域内率先兴起，90 年代末引起了我国教育研究者的关注，如今已经成为教育领域很流行的术语。

教育叙事，概括地讲，就是讲述教育者经历过的或正在发生的教育事件。它既是一种教育研究方法，也是一种教师专业自主发展的方式。作为一种研究方法，教育叙事是指研究者用叙事的方式来研究教育问题，即通过对典型性的教育事件的描述和分析，揭示内隐于其背后的意义和观念，从而促进人们对教育的本质和价值的认识和理解。在这里，"讲故事"的人是教师，研究者既可以是教师，也可以是其他研究人员。作为一种教师专业发展的方式，教育叙事主要指教师的教育叙事，通常表现为教学叙事，它是教师教学反思的主要途径之一，具体是指教师将自己的某节"课堂教学"或经历的某个教育事件讲述给他人听，或者以反思日记和教育随笔的方式记录下来，使之成为一份相对完整的案例，为自己以后的教学提供借鉴和启示的过程。在这里，教师既是叙述者，又是研究者。

教师的教育叙事可以从不同的角度区分为不同的类型。● 第一，根据叙事的内容来分，教师的教育叙事主要包括教育教学片段叙事、生活叙事和传记体叙事三种。教育教学片段叙事，是对个人教育教学实际中某个印象深刻的片段的叙述，显示事件发生的细节，借以阐明教师对导致好的或者不好的教育教学效果的反思；生活叙事，是对教师教育生活故事的叙述，借以显明其中所蕴涵的教师的生活体验以及对教师教育生活的细微关涉，教师日常生活与教师专业自主发展、教育状态、教育经历密切相关，教师专业自主发展不光在课堂，同样在日常生活之中；传记体叙事，是对教师专业自主发展过程、乃至教师生涯的整体叙述，借以显明教师生命成长的历程，是对平凡教师人生中细微的个人"生命颤动"的揭示。第二，根据叙事的主题来分，教师的教育叙事包括单主题叙事和多主题的整体性叙事两种。单主题叙事，是就某一个主题来展开个人教育生活的叙事；多主题的整体性叙事是研究教师的整体生活，包括个人家庭生活、日常交往、教学、班主任工作、学习研究以及其他可能对教师个人成长产生重要影响的经历，从中梳理出日常生活各方面对教师的影响，整合起来构成一个完整的个体。第三，根据叙事的层次，可以将教师的教育叙事由低到高

● 参见刘铁芳. 教育叙事：教师专业自主发展的可能路径 [J]. 福建论坛：社科教育版，2009 (7)：15 – 18.

区分为教育教学日志或日记、反思性叙事和研究性叙事三种。教育教学日志或日记，是教师直接记录日常真实的教育教学生活情景或片段；反思性叙事，是教师不局限于教育教学生活片段的记录，而是在此基础上将自己的心得体会加以提升；研究性叙事，是教师对叙事主题加以提炼、对多种原始教育生活材料加以搜集整理，从而对日常教育生活加以反复梳理而进行的教育叙事。第四，按照叙事的主体来分，教师的教育叙事包括"他传体"叙事和自传体叙事两种。"他传体"叙事，是通过教师将自己的教育故事讲述给他人听，由他人来对教师的教育生活故事进行梳理和提炼；自传体叙事，是教师自身对自己的教育生活故事进行梳理和分析，以达到积累经验、提升教育教学水平的目的。

教师的教育叙事具有以下四个基本特征：

（1）问题性。教育叙事不是"记流水账"，不是简单地把教师每一天的教育活动或每一节课堂教学都原原本本地记录下来，而是有重点、有选择地记叙那些教育情境中发生的、给自己留下深刻印象的、有价值的典型教育问题。这些"典型"教育问题有可能是某节课，也有可能只是某个教学片段；有可能是教师未曾预料到的某个偶发事件，也有可能是教师教育教学机智的极致发挥；有可能是教师的权威受到了挑战，也有可能是教师或某个学生在教育教学活动中灵机一闪的新思想和新看法，等等。总之，教师的教育叙事总是与一定的教育问题联系在一起。教师只有善于发现并捕捉教育教学活动中出现的典型问题，才能以此开展自己的教育叙事，或者以教育日志的方式撰写自己的教育故事，或者向他人讲述自己的教育故事。从某种意义上说，教育叙事作为一种教师专业自主发展的方式，实际上就是教师不断地发现问题、分析问题和解决问题的过程。

（2）反思性。无论是作为一种研究方法，还是作为教师专业自主发展的方式，教师进行教育叙事既不是单纯地为了叙事而叙事，也不是为了检验某种已有教育理论或构建一种新教育理论，更不是为了向别人炫耀自己的"才智"或表述自己的"感慨"、倾诉自己的"苦衷"。教师教育叙事的主要目的，是借所"叙"之"事"来反思自己的教育教学活动，并通过反思来改进自己的教育教学行为，以提高教育教学质量、提升自己的专业发展水平。从这个意义上来说，教师教育叙事的过程就是教师反思的过程，就是教师对自己经历过的看似平凡的教育事件进行重新咀嚼、回味和审视，从而发现不平凡的教育意义的过程。因此，教师的教育叙事具有强烈的反思性。通过反思，教师可以对自己日常的教育教学问题有较深层次的把握；通过反思，教师可以对教育教学中所产生的某种困惑或者某种行为进行合理的解释和说明；通过反思，教师可以找到更加合适的解决教育教学问题的办法；通过反思，教师还可以对日后可能发生的某种类似事情进行一定的设想，等等。

（3）境域性。教育教学事件往往是很具体的，每一个事件都具有在特定境域中的意义，离开了特定的境域，该事件就不一定会发生。作为教学反思方式的教育叙事，教师所叙述的教育故事通常是教师自身的具体教育教学实践活动，它总是与教师所处的情境联系在一起。因此，教师的教育叙事具有一定的境域性，它需要对教育故事细节进行整体性的、情境化的、动态的描述，强调"原汁原味"地呈现事件发生的时间、地点和情节等具体的境域。同时，教师也只有根据具体的境域去分析和解释所发生的事件，才能达到对教育事件的深层次的理解和把握，从而实现改进教育教学行为，提高专业发展水平的目的。

（4）人文性。教育叙事倡导以人为本，人在教育叙事中始终居于核心地位。教师的教育叙事不仅关注具体的教育问题和教育事件，关注教育事件的每一个有意义的具体细节和情境，更关注教师自身的体验和感受，关注教师在整个教育事件的发生和教育问题解决中的心灵轨迹。看似平淡的故事叙述往往蕴藏着教师的价值信念，渗透了教师的教育思想和教育理念，体现了教师的主体性和积极性。正如有的学者所指出的那样，与文学的叙事模式不同，教师的教育叙事"更强调教师的个人体验，更重视教师的意义感受"，它"无疑为我们提供了一个极富人情味、极具人文关怀、极有情感魅力的领域"❶。

2. 教师教育叙事的意义

因为教育叙事具有问题性、反思性、境域性和人文性等基本特征，它接近日常教育生活，容易被人们理解和接受，所以，教育叙事目前已经成为我国教师常用的教育研究方法，成为广大中小学教师不可或缺的教学反思和专业自主发展的重要途径。教师有意识地叙说自己的教育故事，有利于教师反思自己的教育教学实践，促进教师发现、分析和解决教育教学实践中的真实问题，从而改进教育教学行为，提高自身的专业发展水平。具体来说，教育叙事对教师专业发展的意义体现在如下三个方面。

其一，有利于教师主体意识的觉醒。传统的教育研究是一种"由上而下"的研究范式，教育研究者一般不直接参与教育实践，而教育实践者一般也不参与教育研究。教师作为教育实践者，往往只能被动地执行教育行政规范和指

---

❶ 王枬. 关于教师的叙事研究［J］. 全球教育展望，2003（4）：11-15.

令，他们的教育热情被压抑，思想被禁锢，久而久之便成了循规蹈矩的"教书匠"。"教书匠"型的教师通常缺乏个体意识，没有创新欲望，其内在的生命价值最终没能得到很好地显现，这极大地限制了教师的专业发展水平。教育叙事是一种"自下而上"的教育研究范式或者"平行研究"范式。在教育叙事中，教师不再是教育研究成果的被动执行者，不再是教育领域的"沉默的大多数"，而是教育研究的积极参与者。教育叙事"使教育研究回归教师的教育经验本身，回归教育生活本身，使每一个教师都有机会参与，发出自己的声音，获得话语权"❶。因此，教育叙事促进了教师主体意识的觉醒，改变了教师被动的"教书匠"角色。作为教师教学反思方式的教育叙事，同时也促进了教师教学行为的改善，从而提升教师的专业自主发展水平。

其二，有利于教师实践知识的积累和提升。专业知识是教师专业发展的重要内容。教师专业知识的获得有两个来源：一是通过学习而获得的外来的教育知识、教育理念等；二是通过实践而获得的个体经验提升的知识。我们将这种个体经验提升的知识，称为实践性知识或缄默知识。由于实践性知识是教师自身经验的积累，所以在很大程度上影响着教师教育教学风格的形成，支配着教师的教育教学行为。教师能不能在教育教学实践中提升实践性知识，直接影响着自身的专业发展水平。教育叙事是教师以"讲故事"的方式对自己的教育教学活动的复述和再现，它实质上是教师对自己的教育生活加以重新审视的过程。重新审视教育生活有利于教师深入地了解自己的教育教学行为，深层次地把握自己的教育教学经验，从而促进教师实践知识的不断积累和提升。

其三，有利于教师专业能力的增强。同专业知识一样，专业能力也是教师专业发展的重要组成部分。教育叙事有利于教师专业能力的增强主要表现在两个方面：首先，教育叙事能够锻炼教师对日常教育生活的观察能力。"叙事将教师引向教学实践，直面教学事实本身，使得教师细心观察教学实施过程。这无疑会增强教师对教学实践的观察力和敏感性，从而见微知著，使教师从看似琐碎的日常教学生活中感悟教育的真意"❷。我们知道，教育叙事不是教师毫无选择地简单再现自己的教育活动，其所"叙"之"事"往往是有意义的、典型的教育事件或教育问题，而这些教育事件或教育问题又通常隐藏在一些普

---

❶ 张典兵. 教育叙事：教师专业自我发展的有效路径［J］. 教育导刊，2007（11）上半月刊：38－39.

❷ 王凯. 教师叙事与专业发展［J］. 湖南师范大学教育科学学报，2005，4（2）：25－28.

普通通的教育现象之中。教师要从普通的教育现象中筛选出有意义的教育事件和问题，没有敏锐的观察能力肯定是不行的。所以，在某种意义上，教育叙事是锻炼教师观察能力的较好方式。其次，教育叙事能够提高教师反思的能力。如前所述，教师进行教育叙事不是为了叙事而叙事，而是通过叙事来反思自己的教育教学活动，教育叙事的过程其实也是教师反思的过程。教师在"讲故事"或"写故事"的过程中，都自然而然地渗透了自己对已经发生的教育事件的见解，并从中受到了新的启发。所以，教育叙事是教师作为一个"教育者"反思存在的基本方式，它无疑可以促进教师反思能力的提高。

总之，教育叙事是一种非常有效的教师反思方式，是教师专业自主发展的可行路径。同时，由于教育叙事能较好地促进教育理论和教育实践的结合，它也越来越成为教育科研不可或缺的方法之一。对于教师而言，如果能较好地使用教育叙事，那么在成长过程中将会少走很多弯路，也能改变纯"教书匠"的角色而成为"研究型""学者型"教师。教育叙事的重要意义就如同有的学者所描述的那样，"正是通过对叙事主题的提炼，而把日常教育生活提高到自我意识之中，从而让我们在教育叙事的过程中，把生活中偶然的教育事件历史化，把平凡的教育生活琐事意义化，把过去的教育经历永恒化，教育叙事因此而成为敞开教师生命意义之门的重要方式"。❶

3. 教师教育叙事的方法

无论是作为一种研究方法，还是作为一种反思方式，教育叙事对教师的专业发展都产生了极其重要的作用和意义。那么，教师在教育教学实践中如何开展教育叙事呢？目前还没有一个固定的程序。一些学者对此做过研究，提出了各自的见解。如：王枬认为，教师叙事研究的路径是：确定研究问题—选择研究对象—进入研究现场—进行观察访谈—整理分析资料—撰写研究报告。❷ 刘永福认为，教育叙事的基本步骤包括以下四个方面：第一，捕捉现象，确定问题；第二，整合材料，建构框架；第三，反思探究，归纳意义；第四，撰写文本，检视升华。❸ 丁钢认为，教育叙事的一般方法是进行经验收集和提供意义诠释。❹ 张典兵认为，教育叙事的策略有二：一是选择适当主题，切入教育生

❶ 刘铁芳. 教育叙事：教师专业自主发展的可能路径 [J]. 福建论坛：社科教育版, 2009 (7)：15 – 18.

❷ 王枬. 关于教师的叙事研究 [J]. 全球教育展望, 2003 (4)：11 – 15.

❸ 刘永福. 教育叙事的内涵解读与路径寻绎 [J]. 山东教育, 2009 (31)：12 – 13.

❹ 丁钢. 教育叙事研究特点和应用 [C] //郝文武. 教育学人讲演录（第一卷）. 北京：北京师范大学出版社, 2013：102 – 110.

活；二是审视反思教育生活，升华教育生活。❶ 前两种观点比较具体，可以视为作为研究方法的教育叙事的实施路径和步骤。后两种观点比较概括，既可以视为作为研究方法的教育叙事的思路，也可以视为作为反思方式的教育叙事的实施路径。借鉴学者们的观点，本书认为，作为一种教师反思方式的教育叙事，其实施过程可以分为"选事""叙事"和"析事"三个环节。

其一，筛选可"叙"之"事"。筛选可"叙"之"事"是教师进行教育叙事的第一步。教师在教育教学实践中，每天都亲历着许多"故事"，但教师不可能对所有的"故事"都加以述说。这就需要教师对许多个教育事件进行筛选，从中选取印象深刻的、具有价值的"故事"作为教育叙事的材料。这些"故事"可以是失败的教训、也可以是成功的体验，可以是教学智慧、也可以是思想的火花，等等。当然，也许有的教师会说，自己每天都在重复着昨天的"故事"，好像也没有什么特别的"故事"值得述说。其实不然，有些看似平凡、普通的教育事件，可能蕴藏着不平凡的、独特的道理。俗话说："处处留心皆学问。"只要教师处处留意，时刻关注身边的事情，就一定会发现可以用来叙说的"感人"故事。因此，教师每天都应该对自己一天的教育生活加以回顾，并从中选取某个典型的教育事件加以"特别"关注。

其二，细叙已"选"之"事"。这是教师教育叙事的第二步。教师在确定了某个可以用来叙说的教育事件之后，就要对这个教育事件进行详细叙说。叙说的基本方式主要有两种：一是将已"选"之"事"口头说给同行或亲戚朋友听；二是以日志的方式将已"选"之"事"写下来。无论是"口述"，还是"笔录"，教师都要尽量详细一些，尤其是对那些能引起同行共鸣、意蕴深刻、值得反思的细节，更要尽量具体地描述出来。所谓"细节决定成败"。某个教育事件的发生，总有自己特定的境域。在教育叙事过程中，"原貌"重现教育事件发生的场景，抓住教育事件的关键细节，可以为教师下一步的反思提供依据，可以促进教师对整个教育事件的深层次的理解和把握，进而促进教师教育叙事效果的提高。

其三，分析所"叙"之"事"。如前所述，教师教育叙事的目的是通过叙事反思自己的教育教学活动，以提高教育教学效果、提升自身的专业发展水平。教师教育叙事具有强烈的反思性，前面所说的"选事"和"叙事"，其最

---

❶ 张典兵. 教育叙事：教师专业自我发展的有效路径［J］. 教育导刊, 2007（11）上半月刊: 38－39.

后的落脚点是"析事",是对所选、所叙之事进行反思。具体地说,就是教师对自己所叙说的教育事件进行深入地思考和分析,以全面了解教育事件所产生的影响,明晰教育事件发生的原因,领会隐藏于教育事件中的教育思想和理念,进而提出妥善解决教育问题的办法和应对策略。因此,深入分析所"叙"之"事"是教师开展教育叙事、实现叙事目的的关键环节。

4. 教师教育叙事应注意的问题

教育叙事作为一种教学反思方式虽然容易被教师接受,使用起来也没有过多的条件限制,但如果使用不当,往往会流于形式,徒然增加教师的负担。为了使教育叙事真正起到促进教师专业发展的作用,教师在叙事过程中应该注意如下问题。

首先,要明确叙事的目的。教师教育叙事的目的是重新审视教育经验,反思教育实践,分析教育问题,解决教育困惑,从而提升专业水平。教师在教育叙事过程中始终不能偏离这个目的。一方面,教师要切忌把叙事当成炫耀自己的手段,把"讲故事"当成叙说自己的"先进事迹";另一方面,教师要避免把教育叙事当成"检讨",把在教育过程中所犯的"错误"自我批评一番,甚至"上纲上线"。诚然,在教育叙事中应该肯定成绩,指出不足,但这本身不是目的,更不能走极端。不管是成绩还是不足,关键的问题是,教师所叙述的教育事件应该是有价值的,通过对这个教育事件的分析和深入理解,应该有利于教师教育教学水平的提高。

其次,所叙之事必须真实。教育叙事无论是作为一种教育研究方法,还是作为一种教师反思的方式,它都不同于文学创作。文学创作是一种艺术,为了吸引读者、打动人,作者可以凭借自己的想象去杜撰"故事"或编造"故事"情节。但教育叙事一定要力求真实,

教师在叙事中绝不能任意改变"事实"、虚构"情节",更不能为了取悦某人而编造教育故事。否则,教育叙事就偏离了它的目的,失去了它的原初意义。那种编造的"故事"、虚构的"情节",无论它多么美丽动人,对于教师的专业发展都是毫无价值的。

再次,要把握事件的主线。每个教师每天都会经历许多教育故事,每个教育故事都会有很多细节。当教师确定了主题,选择了某个事件作为叙事的内容以后,就应该把这个事件叙述清楚、明白。但清楚、明白并不意味着面面俱到,更不能添盐加醋。在叙述过程中,教师应始终围绕主题,把握事件的主线,突出事件的关键部分,一些无关紧要的细枝末节能放过尽量放过。如果面

面俱到的话，可能会浪费教师的很多时间，徒然增加教师的工作量，而且叙事的效果也未必好。当然，有价值的细节还是不能漏掉，这就需要教师有较强的判断能力和筛选能力。

最后，要重视事件的分析阐述。在教育叙事过程中，教师不仅要把经历过的整个教育事件叙述清楚，而且要对教育事件加以细致分析。"叙事"和"析事"两个环节不能截然分开，很多时候，教师必须做到"夹叙夹议"。教师既要对教育事件发生的时间、场合、原因、学生的表现以及影响等进行详细的分析，又要关注自己经历事件时的感受、体验、认识等心理变化过程，还要分析自己当时对事件的处理是否恰当，设想如果类似事件再次发生，应该怎样处理会更加有效。总之，教育叙事过程就是教师反思的过程，教师在叙事中不仅要把事件讲述清楚，更重要的是分析事件、找出问题、解决困惑，从更高、更深的层次上重新认识事件、把握事件，更加合理地解释事件。当然，要做到这一点，没有教师积极的思维参与肯定是不行的。

（五）对教学反思的反思

教学反思为教师专业持续发展提供了可能，但它也存在一些不完善的地方：第一，教学反思需要教师投入较多的时间和精力，这会增加教师的负担。众所周知，教师的劳动本身就具有繁重性的特点，他们既要承担繁重的教育教学任务，还要经常性地接受各种检查、参与各种培训。长期的超负荷的运转，已经使许多教师感到身心极度疲倦。而教学反思对教师又有那么些严格的要求，既有思想、理论层面的，还有实际操作层面的，这都需要教师花费较多的时间和精力，无疑又增加了他们的负担。第二，教学反思"有较浓的'揭短'、'纠偏'意味，容易使一些意志品质薄弱的教师产生畏惧感"[1]。如果每次反思都会找出自己教学中的失误与不足，这对教师的教学积极性可能也是一种打击；如果通过学生反馈的方式来指出教师教学的失误与不足，这对一些教师的自尊心来说更是一种伤害。所以，教学反思在某种程度上会增加教师的心理压力，使一些教师产生畏惧感。把握不好的话，不仅不能提升教师的专业水平，相反还会使得教师失去教学的信心和动力。第三，教学反思容易使一些教师"把反思当作目的，而忘了行动，结果反省了一辈子，却什么也没干成"[2]。因此，教师应清醒地认识到，教学反思本身不是目的，而是解决教学实践中

---

❶ 熊川武. 试析反思性教学 [J]. 教育研究，2000 (2)：59 – 63.
❷ 熊川武. 试析反思性教学 [J]. 教育研究，2000 (2)：59 – 63.

的各种问题、提高教学质量、促进师生共同发展的一种手段。教师在教学反思中应关注教学行为，重视教学实践。否则，教学反思就失去了它的原初意义。

四、教师专业合作

教师专业发展有个体发展和群体发展两种方式。从总体上看，终身学习和教学反思主要属于个体发展方式，而接下来要介绍的专业合作则主要属于群体发展方式。当然，这种划分并不是绝对的。事实上，教师在终身学习和教学反思过程中也需要群体力量的支持，甚至有些时候它们也会以群体的方式出现。当教师的终身学习和教学反思以群体方式出现的时候，它们便成了教师与教师之间的合作。作为个体发展方式的终身学习和教学反思对于教师专业发展的重要作用已经一目了然，而作为群体发展方式的专业合作对于教师专业发展的重要性也绝不能低估。如前所述，教师专业发展是教师在与他人的"共在"中完成的，其发展过程就是教师与教师共同提高的过程。而且，教师的工作成效也离不开与他人的合作，如与家长的合作，与教育管理者的合作，与学生的合作等，但在教师专业发展过程中，更多的依赖于教师与教师之间的专业合作。在新课程改革背景下，专业合作逐渐成为教师专业发展的重要路径和方式。

（一）教师专业合作的内涵

1. 合作

理解合作的含义是理解教师专业合作的前提和基础。对于什么是合作，目前还没有一个统一的定义，国内外学者从不同的角度进行了阐释。在我国，《心理学大辞典》对合作下的定义是："合作是为了共同的目标而由两个以上的个体共同完成某一行为，是个体间协调作用的最高水平的行为。"❶《辞海》对合作作出这样的解释："所谓合作是社会互动的一种方式。指个人或群体之间为达到某一确定目标，彼此通过协调作用而形成的联合行动。参与者须具有共同的目标、相近的认识、协调的活动、一定的信用才能使合作达到预期效果"❷。有学者认为，合作"是指两个或两个以上的个体为达到共同的目标而协调活动，以促进一种既有利于自己又有利于他人的结果出现的行为，它与友

❶ 朱智贤. 心理学大词典［Z］. 北京：北京师范大学出版社，1989：265.
❷ 辞海（上册）［Z］. 上海：上海辞书出版社，1999：912.

爱、分享、谦让、依恋等同属亲社会行为，是儿童社会适应行为的一个重要方面"❶。有学者认为，合作"是社会互动中，人与人、群体与群体之间为达到对互动各方都有某种益处的共同目标而彼此相互配合的一种行动，也是人们为实现共同目的或各自利益而进行的相互协调的活动"❷。还有学者从哲学、社会学、组织行为学等视角对合作的内涵进行了全面的考察：从哲学的角度看，合作是人与人联系的基本方式，是人存在的本质要求，是人与人之间的一种活动关系和需求关系；从社会学的角度看，合作是在工作、闲暇或社会关系中，为追求共同目标，享受共同活动带来的快乐，或只为了加深彼此关系，而以一种协调的方式一起行动；从组织行为学的角度看，合作是主体为完成相互依赖性的组织任务，按约定的目标与规则，通过组织、安排资源与活动而形成的一种关系。在全面考察合作内涵的基础上，他们提炼了合作的基本要素，指出：任何合作都必须具备有主体的意愿、可分解的任务、有共享的规则、有互惠的效益等要素。❸

一些国外学者也从各自的视角对合作进行了界定。美国学者卡根（Kagan）认为，"合作是一种组织的或跨组织的结构，在这个结构中，资源、信息、权利都是共享的，所有成员都被组织在一起，共同行动，以实现单个成员或机构无法达到的目标"。美国学者霍司·李斯（Hess Rice）认为，"合作就是围绕共同目标的实现，把各组织的资源、信息、权利、兴趣和利益进行再组织、再调整而产生一个新的有机体的过程"。美国学者弗里恩德（Friend）和库克（Cook）认为合作有以下几个特征。❹

（1）合作是出于自愿的（voluntary）。理想的合作必须在合作者主观选择的基础上产生，而无法通过行政命令或管理措施来达成，尽管这些外界力量可以迫使合作者聚集到一起来工作。

（2）合作是建立在平等（parity）基础上的。在合作过程中，尽管不同的个体对于集体的贡献在数量和质量上可能存在差异，但它们都应当被平等地视为合作成果的有机组成部分。

（3）合作者之间有一个共同的目标（a shared goal），这是合作赖以发生的

❶　转引自苏红，等. 关于合作行为影响因素的研究述评［J］. 昆明理工大学学报：社会科学版，2005，5（3）：76－79.

❷　王玮. 竞争与合作两种社会互动形式的伦理审视［J］. 辽宁教育行政学院学报，2005，22（11）：4－6.

❸　崔允漷，郑东辉. 论指向专业发展的教师合作［J］. 教育研究，2008（6）：78－83.

❹　邓涛. 教师专业合作的理论与实践研究［D］. 长春：东北师范大学博士学位论文，2008：23－24.

条件。

（4）合作者共同参与重大问题的决策（shared responsibility for key decisions）。在合作过程中，每一个合作者的劳动分工可能不同，但他们都有平等参与合作组织的重大问题决策权利，这种权利进一步强化了合作的平等性特征。

（5）合作者共同为决策后果承担责任（shared accountability for outcomes）。根据权责对称原则，每一个合作者在平等享受决策权的同时，也必须对自己的决策后果负责，无论这种后果是积极的还是消极的。

（6）合作者共享资源（shared resources）。在合作过程中，每一个合作者都必须向合作组织贡献自己的独特资源，以供大家共享。共享资源包括时间、专业技术、空间、设备等。

（7）有突出的特性（emergent properties）。即合作者之间必须相互信任与尊重，这个特性使得合作区别于一般的集体活动或工作，它对合作的发生、发展和结果都有直接影响。

综上所述，国内外学者对合作的定义表述虽然不同，但核心内涵是一致的，他们都强调共同的目标、共同的意愿或兴趣、平等的权利和义务、资源共享等。笔者个人倾向于《辞海》的表述，将合作理解为，个人或群体之间为达到共同的目标或实现共同的利益，彼此通过协调作用而进行的联合行动。

2. 教师专业合作的内涵❶

跟合作一样，教师专业合作也没有一个统一的定义，学者们从不同的视角进行了相关的探讨。加拿大学者哈格里夫斯（Hargreaves, A.）从教师文化的角度探讨了教师合作问题。他将教师文化划分为个人主义（individualism）、派别主义（balkanization）、合作文化（collaborative culture）和人为的同事关系（contrived collegiality）四种类型，并分析了合作文化的五种特征：（1）自发性（spontaneous）；（2）自愿性（voluntary）；（3）发展取向性（development - oriented）；（4）超越时空性（pervasive across time and space）；（5）不可预测性（unpredictable）。

日本学者油布佐和子也对教师合作文化的特征进行了分析，指出"互补性"和"信息冗长性"是理解合作文化形成的两个关键概念。所谓"互补性"，是指超越工作场所中的地位、职业种类的"参与者的平等努力"和"对

---

❶ 参见饶从满，张贵新. 教师合作：教师发展的一个重要路径 [J]. 教师教育研究，2007（1）：12 - 16. 邓涛. 教师专业合作的理论与实践研究 [D]. 长春：东北师范大学博士学位论文，2008：23 - 29.

人在直面复杂工作环境时产生的认知局限的平等的谦虚"；所谓"信息冗长性"，是指个体与个体之间相互共享剩余信息的重要性。

美国学者李特尔（Little, J. W.）基于美国的现实，指出了教师合作文化主要出现在四种场合：（1）关于教学的日常交谈；（2）协同进行教学设计、教材开发和教育方法开发；（3）观察同事的教学；（4）同事间就新的想法、实践方法等相互授受。

我国学者饶从满、张贵新、邓涛等综合了以上学者的观点，给教师专业合作下了这样一个定义：所谓教师专业合作，就是教师们为了追求专业发展和改善学校教育实践，以自愿、平等的方式，就共同感兴趣的问题，共同探讨解决的办法，从而形成的一种批判性互动关系。他们认为以下四点对于理解和把握教师合作的内涵至关重要：第一，教师合作所指的主要是教师同事间的一种人际互动方式或关系形态，而且主要是被作为旨在谋求教师发展和学校教育改善的一种手段或策略；第二，教师合作是出自教师的自愿；第三，教师合作是建立在平等的基础上的；第四，教师合作是一种批判性互动关系或方式。

黄正夫对教师专业合作的模式及策略进行了系统的研究，他认为，教师专业合作是指教师个人或教师群体之间为了提高教育教学效益和促进教师专业成长和专业发展，彼此在具有一定的教育教学专业知能的基础之上在教育、教学、科研等领域通过协调而形成的联合行动。其基本内涵有三：第一，教师专业合作的目标是为了提高教育教学效益和促进教师专业成长和专业发展；第二，教师专业合作强调教师个人或教师群体之间的相互配合和协调；第三，教师专业合作强调个体目标与群体目标的同一性。❶

综合国内外学者的观点，我们可以将教师专业合作理解为：教师个体或群体之间为了提高教育教学效率和促进自身的专业发展，以自愿、平等的方式，就共同感兴趣的问题探讨解决策略，通过协调而形成的联合行动。鉴于哈格里夫斯的观点，我认为，真正的教师专业合作应该具有如下四个特征。

（1）自发自愿性。真正意义上的教师专业合作首先是自发的、自愿的，没有任何的行政命令，合作既非义务也不具有强制性。教师们出于共同的兴趣和需要，自然而然地走在一起。他们就某个共同的教育教学任务、问题、困惑等进行探讨、研究，寻求最佳的解决方案和措施。

（2）民主平等性。教师的专业合作是主体与主体之间的合作，合作各方

---

❶ 黄正夫. 教师专业合作的模式及策略研究［D］. 成都：四川师范大学硕士学位论文，2005：14－15.

是主体与主体之间的关系，是平等对话的关系，而不是上下级关系，更不是"强势"与"弱势"的关系，没有主次之分。平等性意味着教师合作各方的彼此承认，意味着默守共同的规则，遵守共同认可的规范。当然，合作各方肯定存在各种差异，有的教师也许是学校的某个领导，有的教师可能是很有经验的资深教师。但在专业合作中，大家的地位、权利是平等的，人格、机会是平等的。当意见不一致时，每个教师都有同等保留自己意见的权利，而不是领导说了算，也不是资深教师说了算。事实上，正是因为有差异，教师之间才能彼此相互学习、取长补短。

（3）发展取向性。教师的专业合作是指向教师专业发展的。每个教师在知识结构、教育教学经验、智慧水平、思维方式、教学风格以及对教学内容的处理、教学方法的选择、教学整体设计等方面都会有一定的差异，这些差异本身就是一种宝贵的群体资源。合作在某种意义上就意味着资源共享。教师在资源共享的过程中，经常会发生思想的交锋和碰撞，闪现出智慧的灵光，形成对问题的新的观点、看法和解决方案。正是这些新观念、新思想、新方案的产生，促成教师原有的观念更加科学、更趋完善，原有的知识结构更加丰富、更趋合理。最终促使合作各方的专业水平在一次又一次的合作中不断地提升和发展。

（4）超越时空性。教师的专业合作不受时间和场所的限制。合作可以在课堂教学内，也可以在课堂教学外进行；可以在工作时间内，也可以在业余时间进行。合作不仅可以是教师面对面的研讨，也可以是教师在互联网上的交流。总之，合作可以没有固定的时间，也可以没有固定的场所。可以根据教师们的实际情况，灵活安排时间和地点。

（二）专业合作对教师专业发展的意义

如前所述，教师专业发展离不开教师间的合作，专业合作是教师专业发展的重要的群体发展方式。那么，专业合作对于教师专业发展到底具有什么意义呢？具体地说，专业合作对于教师专业发展的意义主要表现在以下四个方面。❶

1. 专业合作有助于教师发展意愿的激发和强化

大量研究表明，个体的情绪、情感品质或状态在很大程度上决定着个体的

---

❶ 饶从满，张贵新. 教师合作：教师发展的一个重要路径 [J]. 教师教育研究，2007（1）：12－16.

行为。教师专业发展是一个持续终身的过程，在这个过程中，教师能不能始终坚持发展以及发展到何种程度，在很大程度上取决于教师自身的教育激情、发展需要和发展意愿。可以说，这些情意因素是教师专业发展的内在动因。一般来说，教师发展的意愿越强烈，其专业发展的自觉性、主动性、积极性和有效性就越高；反之亦然。在教育实践中，那些缺乏发展意愿和专业自觉的教师常常表现为墨守成规、得过且过，他们的专业发展水平很难得到实质性的提高。专业合作能有效地激发教师的发展意愿，提高教师的专业自觉。首先，专业合作注重资源整合和资源共享，能减轻教师的工作负担和心理压力，使教师具有了更大的成功可能性，从而有利于提高教师的专业自信，激发教师的发展意愿。其次，专业合作注重教师之间的交流和相互学习，能促进教师优势互补，从而有利于教师发展意愿的强化。更为重要的是，在专业合作过程中，教师通过尝试不同的教育教学方式、获取教学信息和灵感、分享成功的快乐和喜悦，不断获得专业发展和创新的动力，从而进一步提升了专业自信，强化了发展意愿和专业自觉。

2. 专业合作有助于教师个体反思能力的提高

在新课改背景下，教师的教学反思能力和专业合作能力在教师专业能力结构中扮演着越来越重要的角色。同时，教师专业合作对于教学反思也起着越来越重要的促进作用。如前所述，教师教学反思具有开放性的特征，为了避免个人的思维定势，使反思能够有效地、深入地进行下去，教师必须多方听取意见和建议，而同事的意见和建议是不可或缺的。

教师间的互动和合作对于教师个体反思能力的提高主要体现在同事可以扮演形成性评价者的角色。在教师专业发展过程中，教师希望得到多方面的及时的形成性回馈与协助，以便能够不断地提升自己的专业水平，因为教师个人的独立反思可能会由于视野的局限而出现偏差，而且也会由于视野的有限而难以走向深入；而同事间通过听课、观摩、讨论、交流等合作形式就可以扮演形成性评价的角色，有助于减少教师独立反思的偏差，有助于使教师个体的反思走向深入。许多研究者提出，教学反思是一种依赖群体支持的个体活动，它必须具有开放的心态和合作的环境，它是一种合作、互动的社会实践和交流活动；好的教学反思既应是自我批判的，也应是民主合作的。因此，专业合作有助于教师个体反思能力的提高。

3. 专业合作有助于教师实践性知识的总结和推广

如前所述，教师合理的知识结构包括本体性知识、条件性知识和实践性知识三个方面。实践性知识是与教师的教育教学实践直接相关的知识，是教师教育教学经验的概括和积累。教师的实践性知识有两种存在样态，即外显的知识和缄默的知识。教师之间的积极互动与经验交流，一方面可以使教师的教育教学经验条理化、明晰化、结构化和概括化，从而有助于教师不断地总结实践性知识；另一方面可以使教师将所具有的"缄默性"实践知识显性化、成为其他教师可以分享的知识，从而有助于教师实践性知识的推广。加拿大学者迈克尔·富兰（Michael Fullan）指出："理解合作文化的本质和它所具有的作用，就是承认它在吸收全体成员的隐性知识（进而使他们变成显性知识）方面具有功能，同时它也能够积极寻求和吸收组织外部新的思想和知识。这样一个知识创新的过程对于成功具有核心意义。"日本学者油布佐和子也指出："教师集体内部存在很多具有出色能力的熟练教师，在很多场合下，这都被作为教师个人的技艺来看待和评价的。但是，通过各自交换这种个人性、实践性知识，可以在教师集体内部建立起实践知识储藏，进而通过谋求其共有，使得磨炼相互的能力成为可能。"❶

4. 专业合作有助于教师摆脱职业孤独、形成教育合力

傅道春在一次基础教育课程改革实验区培训研修班上的专题报告中指出："教师是一个孤独的职业吗？教学被描述为一种孤独的工作。表面上看，我们整日和满堂的学生在一起，怎么可能是孤独的呢？但是，我们确实是孤独的，尤其是在传统的以教师为中心的教学形式中。因为我们在课堂里的位置和身份，我们与学生的确有隔膜。我们与学校里的其他教师也很隔离，像一位教师所说的那样，'在教师休息室里，除了寒暄以外，我们从不谈班级里的事情。我们不想让他人知道我们的问题，因为我们害怕他们认为我们是不称职的老师'。""一间教室就像是一个有城墙和护城河的城堡。我们太忙了，从来不出去，而我们的同事又羞于进来。我们往往对去参观别人的课堂感到迟疑，尽管我们可能对里面发生的事情非常好奇。然而，如果我们相互不合作，彼此孤立，这样很容易导致竞争和孤立。这种教师间的孤立是很不幸的，因为我们有很多东西需要从彼此身上汲取和获得"。❷ 我国台湾学者陈美玉指出：教师要实现专业的深入发展，必须突破目前普遍存在的教师彼此孤立与封闭的现象，

---

❶ 转引自饶从满，张贵新. 教师合作：教师发展的一个重要路径 [J]. 教师教育研究，2007（1）：12 - 16.

❷ 新课程实施过程中培训问题研究课题组. 新课程与教师角色转变 [M]. 北京：教育科学出版社，2001：85.

学会与他人进行合作。教师必须走出在结构上趋于封闭的教室设计，与来自不同教室及学校的教师进行各种类型的专业合作。这样才能使自己的专业视野更加宽广，进而扩充个人的专业实践理论的内涵。❶

众所周知，教师的职责是教书育人，而要实现这一育人目标，单靠教师个体的劳动是难以做到的，这就需要教师群体的共同努力。在信息日益发达的今天，学科的相互渗透、课程的综合化已经成为一种趋势，这对于教师的专业合作能力提出了更高的要求。尤其是在我国新课程改革背景下，教师如果单打独斗、孤军作战，肯定不能有效完成教育教学任务，有时可能还会使自己陷入绝境。新的课程内容需要教师去面对，新的课程标准需要教师去实施，新的教学方法和规律需要教师去摸索，新的教学问题和困难需要教师去解决，新的教育教学危机需要教师去应对，等等。如果教师不与人合作，则很难适应各种新要求，教师专业发展也肯定会大受限制。总之，新课程改革需要更多地发挥教师集体的智慧和集体的力量，教师只有在合作中相互学习、相互影响、相互支持、相互帮衬，才能共同提高、共同进步。因此，专业合作有助于教师摆脱职业孤独，形成教育合力，从而有效促进教师专业发展。正如迈克尔·富兰（Michael Fullan）指出的那样，"协作对于个人的学习非常重要。如果我们不与人交往，我们能学到多少东西是有局限的。协作的能力，不论在小范围还是大范围内，在后现代社会正在成为十分需要的能力之一。只要他思想开放（例如提倡探索），个人的力量与有效的协作相结合将变得更为巨大。"❷

（三）教师专业合作的方式

针对不同的合作内容和发展取向，教师专业合作可以表现出不同的方式。从学校现有的组织形态来看，教师专业合作的方式主要有备课组、教研组、年级组等；从合作的内容来看，教师专业合作的方式主要有课堂教学、课程开发、课题研究、学生管理等；从合作的对象来看，教师专业合作主要表现为新手教师与专家教师之间的"师徒结对"、同伴之间的"同伴互导"、专家教师之间的"专家工作室"等方式。❸有学者梳理了国内外有关教师专业合作的研究成果，将已经出现过的教师专业合作实践模式归纳如下：资深教师辅导

---

❶ 新课程实施过程中培训问题研究课题组. 新课程与教师角色转变［M］. 北京：教育科学出版社，2001：112－113.

❷［加］迈克尔·富兰. 变革的力量——透视教育改革［M］. 中央教育科学研究所，加拿大多伦多国际学院，译. 北京：教育科学出版社，2004：25.

❸ 崔允漷，郑东辉. 论指向专业发展的教师合作［J］. 教育研究，2008（6）：78－83.

（mentoring）；同伴互助（peer coaching）；团队教学（team teaching）；师徒结对；传、帮、带；合作反思；合作科研；合作叙事；同事合作评价；集体备课；学习型组织（教师学习共同体、实践共同体、学习型教研组、学习型年级组、网络在线共同体）等。❶

在以上所提到的教师专业合作方式中，有些是相互交叉的，有些是名称不同侧重点稍有区别而已。作为教师专业发展的重要策略，我国目前强调较多的合作方式是同伴互导（也称同伴互助）。同伴互导产生于 20 世纪 80 年代初期的美国，当时主要用于促进教师实施新的课程和教学技术。通常认为，教师同伴互导是指具有相当身份，如职称、教龄、学科、地位的教师结成伙伴关系，在一起工作，通过共同阅读与讨论、示范教学、课例研究，特别是有系统的课堂观察与反馈等方式，学习并彼此分享新的知识、改革教学策略，进而提高教学质量和促进自身的专业发展。❷ 从同伴互导的含义可以看出，它实质上是一系列具体的教师专业合作方式的总称。基于同伴互导的模式，本书将着重强调以下四种比较方便易行的、有效的教师专业合作方式。

1. 集体备课

集体备课是我国教师常用的合作方式，它是相对于个人备课而言的，是在个人备课的基础上形成的一种新的备课方式，是指教师按照教学计划有目的、有组织地对某一教学内容进行讨论，形成共识，并生成一个统一的集体教案的活动。集体备课不是把许多教师集中在一起写各自的教案，也不是把每个教师的教案简单加在一起，而是同年级同学科的教师在一起，就某个教学内容进行集体分析和讨论、确定重点、解决疑难、找到最佳教学方法，最后达成共识，生成最佳教案。集体备课的最终目的是提高教学效果，促进学生和教师共同发展，其最大特点就是强调教师之间的互相交流、互相学习、资源共享、共同提高，最大优点就是充分发挥教师的集体智慧，促进教师之间的优势互补。

集体备课主要有两种类型：❸ 一是个案辅导型。这种类型的集体备课主要是针对年轻教师的成长和薄弱教师的提高，一般包括个人初备、集体研讨、修正教案、课堂跟踪、课后交流等环节。首先由教师个人根据自己的理解自行设计某课时的教案，并以说课的形式提交学校集体备课组审议；然后由教师们共同研讨，相互补充，使教案内容更加充实和完善；再由集体备课组成员进行跟

---

❶ 邓涛. 西方教师专业合作研究述评 [J]. 外国教育研究，2007, 34（7）：14 - 18.

❷ 崔允漷. 指向专业发展的教师同伴互导 [J]. 当代教育科学，2005（20）：3 - 5.

❸ 孙传波，郑丽娟. 浅谈新课改理念下的集体备课 [J]. 河南教育，2006（11）：37.

踪听课，课后进行交流，并对教师的教学进行评价，肯定其优点，指出其不足，以促进教师教学水平的逐步提高。二是整体提高型。这种类型的集体备课主要强调教师间相互协作，实现资源共享，一般包括集体研讨、分工备课、集体完善、形成个案、教后反思等环节。首先由备课组对某段教学内容进行集体研讨，划分课时，确定课时教学目标和基本的教学思路；然后由备课组成员分工备课，每个教师负责部分课时的教学方案的设计；再进行逐课时的集体研讨，完善设计，并将成形的教学方案发放给每位任课教师；任课教师按照共同设计的教学方案，结合自身的特点和学生的实际情况开展教学活动，并在课后进行反思、交流，以进一步完善教学方案、促进教师教学水平的共同提高。

为了更好地发挥教师的集体智慧，取长补短，共同提高，使集体备课不流于形式，教师们在集体备课时应注意以下几个问题：[1] 首先，集体备课成员应有"备"而来。集体备课建立在备课组成员个人备课的基础之上，个人备课是集体备课的前提。无论是哪种类型的集体备课，都是通过"个人—集体—个人"的交互活动而完成的，没有教师个人的认真思考，集体备课只能流于形式。因此，每个教师都应该在集体备课前就某个教学内容做好充分的准备，包括深入研读教材、把握教学重点难点、考虑教学方法和教学手段、设计教学过程等；然后通过集体的研讨加以取舍、修改和整合，形成相对完善的教学设计方案。这样才能达到集体备课的效果，实现共同提高、共同发展的目的。其次，集体备课的内容应全面。关于备课的内容有各种看法，传统的观点是"三备"，即备教材、备学生、备教法。现在出现了"五备""六备"甚至"七备"的说法。"五备"是指：备课标、备教材、备教学手段、备教法、备学法；"六备"指的是：备教材、备学生、备目标、备方法、备作业、备检测或者备教材、备学生、备教学方法、备教学过程、备训练设计、备板书设计；"七备"指的是：备思想、备教材、备教法、备学生、备学法、备教学手段、备教学过程。不管是"三备""五备"还是"六备""七备"，集体备课均应该涉及教学的各方面内容。但每个内容并非平均着力，而是有详略之分、轻重之别。比较而言，深入钻研教材、分析学生学情、选择教学方法和设计教学过程应该成为集体备课的重点内容。再次，集体备课既要发挥集体智慧，又要形成个人风格。发挥集体智慧、实现资源共享、促进教师优势互补、共同提高，既是教师集体备课的目的，也是教师集体备课的优点所在。因此，在集体备课

---

[1] 王霁，戴荣淑. 集体备课应注意的几个问题 [J]. 教学与管理，2003 (8)：28.

过程中，要求备课组的所有教师主动参与、各抒己见、相互沟通，以充分挖掘集体的潜能，形成最优化的教学"共案"，从而实现集体备课的目的。但每个教师各自的特点不一样，所面对的学生的实际情况也不尽相同，这就要求教师创造性地使用"共案"，并形成具有自己风格的"个案"。所以，在集体备课的同时还要鼓励教师保持个人特色、形成自己风格，防止"千人一面"。最后，集体备课应注重课后反思，完善提高。众所周知，课前备课是教学工作的起始环节，是为教师上课做准备的。集体备课的效果如何必须经过课堂教学的检验。因此，集体备课应该注重教学效果的及时反馈，注重教师们课后的反思和总结，尤其要对教学中出现的意想不到的情况加以认真分析，从而改进备课的方式和方法，完善和优化教学设计方案，为以后的集体备课和课堂教学积累经验。

2. 协同教学

协同教学（team teaching）也称团队教学，是20世纪50年代末、60年代初在美国流行的一种教学组织形式。对于协同教学的含义，很多学者都作过阐释。有的学者认为协同教学是一种教学组织形式，如美国夏普林（Sharplin. J. T.）认为，所谓协同教学是一种教学组织形式，在两个或更多教师的合作下，担任同一班级学生的全部教学或其主要部分；有的学者认为协同教学是一种教学方法，如我国学者林近材认为，协同教学是一种集合数个教师，共同完成教学活动的教学方法；有的学者认为协同教学是一种教学活动，如我国台湾学者李园会认为，协同教学是指教师或从事教育的有关人员，以协同合作的方式进行教学活动，借由与他人共同合作，与个人担任不同的角色，以各种形式进行多样化的协同教学活动；还有的学者从综合的视角对协同教学进行了详细的解释，如李坤崇认为，协同教学是由两个或两个以上的教师和助理人员，建立目标导向的专业关系，在一个或几个学科（或学习领域），整合与发挥个人专长，擅用各种教具与教材，指导一个团体的学生，应用各种不同的教学方式，来实施合作计划、合作教学和评鉴，达成适应个别差异与适性教育的目标；亦即以教学团或教师群来实施教学，以突破以往教师单打独斗的教学形态。❶ 无论是作为一种教学组织形式、教学方法还是作为一种教学活动，协同教学最大的特点是强调教师组成教学团队，以团队的方式来达成教学目标，以团队合作代替单打独斗。其优点在于，协同教学改变了班级授课制下由一位教师全面负责的状

---

❶ 滕静. 新课改背景下协同教学问题的研究 ［D］. 扬州：扬州大学硕士学位论文，2006：13 - 16.

况，有利于发挥教师团体的力量，也有利于发挥每个教师的专长，促进教师专业发展；协同教学将大班教学、小组教学和个别教学结合起来，有利于教学活动形式的多样化，促进学生的个性发展。

在这里，本书倾向于将协同教学理解为一种教学组织形式，并将其界定为：协同教学是指两个或两个以上的教师组成教学团队，共同对某一固定班级学生的教学负责的教学组织形式。具体来说，协同教学具有如下特点：❶ 第一，多样性。首先表现为教师影响的多样性。协同教学强调多个教师组成教学团体，不同的教师有不同的专长和教学风格，可以为学生提供多种影响，使学生从多维的视角去面对问题、思考问题和解决问题；其次表现为教学方式的多样性。协同教学提倡大班教学、小组教学和个别教学的结合，可以满足学生多样化的学习需求；再次多样性还表现为学生分组的灵活多样，可以满足学生交往的需要，并促进其合作学习能力的提高。第二，专业性。协同教学强调按教师的专业特长进行分工教学，可以使教师互相弥补专业不足，减轻教学负担，有利于教师专业能力的发挥。在协同教学过程中，教师之间有机会形成和加深彼此的友谊，有助于减少职业孤独感，激发专业发展意识。同时，教师之间通过相互交流、相互学习，可以共同提高专业发展水平。第三，个别性。主要表现为适应学生个别差异和发挥教师个性特长两个方面。传统的单个教师的教学通常是整齐划一地面向全体学生，难以照顾学生的个别差异；而协同教学由于有多个教师的参与，组织形式也具有多样化的特点，有利于照顾各个学生的个别差异。传统的单个教师教学中，不论教师对于某个教学内容是否擅长，都必须全部负责整个教学工作；而协同教学则能按照教师个人的兴趣、能力和专长分配教学任务，有利于发挥教师的个性特长。第四，合作性。表现为教师与教师之间的合作、教师与学生之间的合作以及学生与学生之间的合作。传统的单个教师教学往往是由一个教师包揽一切，呈现出一个教师唱"独角戏"的教学局面；而协同教学则是多个教师有机搭配、分工合作完成教学活动，有利于发挥教学团体的团队精神和集体智慧。同时，多个教师参与教学必然增加了学生与教师交往的机会，促进教师与学生之间的合作。协同教学的组织形式多样性以及学生分组的灵活多样性，又给学生与学生之间的交流创造了条件，促进了学生与学生之间的合作。

---

❶ 廖辉. 教学组织形式的革新——协同教学的理论与实践问题探讨 [J]. 乐山师范学院学报，2004，19（10）：27 – 29. 滕静. 新课改背景下协同教学问题的研究 [D]. 扬州：扬州大学硕士学位论文，2006：22 – 25.

协同教学不是一种单一的教学形式，并不总是以一种相同的方法来实施，它可以根据具体情景的需要加以调适。从国外实施协同教学的实践看，协同教学存在以下几种可能的选择：第一，两个或更多的教师在同一时间教同一班级的学生；第二，教师通过交流沟通分享观点和资源，但一般独立实施教学；第三，教师团队共同负责一组学生，共同计划教学，但不同成员分别教不同的子群体；第四，一个个体开发规划的教学活动，为教师团队的不同成员所用；第五，教师团队共同制订计划，但每个教师负责自己的专业或技能领域；第六，团队为学生群体开发、设计教学资源材料，可能在也可能不在课堂情景中教学。在这些选择中，后五种情况有些类似于我们前面所说的"集体备课"。但它们的侧重点不一样，集体备课主要侧重于课前计划，而协同教学涉及的范围则很广泛，强调协同活动在计划、实施、评价、教后反思等教学全过程中的持续。在某种意义上，集体备课属于协同教学的其中一个方面。而且两者的性质也不同，集体备课是教学工作的一个环节，而协同教学则是教学的一种组织形式。从协同教学中教师之间的合作关系、程度和表现方式来考察，实施阶段的协同教学具有以下几种实践模式：❶

（1）典型模式：教学团队全体成员共同对教学内容的设计和呈现、反馈和成绩评定负责。团队成员共同确定教学内容，设计教学过程，在同一时间同一班级中展开互动，从不同的视角讨论同一主题；作为团队成员的教师对学生的教学指导负有平等的责任，且都积极地参与整堂课的教学过程。这是最典型的协同教学模式，教师之间的协作贯穿于教学的全过程。

（2）支持模式：教学团队的全体成员共同设计教学内容，共同负责成绩评定，但轮流呈现适合于他们个人专长的教学材料。通常，不承担呈现内容任务的教师也在课堂之中，但处于一个相对从属的地位，承担辅助教学的职责，如巡视、辅导学生的作业或实验、偶尔提问或作出评论。

（3）平行模式：合作教师共同设计教学内容和教学过程，但分别对同一班级的两个小组进行教学。其一个变种是，两个教师分别检查同一班级中不同学生的作业，并作出相应的反馈。此时班级不被分开，教师以平行的方式从事同一种活动。

（4）嘉宾模式：教师之一作为主持人单独对内容设计和成绩评定负责，但定期邀请专门人士作为嘉宾合作者参与呈现。通常，嘉宾呈现的内容是整个

---

❶　参见王少非. 协同教学：模式与策略 [J]. 外国中小学教育，2005（3）：32-36.

课程计划的一个有机组成部分。

协同教学实践模式的划分只是相对的，教师们可以在教学实践中根据具体的情况加以调整和转换，也可以在同一课时中采用多种类型的协同教学。

总之，协同教学注重教学团队的组建，强调以团队合作代替单打独斗，是教师专业合作的有效方式，有助于教师在合作中共同提高专业发展水平。协同教学对于设备和设施的要求不高，学校容易实施和开展，但要真正取得良好的效果也并不是一件容易的事。协同教学的实施需要教师观念、角色、行为的改变，它的成功不仅取决于教师之间的合作，还需要学校合作文化的支持。

3. 同伴观摩

同伴观摩或同伴观察（peer observation）是指同一部门的同行教师，自发性地、有针对性地进行相互观摩，教师之间处于平等合作关系，由观摩者就某一方面的问题提供观察到的客观信息，并和被观摩的教师进行交流和讨论，旨在实现教师持续主动地进行合作并共同发展的教学研究活动。❶ 简单地说，同伴观摩就是教师之间相互"听课"，相互吸取对方的经验，相互指出对方的不足，共同改进教学策略以提高教学质量和自身专业水平的活动。同伴观摩的参与主体是一线教师，不能有领导的参与和干预，其结果也不能作为考评教师的依据，更不能与任何经济报酬挂钩。这种合作方式有利于打开教师相对封闭的教学环境和模式，激发教师开展教学反思活动。

作为教师专业合作方式的同伴观摩有别于我国传统的观摩课。传统的观摩课要么是为了考评教师而让他们上"汇报课"，要么是为了展示某些优秀教师的精彩教学画面而请他们上"示范课"。"汇报课"和"示范课"也就是我们通常所说的"公开课"，这种课在一定程度上是"作秀"。为了上好一节公开课，教师往往会耗费很多时间和精力，甚至不惜课前多次叫学生一起来演练，难怪有教师感叹："如果每一节课都这样上的话，教师们早就累死了。"所以这种观摩课有点失真，只能偶尔"表演"一下。而同伴观摩则是在自然的、真实的教学环境下进行的。几个教师自发组成合作小组，由小组成员自由确定相互观摩的时间和内容。小组中各成员地位是平等的，合作关系是互助的，不存在主次之分，组员互惠互利，共同进步。这种观摩由于是教师自发进行的，同伴之间彼此了解，目标指向共同发展，所以教师们能够很真实地展示自己的教学状况，有利于观摩者发现问题，然后在此基础上共同分析问题，最后共同

---

❶ 钟玲. 论教师专业发展取向的同伴观摩［J］. 职业技术教育：教学版，2006，27（23）：5-7.

解决问题。教师们如果能长期坚持彼此观摩，教学水平一定会得到不同程度的提高。

同伴观摩虽然是教师自发进行的活动，但也是一种有计划、有步骤的观摩活动，其操作流程一般包括三个环节：❶ 第一，观摩前会议。在课堂教学观摩实施之前，合作小组成员通常需要先进行会谈。其目的是建立教师之间的相互信任关系，确定观摩的目的和具体规划。在观摩前会议中，被观摩教师必须陈述教学目标，介绍班级、教学内容等方面的情况，提出观摩重点，经过与观摩者的协商，确定观摩焦点，明确观摩内容，并将之以可观摩的行为来表示。通过讨论与协商，定出最适宜的教学观摩时间、地点与需要观摩的次数，并根据观摩的目的和背景准备观摩工具，选择一种最为合适的记录方式。第二，课堂观摩。也称课堂教学观察、教学观察或教室观察。是指观摩者在课堂教学过程中按照事先商定的目的、内容、方式等对被观摩者的教学情况进行观摩记录。一般来说，观摩时间通常是一节完整的课，但在预定的观摩点比较小时，比如观摩的目的只指向于教师的某一具体的技能时，观摩时间也可以更短。这一环节的主要活动是观摩记录，其目的在于为观摩后会议的专业对话提供事实或素材。因此，观摩行为要尽量在自然的课堂环境中进行，观摩者应该有效地、完整地、准确地记录课堂教学事件。第三，观摩后会议。这个环节是合作教师双方反思和交流、互动的环节，也是同伴观摩中最为重要、最有价值的环节。其具体实施可以分为两步，首先是被观摩者的教学反思，比如：观摩者提出诸如"你的课好在什么地方？达到了哪些目标？什么地方需要改善？当……（观摩信息）的时候，你是怎么想的？你为什么这样想（做）？"之类的问题，帮助被观摩者进行自我反思。其次是观摩者将在观摩中收集到的资料呈现出来，与被观摩者一起进行分析、讨论，共同生成改进建议和措施。在这一环节中，必须注意两点，一是要记住同伴观摩是非评价性的，参与者的讨论只以所收集的资料为依据，只围绕所观摩到的教学事实，不应带上个人偏见对被观摩者作出判断或评价；二是要避免因碍于同事之间的情面而不敢指出问题与不足，以至于使观摩反思流于形式。

总之，同伴观摩是一种简便、有效的教师专业合作方式。它独立于评价考核目的之外、灵活性较大、受限制小、可操作性强，值得我们提倡。但要真正发挥其对教师专业发展的作用，还需要一定的条件加以保障。比如：需要教师

❶ 崔允漷. 指向专业发展的教师同伴互导［J］. 当代教育科学, 2005（20）：3-5.

们有持续的学习和改善教学的愿望，也需要学校在组织制度、经费、时间上加以保障，还需要以探究、合作为特征的学校文化的支持，等等。以下是布鲁克菲尔德在工作中使用的一份观察指南的例子，值得我们借鉴。

同伴观察指南❶

问题

谢谢你接受邀请来到我的课堂，并竭力帮助我。我所关注的问题是我自己在讨论中说得太多，因为只有少数几个学生发言。看起来那些说话最多的学生来自于主导文化。我担心的是，我原来鼓励民主讨论的热切希望实际上强化了存在于广大社会中的种族、阶层和性别的不平等。我还担心，如果我自己在讨论中过多地使用学术语言或不能提出足够好的问题，那么可能让学生们感到迷惑。

如何帮助我

你能通过观察我的教学，给我一些关于下述问题的信息吗？

• 有百分之多少的课堂时间用于教师讲话，有多大比例的时间用于学生讲话？可能事情不像我想得那么坏，或者可能更糟糕。

• 在讨论中有多少学生发言？

• 当学生发言时，男生发言比女生更多吗？

• 盎格鲁学生比拉美裔、亚洲裔或非洲裔学生有更多的发言吗？

• 在你看来，我对不同学生的发言有不同的反应吗？如果有，有什么不同？

• 你认为我对学生们之间的评论联系得好吗？在讨论过程中我对不同学生的回答作出清楚的联系了吗？

• 沉默的时间和谈话的时间平衡得怎样？我和学生们对沉默都感到舒适吗？或者，你是否注意到我们对于沉默产生的不舒适并寻求用声音来填补其空白？

• 如果有什么不同的话，你是否注意到我说话声音的语调？我认为应在课堂上使用低的交谈的语调，但也可能在不知不觉中变成了更盛气凌人的讲授方式。

---

❶ ［美］布鲁克菲尔德. 批判反思型教师 ABC ［M］. 张伟，译. 北京：中国轻工业出版社，2002：105－106.

- 你看到可能有助于我解决问题的其他事情了吗？
- 请给我一些帮助我解决问题的有针对性的建议。

4. 课题研究

如果说集体备课、协同教学和同伴观摩主要是侧重于教学工作方面的合作的话，那么课题研究则是侧重于研究工作方面的合作。新课程改革带来了很多新的教育问题，很多教育问题只有通过研究才能找到解决的好办法，这就对教师的专业水平提出了新要求，同时也给教师的专业发展提供了新机遇。换句话说，新课程改革既要求教师们成为"研究型"教师，也给教师们提供了专业合作、共同发展的机会。学校中的教育研究一般是以课题的形式出现，而课题研究的有效开展往往需要教师集体的力量。纵观一些优秀教师的发展历程，无不与课题研究有着密切的关系。无论是高校还是中小学校，每完成一个课题的研究，往往会锻炼一大批教师，很多年轻教师就是在一个个的课题研究中成长和发展起来的。因此，课题研究越来越成为教师专业合作的重要方式，成为实现教师专业发展的重要途径。

作为专业合作的方式，课题研究对于教师来说更多的是共同学习的过程，是教师们审视和反思自己的教育教学实践的过程。因此，教师的课题研究应立足于教育教学实践，目标指向教师自身的专业发展和教育教学水平的提高，研究的内容可以涉及课程开发、教材编写和使用、课堂教学、教育评价、学生的认知规律和能力培养、教育教学中的个案以及教师自身的发展等有关教育教学工作的方方面面。为了最大限度地调动每位教师参与研究的主动性和积极性，为了教师们在研究中能够更好地合作，课题研究小组的成员应该自由组合，不能使用行政手段加以强迫。

一般来说，教师课题研究的过程包含以下四个步骤：

第一，选择研究课题。有时提出一个问题比解决一个问题更加重要。选择研究题目是课题研究的关键环节，"好的选题等于成功了一半"。那么，什么样的选题才是好选题，怎样进行选题呢？首先，选题要有实效性，即所选的课题对于解决教育教学问题、推动教育教学实践、促进教师专业发展是有价值的，其研究的成果能够推广、应用到教育教学中去。最好是选大家共同关注而又比较困惑的问题，或者是教育教学实践中亟待解决的问题。其次，选题要有新颖性或创新性。这有两种情况，一方面，可以是前人没有研究过的问题，这是"全新"；另一方面，可以是对前人的研究加以拓展，或者提出质疑，或者从新的角度、新的思路加以研究，这是"相对新"。如果人家已经研究过，而自己又提不出新的见解，那就毫无研究的必要了，否则也只能是"穿新鞋走老路"，对教师的发展并没有什么促进作用。最后，选题要注意可行性。题目再好，实用价值再高，大家再关注，如果没有可操作性也是白搭。某个问题确实是教师共同关注的，也是教育教学亟待解决的，而且也具有新颖性，但是单凭教师的力量根本无法解决，或者以学校目前的条件根本不适合做这种研究，那么这类问题就不宜作为教师的研究课题，至少暂时不适合。如果没有进行可行性分析就冒然定题，其结果只可能是徒劳无益，甚至半途而废。

第二，制订研究方案。围绕所选题目，多方收集资料，通过集体讨论，制订出一个切实可行的研究方案，以保证课题组有目的、有计划、系统地开展研究活动。一份详细的研究方案涉及很多方面的内容，如课题的界定，国内外研究现状述评和研究意义，课题组成员的分工，研究目标和研究内容，研究思路、研究方法和实施步骤，预期研究成果，研究的可行性分析，研究中可能会遇到的困难以及对这些可能的困难应该如何应对，需要取得哪些人的帮助和支持，等等。有些课题需要在得到相关部门的立项支持后才开展研究工作，而课题立项申请书实际上就相当于一份详细的研究方案。

第三，开展研究活动。即按照既定研究方案，一步步地落实研究任务、开展研究工作。为了保证研究工作的有效性，课题组要贯彻既明确分工又相互协作的原则，并确保每个成员都能积极主动地参与研究活动。在研究过程中教师要做"有心人"，随时随地尽可能多地收集、保存各种有关资料，比如：研讨会记录、观察笔记、学生作业、考卷、活动照片、课后反思、教学随笔、教学日记、教育个案分析等。同时，围绕研究课题，教师们应该经常进行各种学习以提高理论水平，并定期开展研讨会，做到相互沟通和协调，必要时还应该参加相应的技能培训或者请有关专家作指导。

第四，总结研究成果。研究要有始有终，按计划完成了整个研究工作后，要对研究作个全面的归纳、总结和提升，也就是要做好"结题"工作。课题研究成果的形式很多，可以是论文、研究报告，也可以是书刊文集，还可以是视频、音频、图片材料等。必要的时候也可以召开一个研究成果汇报会。汇报会上把本课题的研究结论，得出的新观点，解决的实际问题，研究的感受以及研究还存在的问题等全面地向全校教师展示。如果课题研究是成功的，那么通过汇报会可以全面推广研究成果；如果研究结果不太理想，那么汇报会则可以多方收集反馈意见，以便课题组找到新的研究切入点，进一步开展研究工作。

（四）促进教师专业合作的基本策略

越来越多的人认识到，教师专业发展离不开教师之间的专业合作。然而，教师能不能有效地进行合作受到了很多因素的影响和制约。有学者认为，影响教师合作的因素有主观和客观两个方面，主观因素主要包括教师的兴趣、性格、价值观、个人之间的沟通意愿等；客观因素主要有他人因素、教师考评制度、领导管理方式等。❶ 有学者认为，影响教师专业合作的因素包括三个层面：教师个体层面的价值取向、心理偏爱、年龄、性别、知识与能力、专业发展态度与动机；学校层面的物理环境、文化环境和制度环境；职业层面的教学工作的不确定性和共有技术文化的缺失性。❷ 还有学者指出，教师开展专业的合作行动，可能会遇到一些阻力，最大的障碍莫过于学校固有文化的抵制。❸ 也有调查表明，影响教师专业合作的最大因素是学校的支持，尤其是时间、制度因素。❹ 综合学者们的观点，笔者认为，影响教师专业合作的因素主要可以概括为教师个体因素和学校因素两个层面。因此，要有效地开展教师专业合作，既需要教师自身的努力，也需要学校力量的支持。下面从教师和学校两个层面谈几条促进教师专业合作的基本策略。

1. 增强合作意识

教师之间专业合作的顺利进行首先取决于教师的合作意识。只有具备了强烈的合作意识，才能提高合作的主动性和积极性，进而提高合作的效率。那么，怎样增强教师的合作意识呢？首先，教师要充分认识合作对于自身专业发展的重要意义。新课程改革强调学科之间的交叉与融合，综合化已经成为新课程的基本理念和发展趋势。教学工作越来越复杂多样。很多教学问题只凭教师的"单打独斗"是很难顺利解决的。即便是有些问题能够独立解决，但效果也不好，而且所花的时间和精力也多，不利于教学效率的提高和教师自身的发展。而合作则可以通过教师之间的资源共享、集思广益，达到事半功倍的效果。因此，在新课程改革背景下，教师一定要转变教学观念，走出原来那种相对封闭的教学模式，要充分认识和依靠合作的力量。其次，教师要改变纯竞争的理念，形成"双赢"的思维模式。适当的竞争可以促进教师发展，一味的竞争以致走向封闭保守则极大地阻碍了教师的发展。在植物界有一种"共生效应"，讲的是，某种植物单独生长就会枯萎死亡，而与另一种植物共同生长则两种植物都会生机勃勃。在某种程度上，教师专业发展也同样存在"共生

❶ 郭德侠. 互助与合作：教师专业成长的有效策略 [J]. 教育理论与实践，2007，27（11）：28－32.

❷ 邓涛. 教师专业合作的影响因素探析 [J]. 外国教育研究，2008，35（12）：7－12.

❸ 崔允漷，郑东辉. 论指向专业发展的教师合作 [J]. 教育研究，2008（6）：78－83.

❹ 沈毅，夏雪梅. 基于合作的教师专业发展的调查报告 [J]. 上海教育科研，2007（9）：56－57.

效应"。因此，要增强合作意识，需要教师充分认识合作是一种"双赢互惠"的行动，并逐渐形成合作的思维模式。

2. 提供环境支持

强烈的合作意识只是实现合作的主观条件，教师的专业合作还需要客观条件的保证。课程学者利思伍德（Leithwood，K.）指出，最成功的专业发展项目总是为参与者提供定期的机会，从而使他们能够在合作与相互尊重的氛围下交流观点并共同寻找解决问题的办法。❶ 因此，学校应该营造宽松、分享、真诚的合作氛围，为教师专业合作提供各种环境支持。首先，要减轻教师工作负担，为教师合作提供时间保证。无论是集体备课还是协同教学，无论是同伴观摩还是课题研究，或者是别的合作方式，这都是需要大量时间的。所以学校应该减少不必要的会议和检查，减少无效的重复性劳动，为教师的合作提供时间保证，使教师有更多的机会相互沟通、相互学习、彼此分享。其次，要建立发展性教师评价机制，为教师合作提供制度保障。教师评价机制作为学校管理的一种手段，具有很强的导向功能和激励功能。传统的教师评价方式是以应试教育为中心的，具有很强的竞争性。学生的分数和升学率成了衡量教师的唯一标准。所任教班级的学生分数和升学率高，教师的升迁、福利等什么都有了，否则，教师就什么都不是。在这种评价机制下，教师很难进行合作。为了不让自己被淘汰，教师们只得各自使暗劲，有的甚至相互拆台，结果斗得"两败俱伤"，更伤了教师之间的和气。发展性教师评价不单纯以学生的成绩和分数作为衡量教师工作业绩的标准，它弱化了评价的甄别、选拔与奖惩功能，突出了评价的诊断、激励与调控功能，注重教师的个人价值、伦理价值和专业价值，其最终目的是为了促进教师的进步和发展。只有建立发展性教师评价机制，才能消除教师之间的"恶性"竞争，使教师能够真实地表现自己，主动地接纳别人，教师的专业合作也才成为可能。再次，创造和改善办学条件，为教师合作提供资源支持。教师合作的顺利开展需要各种物质条件的支持，如集体备课需要备课工作室和各种学习资料，协同教学、同伴观摩需要一定的仪器设备，课题研究需要一定的资金支助，有些合作还需要经过一定的技术培训和专家指导等，学校应尽量给予满足和保证。在信息发达的现代社会，学校还应该构建和优化校园网络，及时有效地传递管理、教学和专业知识方面的信息，为教师之间的对话交流搭建平台。总之，如果得不到环境支持，教师专业合作就很难

---

❶ 熊梅，李洪修. 教师专业发展——一种合作的视角 [J]. 外国教育研究，2008，35（9）：1-4.

深入进行。

3. 优化合作过程

为了提高教师合作的有效性，真正实现其对教师专业发展的促进作用，教师在合作过程中要注意优化合作的各个环节。如在组建合作小组阶段，要遵循自由组合的原则，切忌因为行政要求而应付了事；在确定合作目标、选择合作方式和制订合作方案阶段，要尽可能照顾教师的兴趣爱好、知识能力水平、年龄、性别、性格等特点，并考虑学校的实际条件；在合作实施阶段，合作各方要积极参与，平等交流，认真倾听，既与他人分享自己的经验，也虚心接纳别人的意见，不能存在话语"霸权"。合作中尤其要注意鼓励新思想、新创意，对于一些意见分歧一定要通过协商加以解决。合作中还应该注意收集和保存资料，并经常进行反思，及时调整合作方案和计划。在合作总结阶段，要注意经验的概括与提升，既要肯定成绩，也要分析不足，为进一步合作奠定基础。

第三章 阶段探寻：教师发展历程

在生命哲学视域里，教师专业发展是教师依靠生命冲动不断超越自我的生命过程，是教师在社会化过程中追求自身生命价值的过程。通俗地说，生命哲学视域下的教师专业发展是教师不断发现问题、解决问题的过程，是教师职业生命从不成熟逐渐走向成熟的过程。在这个过程中，教师一方面要积极适应不断变革的社会对教师职业的要求，另一方面要努力提升自己以满足内在发展的需要。在这个过程中，教师的发展往往会呈现出不同的阶段性特点。在不同的发展阶段，教师的思想、态度、心理和行为等方面都会表现出一定的差异。走向生命关怀的教师专业发展必须关注教师的发展历程，尊重教师在不同发展阶段的差异性。师范生向教师角色转变的过程是绝大多数教师发展历程中的重要阶段，这个阶段能否顺利度过将关系到教师的未来发展方向和水平。本章在简要介绍美国、英国和我国教师的评价标准，介绍教师发展阶段理论以及教师教育一体化理论的基础上，重点探讨师范毕业生向教师角色转变的适应性现状、问题、影响因素和提高师范生入职适应能力的措施，以求有效地促进教师专业持续发展。❶

一、成熟教师的标准

什么样的教师才算是成熟教师，怎样去评价一个教师合格与否，怎样判断一个教师是否优秀？这肯定得有一个标准。但不同的时期有不同的教师标准，不同的国家对教师的要求也不尽一样。

（一）美国优秀教师标准

美国国家教学专业标准委员会（NBPTS）1989 年在《什么是教师应该知

---

❶ 本章由笔者的硕士学位论文修改而成。见杨翠娥. 从师范生向教师转变的适应性研究［D］. 西安：陕西师范大学硕士学位论文，2012：15－72.

道的和应该做的》● 政策宣言中提出了关于优秀教学标准的"五项核心主张"，每项核心主张又有几个具体指标和要求，其基本内容都是针对教师提出的，这些主张实际上也就是优秀教师的评价标准。基本内容如下。

1. 教师对学生及其学习负责

优秀教师致力于使所有学生掌握知识。他们的基本信念是所有的学生都能学会；他们公正地对待学生；他们承认学生的个别差异，并能根据学生的兴趣、能力、技能、知识、家庭环境和同伴关系等对教学实践作出相应的调整。

优秀教师懂得学生如何发展和学习。他们把认知和智力的普遍理论运用于教学实践中；他们认识到语境和文化对教学行为的影响；他们培养学生的认知能力和对学习的敬意；同时，他们注重培养学生的自尊、动机、个性、公民责任以及对个人、文化、宗教和种族差异的尊重。

2. 教师熟悉所教学科内容并知道如何把它们教给学生

优秀教师对所教学科有全面的认识。他们理解自己所教学科知识的生成和建构以及与其他学科是如何联系的；他们在重视学科知识教学的同时，也注重发展学生的批判思维和分析能力。

优秀教师掌握怎样把学科知识传输给学生的专门技能。他们认识到学生已有概念和背景知识对学习及其策略的重要影响；他们懂得哪些困难有利于提高和改进教学实践；他们掌握传授知识的多种途径；他们善于引导学生提出问题和解决问题。

3. 教师有责任管理和监测学生的学习

优秀教师善于激发和保护学生的兴趣，懂得如何有效利用时间。他们也擅长从学生中寻求帮助，并吸取同事们的知识和经验来弥补自己的不足；优秀教师掌握一系列常用的教育技巧，懂得什么时候采用哪种技能才是恰当的，知道哪些做法是徒劳无益的或是有破坏性的，他们力求使自己的行为更加简练。

优秀教师知道如何吸引学生以确保一个有序的学习环境，以及如何组织教学以实现学校教学目标。他们善于在学生之间以及在学生与教师之间制定一些行为规范；他们懂得如何促进学生学习，以及如何使学生在暂时的失败面前仍能保持学习的兴趣。

优秀教师能定期评价学生和班级的发展。他们能运用多种方法检测学生的成长水平和对知识的掌握程度，并能清楚地向学生父母介绍学生的学习现状。

● National Board for Professional Teaching Standards（NBPTS）. What teachers should know and be able to do［DB/OL］.［2012 – 01 – 31］. http：// www. docin. com/p – 332986252. html.

4. 教师能系统地对教学实践进行思考并从经验中学习

优秀教师是受过教育的人群的模范，是学生形成美德（如好奇心、宽容、诚实、公正等）的榜样；他们具有进行创造、冒险和通过试验解决问题等多种知识增长的必备条件。

优秀教师吸取人类发展、学科和课程知识，并懂得学生对合理行为作出的道德判断。他们不仅能依据书本知识而且能依据自己的经验作出决断；他们坚持终身学习，并以此鼓励自己的学生。

优秀教师努力改进教学，他们能批判性地审视自己的教学实践，不断发展自己的教学能力，拓宽知识面，提高判断力以及调整教学以适应新成果、新理念和新理论对教学实践的要求。

5. 教师是学习共同体的成员

优秀教师致力于与学校其他同行的有效合作。他们能按照国家和地区的教育目标评价学校的发展和资源配备；他们熟悉有关专业学校与社区资源，并按需要利用这些资源以使学生受益。

优秀教师能用各种途径与家长合作，以使他们能有效地参与学校工作。

以上五项优秀教师评价指标是针对教学工作提出来的。前三项主要说的是教师对待学生学习的态度，强调了教师要对学生的学习全面负责；后两项主要说的是教师对待自身教学的态度，强调了教师要加强教学反思、坚持终身学习、提高教学能力，并注意与同行和家长合作。而终身学习、教学反思和专业合作正是本书在第二章所倡导的教师专业自主发展的基本方式和路径。可见，美国优秀教师的评价标准既重视教师"育人"，又重视教师"育己"，强调教师与学生共同成长。

（二）英国合格教师资格标准

英国的教师准入制度非常严格，对合格教师标准的规定相当具体。2006年11月颁布的新的《合格教师资格标准》包含3个一级指标、16项二级指标和33项具体要求。二级指标是对一级指标涉及范围领域的界定，三级指标是关于标准的具体说明，是标准体系的核心部分。具体标准如下。[1]

1. 专业素质（Professional Attributes）

1）师生关系

对学生具有高期望值，全力保证他们充分发挥教育潜能，与学生建立平

---

[1] 许明. 英国教师教育专业新标准述评［J］. 比较教育研究，2007（9）：73－77.

等、尊重、信任、支持性和建设性的关系。

具备积极的价值观、态度与行为。

2）框架

知晓教师的专业职责和工作的法律框架；知晓工作场所的政策与措施，共同承担责任。

3）沟通与合作

与学生、同事、家长和看护者进行有效沟通。

承认并尊重同事、家长、看护者对学生的发展、福祉和提高学生的成绩所作出的贡献。

承担合作共事的义务。

4）个人专业发展

反思并改进自身的实践，承担起确定和满足自身不断发展的专业需求的责任；确定入职培训阶段早期专业发展的重点。

具备进行创造性和建构性批判的创新手段，善于调整自身的行为实践，从中改进并获益。

能够根据建议和反馈改进教学，乐于接受指导和帮助。

2. 专业知识与理解（Professional Knowledge and Understanding）

1）教与学

具备若干教学、学习及行为管理策略的知识与技能，了解如何运用及调整这些知识及技能，促进学习的个性化，为全体学生发挥潜能提供机会。

2）评价与监控

了解受训任教学科及课程领域的评价要求和安排，包括与公共测试和资格认定相关的内容。

了解若干评价方法，知道形成性评价的重要性。

了解如何运用地方和国内统计信息来评价自身的教学成果，监控学生的学习进展，提高学生的学业成绩水平。

3）学科与课程

具备所教学科及课程领域牢固的知识与理解以及相关的教学法，能对受训任教年龄和能力范围内的学生进行有效教学。

知晓相关的法定和非法定的课程、包括国家策略框架在内的学科及课程领域框架以及其它相关的适用于学生的改革措施。

4）读写、计算、信息与交流技术

通过计算、读写及信息交流技术方面的职业技能测试。

知晓如何运用文字、计算和信息交流技术方面的技能支持教学与其他专业活动。

5）成绩与多样性

知晓学生如何发展以及学生的发展和福利会受到成长、社会、宗教、种族、文化和语言方面的影响。

知晓如何为那些包括以英语为第二外语、有特殊教育需要或残疾学生在内的各种学生设计有效的个性化教学，知道如何在教学中兼顾多样性，促进公平与包容。

了解并理解承担特定责任的同事的角色，包括承担具有特殊教育需要、残疾及有其他个别学习需要的学生责任的同事的角色。

6）健康与福利

了解有关保护学生和增进他们福利的现行法律要求、国家政策与指导措施；知晓如何识别和支持那些因个人环境的改变或困难而影响了进步、发展或福利的学生，并知晓何时告知同事，寻求专家的帮助。

3. 专业技能（Professional Skills）

1）计划

制订受训任教年龄和能力范围内的教学进度计划，设计有效的课程与系列课程的学习次序，具备牢固的学科及课程知识。

为学生的读写、计算和信息交流技术等方面技能的发展提供机会。

安排家庭作业或其他课外作业，促进学生的进步，扩充和巩固学生的学习。

2）教学

教学做到：应用多种教学策略和资源，包括电子化学习、顾及多样性，促进公平和融合；运用先前的知识，形成概念和方法，帮助学生运用新知识、理解和技能，达成学习目标；语言符合学生需要，清晰地说明新的观点和概念，并有效运用解释、提问、讨论和分组研讨；组织个人、小组和班级学习，调整教学以适应课的进程。

3）评价、监督与反馈

有效应用多种评价、监督和成绩记录的策略；评估学生的学习需求以便设置挑战性的学习目标。

提供关于学生成绩、进步和有待发展领域的及时、准确和建设性的反馈。支持与引导学生对学习进行反思，确定已有的进展和新的学习需求。

4）总结教学

就教学对全体学生产生的效果进行评价，根据需要对计划和课堂实践加以调整。

5）学习环境

构建有助于学习的、目的明确及安全的学习环境，并为学生在校外的学习提供机会。

构建清晰的课堂纪律框架以建设性地管理学生行为并鼓励学生自控和独立。

6）集体协作

把自身看作团队一员并为与同事共事提供机会，共享有效集体实践的进步成果。

确保同事恰当地参与到对学习的支持之中，了解他们所要发挥的作用。

英国的新《合格教师资格标准》具有双重价值，它既是教师教育专业标准的重要组成部分，也是在职教师各个阶段职业生涯专业标准的框架基础，体现了近年来英国教育界不断强调的持续性教师专业发展的理念。

（三）我国合格教师基本要求

我国对于合格教师的基本要求总体上说就是"德才兼备"，但不同的文献对教师具体要求的表述不尽一样。王道俊、王汉澜主编的《教育学》（新编本）指出，教师应具有四个方面的基本素养：❶（1）高尚的师德；（2）现代人的素质；（3）渊博的知识和多方面的才能；（4）掌握教育科学和教育能力。

黄济等主编的《小学教育学》指出，我国教师基本素养有三个方面：❷ 职业道德素质、文化素质和教育素质。职业道德素质主要包括爱岗敬业，热爱学生，严谨治学，团结协作，为人师表等方面；文化素质主要包括渊博的文化基础知识，扎实的学科专业知识；教育素质主要包括教育理论知识、教育实践能力（语言表达、教学实践、组织管理能力等）、教育机智和教育科研能力等。

袁振国主编的《当代教育学》认为，教师要能成功地扮演各种职业角色并保持良好的职业形象，必须接受专门的职业训练。教师专业训练主要包括五

❶ 王道俊，王汉澜. 教育学：新编本 [M]. 2 版. 北京：人民教育出版社，1999：566–570.
❷ 黄济，等. 小学教育学 [M]. 北京：人民教育出版社，1999：64–69.

个内容，这五个内容实质上就是教师取得职业资格的五个方面的基本要求：❶
(1) 专业意识。形成对教师职业意义与价值认识，对教师职业社会期望的认
识，以及强烈的从业、敬业、乐业的动机。(2) 专业态度。形成正确的专业
态度，即对待教育，鞠躬尽瘁、甘为人梯；对待学生，倾心相爱、诲人不倦；
对待同事，精诚合作、协同施教；对待自己，严于律己、为人师表。(3) 专
业知识。具备从事教育工作所必需的专业知识，即具备广博的文化知识、所教
学科的专业知识及教育心理科学知识。(4) 专业技能。具备从事教育教学工
作的基本技能，包括了解学生情况、确定教学目标、制订教学计划与方案、设
计教学程序、课堂讲授与板书、演示与实验、课外活动组织以及激发学生学习
积极性、教会学生学习、评价教学效果等教学技能。(5) 专业品质。形成从
事教育工作所需要的个性品质，包括具有广泛的兴趣，能与学生打成一片；有
丰富的情感和教育上的乐观精神，相信每一个学生的发展潜能；热爱学生、热
爱教育，能客观公平地对待每一个学生；沉着、自制、耐心，对艰苦的教育工
作具有坚忍不拔的意志；具有创新精神，善于接受新事物、新观念等。

　　全国十二所重点师范大学联合编写的《教育学基础》认为，教师的专业
素质不仅具有多样性、时代性特征，而且具有结构性特征。现代教师的素质结
构包括教育理念、专业知识、专业能力、专业道德、身体素质和心理素质等方
面：❷ (1) 先进、科学的教育理念。教师的所有努力都要有利于学生精神世界
的丰富、人格尊严的维护和美好人性的成长。如学生主体观、教学交往观、发
展性教学评价观、创造人才观、学校人本管理观等。(2) 合理的专业知识。
教师合理的知识结构包括：本体性知识，即特定学科及相关知识；条件性知
识，即认识教育对象、开展教育活动和研究所需的教育学科知识和技能，如教
育原理、心理学、教学论、学习论、班级管理、现代教育技术等；实践性知
识，即课堂情境知识，体现教师个人的教学技巧、教育智慧和教学风格。
(3) 复合型的专业能力。主要包括：处理教学内容的能力、分析研究学生的
能力、设计教育教学活动的能力、良好的表达能力、教学组织管理能力、教学
自我调控能力和反思能力、教学研究能力、终身学习能力、课程开发能力、专
业发展规划能力等。(4) 崇高的专业道德。主要包括：爱岗敬业、甘为人梯，
热爱学生、诲人不倦，以身作则、为人师表，合作创新、共同发展等。
(5) 强健的身体素质。教师的身体素质是指教师在教学活动中的自然力，是

---

❶　袁振国. 当代教育学 ［M］. 4 版. 北京：教育科学出版社，2010：74.
❷　全国十二所重点师范大学. 教育学基础 ［M］. 2 版. 北京：教育科学出版社，2008：131－132.

教师的身体健康状态和身体素质状态在教学中的表现。它主要通过健康的体魄、旺盛的精力、蓬勃的活力、有节奏的生活方式和锻炼习惯等体现。（6）健康的心理素质。具体包括认真、负责、亲切的教学态度，积极、丰富的教学情感，坚忍不拔的教学意志，多种兴趣爱好，机智果断的办事作风，善良、随和的性格特征等。

杨薇和郭玉英通过对高中骨干教师的访谈和问卷调查，整理出了骨干教师视域下的优秀教师标准的 12 个一级指标：[1] 了解学生、知识基础、人格特质、教学策略、道德品质、观念素养、资源开发、教学评价、教育科研、教学设计、交流合作、课程理解。具体来说，优秀教师的主要标准是：必须关注与学生之间的关系，必须具有扎实的知识基础，必须具有良好的人格特质，应重视方法和能力的培养，应有良好的道德品质，要有较强的教学资源开发能力，要善于评价教学目的和效果，要有较强的教育科研能力，要善于与人合作和沟通，等等。

综上所述，我国对于合格教师或优秀教师的要求涉及了对待事业、对待学生、对待同行、对待自己等方方面面的态度和标准，而且随着时代的变迁，我国越来越强调教师内在发展，强调教师与学生共同进步，与同行共同发展。综合以上有关教师的标准和要求，笔者认为一个成熟的教师至少应该达到以下基本标准：具有较强的职业认同感，热爱学生，愿意为教育事业做贡献；具有扎实的专业知识和教学基本功，能把握教学重点难点并熟练应对教学的各个环节；具有终身学习理念和教学反思能力，能在教育教学实践中不断学习和进步；具有一定的组织管理能力和教育机智，能妥善处理各种偶发事件；具有良好的人际关系和合作能力，能与学生、同事、领导、家长和谐相处和真诚合作，等等。这些基本标准是与教师专业发展的内容（专业知识、专业能力、专业信念、专业自觉和专业伦理等）相契合的。

二、教师专业发展阶段理论

教师专业发展是一个持续终身的过程，是教师职业生命从不成熟逐渐走向成熟的过程，也是教师不断发现问题、解决问题的过程。在这个过程中，处于不同发展时期的教师具有不同的需要，存在不一样的思想、心理和行为问题，这些需要和问题往往会呈现出阶段性的特征。据此，一些研究者从不同的角度

---

[1]　杨薇，郭玉英. 骨干教师视阈下的优秀教师评价标准 [J]. 现代教育管理，2010（7）：83–86.

将教师专业发展过程划分为不同的阶段。就已有的研究情况来看，教师专业发展阶段理论大致可以归纳为以下五类❶。

（一）教师"关注"阶段论

这是教师专业发展阶段研究中较早出现的一类，代表人是美国学者费朗斯·富勒（Fuller, F.）。为了使教师教育更加合理，富勒及其同事对教师关注的问题进行了系统的探讨。他们在大量访谈和文献回顾的基础上编制了"教师关注问卷"（Teacher concerns questionnaire），并用这份问卷对教师进行了大量的调查和数据分析，然后根据调查结果及分析提出了教师"关注"的四阶段模式❷：一是任教前关注阶段（preteaching concerns）：是师范生接受师范教育的阶段。他们扮演的仍然是学生的角色，通常只关注自己，并经常对他们所观察到的教师持批判甚至敌视态度；二是早期生存关注阶段（early concerns about survival）：是职前实习教师阶段。他们非常关注自己的教学与控制、对内容的掌握、是否被学生喜欢以及他人对自己的评价，由于经验不足，他们通常压力很大；三是关注教学情景阶段（teaching situations concerns）：既包括生存关注，也包括对各种教学要求和限制的关注，并设法从学习转向关注教学情景；四是关注学生阶段（concerns about pupils）：通过对教学工作的体验和经验的不断积累，此阶段教师的关注焦点由教学工作转向学生。他们开始关注学生的学习，关注学生的发展以及关注自身对学生学习和发展的影响等。在富勒等人看来，教师"关注"的四个阶段是准教师到合格教师必须经历的全部阶段，它们代表了教师专业发展的不同水平，关注自我的教师专业发展水平较低，关注学生的教师专业发展水平较高。教师所关注的内容从自我到教学、再到学生的顺序是比较固定的。如果早期关注的问题没有解决，后面的关注就不会出现。

富勒的教师"关注"阶段论揭示了教师从师范生向成熟教师转变过程中的思想演进特点和变化规律，为从思想的角度研究教师专业发展奠定了基础。此后，国内外很多学者在富勒研究的基础上，从教师"关注"的问题研究教师专业发展，研究结论基本上支持富勒的理论。如西特尔（Sitter, J.）和拉

---

❶　在以下所介绍的教师发展阶段理论中，除了明确标注之外，其余的阶段理论均参见叶澜，等. 教师角色与教师发展新探［M］. 北京：教育科学出版社，2001：242－265. 教育部师范教育司. 教师专业化的理论与实践［M］. 2版. 北京：人民教育出版社，2003：68－70.

❷　［美］费斯勒，克里斯坦森. 教师职业生涯周期：教师专业发展指导［M］. 董丽敏，高耀明，译. 北京：中国轻工业出版社，2005：21－22.

尼尔（Lanier，P.）对实习阶段教师关注的问题进行了研究，指出自我关注、生存关注、教学任务关注、学生学习关注、教材关注等是实习阶段教师比较关注的问题。但与富勒不同的是，这些关注的问题是同时出现在教师视线中的，并且要求教师同时解决这些关注的问题。

瑞安（Ryan，K.）等人运用质化研究的方法对第一年任教的教师所关注的问题进行了研究，研究围绕着教师的个人关注、教师的专业关注、教师第一年工作经历的变化以及对教师培训的启示四个问题展开。对于教师的个人关注问题，任教第一年的教师关注的主要是如何形成教师身份，如何适应新团体、建立良好的同事关系以及结婚等。对于教师的专业关注问题，任教第一年的教师主要表现出对与学生关系的关注，他们希望得到学生的尊重和爱戴，也希望能维持课堂纪律、控制整个课堂。他们同时还关注是否能够给家长和同事留下好印象以及教学是否成功等。对于教师所经历的变化问题，任教第一年的教师反映其教学在不同程度上变得应对自如了，对学生的态度有了积极或消极的变化。对于教师培训方面的问题，任教第一年的教师认为，定向和教师的初始培养应注重在学校和课堂的组织、管理等方面，学校范围的教师培训应侧重于新的改革计划和政策。他们认为有必要制定教师行为表现的基本标准，并希望得到他人的支持和帮助。

国内学者根据富勒的教师"关注"理论，结合我国的实际情况，将教师关注划分为五个阶段❶：一是"非关注"阶段：指教师进入正式教师教育之前的阶段。尽管后来做教师的人在这一阶段很难说有从教意愿和专业发展意识，但此阶段的生活经历和所养成的良好品格却为教师今后的发展奠定了重要的基础。二是"虚拟关注"阶段：指师范生在师范学习阶段的发展状况，这时的师范生所接触的中小学教育实际带有某种"虚拟性"，其专业发展意识还比较淡漠。三是"生存关注"阶段：指初任教师阶段。此阶段的教师有着强烈的专业发展忧患意识，他们特别关注专业活动的"生存技能"，如课堂纪律的维持，学生学习积极性的激发，作业的布置与批改，处理学生个别差异，与家长的联系沟通等。这时的教师很多时候需要求助于有经验的教师，并在教育实践中不断充实自己。四是"任务关注"阶段：此阶段的教师在专业结构各方面逐渐趋于稳定，他们一般能较好地完成教学任务，由关注自我的生存转向更多地关注教学，并希望获得职业上的升迁和更高的外在评价。五是"自我更新

❶ 新课程实施过程中培训问题研究课题组. 新课程与教师角色转变 [M]. 北京：教育科学出版社，2001：77 - 78.

关注"阶段：处于这一阶段的教师已经不太在意外部评价和职业升迁，而是直接以专业发展为导向。他们通常能够有意识地进行自我规划，以谋求最大程度的自我发展。这时的教师特别关注学生是否真的在学习，关注课堂教学的实效，对于一些教育教学问题也能整体、全面地加以关注。

（二）教师职业生命周期阶段论

这一理论认为，人的生命存在着自然的衰老过程和周期，教师专业发展也是一个由出生到初步发展，再到逐渐成熟、缓慢衰退乃至结束的过程。以职业生命周期为标准来探讨教师专业发展的学者很多。如昂鲁（Unruh）和特纳（Turner，1970）将教师职业生涯划分为初始教学期、建构安全期和成熟期三个阶段；格雷戈克（Gregorc，A.，1973）将中学教师的职业生涯描述为形成期、成长期、成熟期和专业全能期四个阶段；伯顿（Burden，P.，1979）将教师发展划分为存活期、调整期和成熟期三个阶段；费斯勒（Fessler，R.，1985）将教师的发展周期分为八个阶段：职前期、职初期、能力建构期、热情与成长期、职业挫折期、稳定与停滞期、职业消退期和离岗期；❶ 休伯曼（Huberman，M.，1993）等人将教师职业周期分为七个阶段：入职期（求生和发现期）、稳定期、实验和岐变期、重新估价期、平静和关系疏远期、保守和抱怨期以及退休期。在这些职业生命周期阶段论中，多数学者是从职后开始划分的。费斯勒则将教师这一特定角色的准备期也纳入教师专业发展周期之中，其职前期（pre‑service）主要指的就是职前的师范教育阶段。本书也认为将职前培养阶段纳入教师发展周期中能较好地体现教师职业生命的完整性。

我国学者对国外教师职业生命周期阶段理论进行了综合，将教师职业生涯归纳为五个阶段❷，这个归纳较好地反映了我国教师职后发展的阶段性特点。

（1）适应期（1~3年）。新任教师一方面因为初为人师而兴奋，另一方面又对复杂的课堂教学无所适从。处于这一阶段的教师往往容易产生理想与现实的矛盾，压力较大，甚至怀疑自己是否适合从事教师职业。

（2）稳定期（4~7年）。逐渐适应了课堂教学，教学技能逐步提高，教学压力得到一定程度的释放，并能根据教育的实际情景和自己的个性特征形成自己的教学风格。处于这一阶段的教师通常对职业比较投入，情绪相对稳定。

（3）试验期（8~23年）。是教师职业生涯的危险时期，此时的教师开始

---

❶ ［美］费斯勒，克里斯坦森. 教师职业生涯周期：教师专业发展指导［M］. 董丽敏，高耀明，译. 北京：中国轻工业出版社，2005：22－28.

❷ 谢安邦. 教师教育一体化改革的理论探讨［J］. 高等师范教育研究，1997（5）：5－8.

怀疑自己所从事的职业，埋怨教师职业缺乏挑战性，重新审视和评价教师职业。有些教师开始大胆尝试教改实验，以提高教学质量；有些教师可能因为怀疑教师职业的价值而选择离开教师工作。

（4）平静和保守期（23～31年）。此时的教师已人到中年，一方面他们的精力和热情都处于逐渐衰退中，另一方面他们对自己多年积攒的教育经验充满了自信。所以大部分教师对教学改革持保守态度，往往靠"吃老本"平静地工作着，并倾向于"做自己乐意做的事"。

（5）退出教职期（31～39年）。这一阶段意味着教师职业生涯的终结。此时的教师已临近退休，专业行为没有太大的改变。有的教师能坚守教学岗位，以平静的方式等待退休；有的教师则消极懈怠，甚至选择提早离开教师岗位。

（三）教师心理发展阶段论

教师心理发展阶段论探讨了教师专业发展与心理发展之间的关系。从心理发展的角度来划分教师发展阶段，是将教师作为一个成年学习者来看待，并以皮亚杰（Piaget, J.）的认知发展（cognitive development）、柯尔伯格（Kohlberg, L.）的道德判断（moral decisionmaking）和洛文杰（Loevinger, J.）的自我发展（ego development）等理论为基础。皮亚杰将儿童认知发展划分为感知运动、前运算、具体运算和形式运算四个阶段；柯尔伯格将儿童的道德判断划分为三种水平（前习俗、习俗和后习俗）六个阶段（服从与惩罚、朴素的利己主义、人际和谐与一致、维护权威与社会秩序、社会契约以及普遍伦理原则），每种水平都包含两个阶段；洛文杰将人的自我发展划分为前社会冲动、自我保护、墨守成规、尽责和自治五个阶段。借助这些理论，教师心理发展阶段论者假设：人的发展是心理结构改变的结果，人的心理过程会随着年龄和发展阶段的不同而有所变化，这一变化过程有一定的顺序和层级。他们根据这个假设来描述教师的专业发展阶段。教师心理发展阶段论的主要代表人是利思伍德（Leithwood, K.）。他将教师的发展划分为四个阶段：第一阶段的教师世界观简单、坚持原则、崇尚权威、对事物的判断非黑即白。他们不赞成求异思维，而是鼓励顺从和机械学习，其课堂往往是以教师为主导的。第二阶段的教师"墨守成规"，他们易于接受他人预期，其课堂比较传统，且规则非常明确，无论什么情况下学生都必须严格遵守规则。第三阶段的教师是凭良心尽教师职责，他们自我意识较强，能够意识到某些情境下的多种可能性。他们关注学生的未来和成绩，并精心设计每一堂课，还特别注重良好的人际关系。第四阶段的教师较有主见，且尊重课堂等社会情境中人际关系的相互依赖性。他们能从多角度分析遇到的课堂情境并予以综合，能灵活、明智地应用课堂规则。这个阶段教师的课堂往往强调学生有意义学习，注重学生的创造性和灵活性，师生之间呈现出一种合作状态。

(四) 教师社会化阶段论

教师社会化阶段论是从教师作为社会人的角度，考察其专业变化过程的理论，关注的重点是个人的需要、能力、意向和学校机构之间的相互作用。从教师社会化的角度来探讨教师专业发展阶段的学者较多。如莱赛（Lacey, C.）在对实习教师的研究中将教师专业化过程分为四个阶段：一是"蜜月"阶段，表现为实习教师体会到做教师的乐趣，并乐于从教。二是"寻找教学资料和教学方法"阶段，表现为实习教师通过查找相关资料来应对课堂中出现的问题。三是"危机"阶段，由于课堂问题的增多，新教师的压力越来越大，当查找资料难以应对困难时便会产生"危机"。四是"设法应付过去或失败"阶段，在这个阶段，部分教师能够坦然应对课堂问题，部分教师可能因为不能应对失败而离开教学岗位。

王秋绒将教师专业化过程划分为三个阶段九个时期，每个阶段对应三个时期。一是师范生阶段，此阶段的第一个时期是探索适应期，指刚入校的师范生适应新的人际关系和师范院校专业环境的时期；第二个时期是稳定成长期，指师范生进一步发展人际关系，不断获取专业知识，形成专业技能的过程；第三个时期是成熟发展期，师范生社会化的重点是将几年来所学的专业知识和技能运用到教育实践中去。二是实习教师阶段，此阶段的第一个时期是蜜月期，是师范毕业生真正成为教师，品尝初为人师的快乐的时期；第二个时期是危机期，是初任教师面对复杂的教育教学工作，由于经验的不足而产生危机感和压力感的时期；第三个时期是动荡期，指通过一段时期的摸索，教师对自己从事的职业有了比较理性的认识，部分教师进行自我调整，设定了新的发展目标；部分教师则在失落中选择了离开。三是合格教师阶段，此阶段的第一个时期是新生期，经过了实习教师阶段的训练，教师逐渐积累了经验，适应了教育工作的需要，对教学工作产生了一定的胜任感；第二个时期是平淡期，随着教学能力的进一步提高，教师的压力感逐渐减弱，教师工作失去了挑战性，于是教师感觉日趋平淡；第三个时期是厌倦期，也叫分化期，长期的重复性工作已经使教师们得心应手，一部分教师能够寓教于乐，感受教育工作带来的快乐，另一部分教师则因为平淡的工作而失去了动力和热情，产生了教师职业倦怠感。

我国学者还根据不同时期的目标差异将教师的发展概括为四个阶段❶：一是预备教师阶段，指立志从事教育工作的在校师范生，他们认真学习教育基本理论、学科专业知识，努力训练教师所具备的各种基本技能，为将来当好老师做好准备。二是新手教师阶段，指新上岗或经验不足的年轻教师，他们的主要问题是缺乏教育教学实践经验，在校所学的理论还不能很好地同实践相结合，在面对一些教育教学问题时常有些无所适从。这需要向老教师多学习。三是合格教师阶段，指已经具备了一定教育教学能力的教师，他们在实际工作中一般能得心应手。这个阶段的教师需要进一步加强教育理论修养，提高教育科研能力，为成为专家型教师做好充分准备。四是专家型教师阶段，指从事教育教学多年，具有丰富的教育经验，有教学专长，教学效果好，有很强的洞察力，能创造性地解决问题的教师，他们需要进一步提高科研能力，加强理论概括和提升。

（五）综合阶段论

以上列举的四种教师发展阶段理论从不同的侧面展示了教师专业发展过程，但因为生命具有完整性，教师是一个统一的、完整的人，如果仅从某一个角度来分析教师的专业发展，很难反映其发展的全部。因此，为了更加真实地反映教师专业发展的复杂过程，一些学者又尝试从多维的视角来综合分析教师专业发展的阶段。利思伍德便做过这种努力。他从专业知能发展、心理发展和职业周期发展三个维度来分析教师专业发展阶段。如前所述，从心理发展的角度，利思伍德将教师发展划分为自我保护/单向依赖、墨守成规、良心/道德和自主/独立四个阶段。从职业周期发展的角度，利思伍德将教师发展划分为入职、稳定：形成深思熟虑的专业志向、新的挑战和关注、到达专业发展平台期以及准备退休五个阶段。而从专业知能的角度，利思伍德又将教师发展划分为三个时期六个阶段，每个时期对应两个阶段。一是获得教学基本技能时期，包括提高生存技能和具有基本教学技能两个阶段；二是拓展灵活性时期，包括拓展教学灵活性和掌握教学知能两个阶段；三是摆脱教学常规羁绊时期，包括帮助同事提高教学知能和广泛参加各个层次的教育决策两个阶段。利思伍德指出，教师专业发展是一个多维度发展的过程，专业知能发展、心理发展和职业周期发展三个维度既相互独立，又相互依赖，专业知能发展与心理发展和职业

---

❶ 郑友训. 教师教育一体化课程建构的理论与实践 [J]. 课程·教材·教法，2006，26（6）：71 –76.

周期发展之间有着密切的联系。如教师知能发展要求教师不断学习新的教学策略，而教师掌握新教学策略的一个必要条件就是教师在心理发展方面至少要达到第三阶段的发展水平，即凭良心尽教师职责，也要有较强的自我意识，能够意识到某些情况下的多种可能性。又如：教师第五、第六阶段（帮助同事提高教学知能和广泛参加各个层次的教育决策）的知能发展，有赖于教师心理发展达到第四阶段的水平（尊重社会情境中人际关系的相互依赖性）。再如：教师职业周期发展的前三个阶段（入职、稳定、挑战）与教师专业知能发展的前四个阶段（提高生存技能、具有基本教学技能、拓展教学灵活性、掌握教学知能）之间有着非常密切的联系，而且教师专业知能的提高也能确保教师顺利地完成积极的职业周期。

综上所述，教师"关注"阶段论、教师职业生命周期阶段论、教师心理发展阶段论、教师社会化阶段论和综合阶段论等教师发展理论从不同的角度分析了教师专业发展过程。"关注"理论强调了教师在不同时期的态度变化和思想波动；心理发展阶段论和职业生命周期阶段论诠释了教师在不同阶段的心理历程和行为特征；社会化阶段论则强调了教师的专业发展其实就是教师社会化的过程；综合阶段论更是从多维的角度分析了教师专业发展。每种理论都有自己的道理和侧重点。需要注意的是，无论站在哪一个视角，教师专业发展阶段的划分都只是相对的。毕竟不同的教师在个性、生活环境、所受的教育和经历等方面都是有差异的，所以在教师专业发展过程中肯定会表现出自己的独特性。不过，这些阶段理论从不同的角度给我们证明了同一个道理：教师专业发展不是一蹴而就的，而是一个持续终身的过程，是随着年龄的增长而不断走向成熟的过程。在这个过程中，教师的发展并不是一帆风顺的，其间总会遭遇挫折、厌倦、沮丧和无所适从的"危机"，只有不断战胜挫折、走出"危机"，教师才能得以持续发展。

三、教师教育一体化与教师发展

跟教师专业发展过程具有阶段性特征一样，促进教师专业发展的教师教育在实施过程中也可以区分为不同的阶段和层次。要全面地把握教师专业发展历程，提升教师专业发展水平，必须将教师专业发展同促进教师专业发展的教师教育联系起来。国家教育部给教师教育下的定义是，"教师教育是在终身教育思想指导下，按照教师专业发展的不同阶段，对教师的职前培养、入职教育和在职培训的统称"。❶ 从这个定义中可以看出，教师教育至少可以区分为职前培养、入职教育和在职培训三个阶段。只有这三个阶段相互协调、相互沟通，才能更好地发挥教师教育对教师专业发展的促进作用。而如何协调、怎样沟通便是本节接下来要讨论的教师教育一体化问题。

（一）教师教育一体化的内涵

近年来，教师教育一体化已经成为国际教师教育的重要理念和发展趋势。学者们对其内涵的解读也比较一致。一般认为，教师教育一体化是指，以终身教育思想为指导，依据教师专业发展阶段理论，对教师职前培养、入职教育和在职培训进行整体规划，并建立起教师教育各阶段相互衔接、既有侧重又有内在联系的教师教育体系的理念和实践。具体来说，一体化的教师教育主要包含以下三层意思。

1. 职前培养、入职教育和在职培训的一体化

这是教师教育一体化的核心内涵，指的是职前职后教育的衔接与沟通，亦称学历教育与非学历教育的一体化。科技的迅猛发展、知识的日新月异、国际社会发展的一体化趋势，对人才的培养提出了挑战，对创造性人才提出了更高的要求。在这种国际环境下，教师教育只靠职前的师范教育是远远不够的，一劳永逸的教师教育是不切实际的。教师的专业发展是一个终身的过程，促进教师专业发展的教师教育不能只局限于职前培养，而应该一直持续到教师职业生涯的最后阶段。如果职前培养、入职教育和在职培训三个阶段能做到统一规范，则有利于提高教师教育的效率，从而促进教师专业全面有序地发展。

2. 中小幼教师教育的一体化

这是指中学、小学、幼儿园教师教育的衔接、联系和沟通。就职前教育而言，就是打破师范大学培养高中教师，师范专科学校培养初中教师，中等师范学校培养小学教师，幼儿师范学校培养幼儿园教师的格局。各高校只要条件允许都可以开设不同层次的教师教育专业，既可以培养高中、初中教师，也可以培养小学和幼儿园教师。就职后培训而言，不同学校和教育机构也都可以把不同层次的教师培训工作当成一个整体加以考虑。这样不仅有利于资源的合理配置和充分利用，也可以使不同层次的教师之间相互了解、相互帮助、共同提高。

---

❶ 中华人民共和国教育部. 关于"十五"期间教师教育改革与发展的意见 [J]. 基础教育外语教学研究，2002（5）：3-5.

3. 教学研究与教学实践的一体化

主要指的是师范院校与中小学校的合作和伙伴关系。尽管我国已开始鼓励各种综合性大学参与师范教育，但教师教育的主体机构仍然是师范院校。在教师教育实施过程中，师范院校侧重于知识和教学理论研究，可以说是理论的"代言"，中小学校侧重于实践，可以说是实践的基地，二者缺一不可。否则，教师教育就是不完整的。在这个意义上，教师教育一体化其实就是理论与实践的一体化。正如古德莱德（John Goodlad）所指出的那样，大学要想培养出更好的教师，就必须将中小学校作为实践的场所；而中小学校要想成为模范学校，就必须不断地从大学接受新思想和新知识，并和教师培训院校建立一种共生、平等的伙伴关系。❶ 因此，理论与实践相结合，教学研究与教学实践的一体化也是教师教育一体化的应有之义。

（二）教师教育一体化的目的

教师教育一体化的总体目的就是要建立协调高效的教师教育运行机制。具体来说，教师教育一体化的目的主要有两点。❷

1. 培养能够适应社会变革的教师

教师教育一体化首先是基于终身教育思想提出的。当今世界的基本特征可以概括为信息化和全球化，"学习化社会"和"知识化社会"已经成为不争的现实。在这种背景下，教育的重心不再是固定知识的传授，而应该转向使学生"学会认知、学会做事、学会共同生活、学会生存"。社会的急速变化和教育工作重心的转变要求教师角色也必须跟着转变。教师必须具有终身学习的理念、意愿和能力。这就需要教师不仅在职前要认真接受师范教育、积极参与中小学教育教学实习，而且在职后也要不断接受各种专业培训；不仅要提升自己的教育理论水平，而且要增强自身的教育实践能力。只有这样，教师才能适应不断变革的社会。因此，培养能够适应社会变革的教师是教师教育一体化的首要目的。

2. 提高教师教育的质量和效益

长期以来，我国的教师教育存在着严重的质量和效益问题。从质量方面来看，我国的教师教育没有充分考虑教师发展的需要，职前职后的相互隔离造成

---

❶ 转引自吴琼. "顶岗实习、置换培训"模式的多赢效应［J］. 现代教育管理，2010（12）：88 - 90.

❷ 参见张贵新，饶从满. 关于教师教育一体化的认识与思考［J］. 课程·教材·教法，2002（4）：58 - 62.

了理论和实践严重脱节，致使师范毕业生在从教初期，很多方面都得从头开始学。就职后培训而言，由于培训内容重叠、陈旧，培训方式单调，教师参与培训的热情往往并不高，他们不是把培训当成提高和发展自己的机会，而是当成一种负担，这在很大程度上造成了教师教育的质量问题。从效益方面来看，由于职前职后教师教育机构各自为政、内容交叉重叠，致使教育资源未能得到合理配置和利用。教师对职后培训往往不是基于自身的内在目的和动机，而是基于外在压力，甚至是在强制性的条件下接受的，这就使得有限的继续教育机会和资源也未能得到充分有效的利用。最后导致了教师教育质量低下、效益不高的结果。要想打破和改善这种局面，就必须实行统一规划。要把教师职前培养、入职教育和在职培训作为一个完整的过程通盘考虑，各个教育机构既要有所侧重，又要相互合作。这是教师教育一体化的重要目标之一。

总之，倡导教师教育一体化，旨在改革原有的教师培养和培训体系，建立起反映时代特征，高质量、高效益的教师培养和培训体系。

（三）教师教育一体化的原则

有学者认为，教师教育相对于传统的师范教育而言，具有整体性、发展性、开放性和终身性四个基本特点。❶ 在笔者看来，这四个基本特点在某种意义上可以说是教师教育一体化应该坚持的四个基本原则。

1. 整体性原则

指的是教师教育要打破职前培养、入职教育和在职培训各自为政、相互割裂的局面，将具有促进教师专业发展功能的各种教育机构相互联系起来，通盘考虑教师的专业发展，把教师教育的各个阶段当成一个连续的整体加以统一规划。

2. 发展性原则

指教师教育要立足于教师的专业发展，以教师发展为准绳。把教师视为专业人员，把教师视为发展中的个体，充分尊重教师的主体性和内在需要，培养教师树立自我发展的责任意识和观念。充分考虑影响教师专业发展的因素，在教师发展的各个阶段给予相应的帮助和指导。教师教育过程中不仅要关注教师的专业知识和专业能力，还要关注教师的专业信念、专业自觉和专业伦理。总之，教师教育要注重教师专业结构中各个组成部分的协调发展。

---

❶ 黄崴. 从"师范教育"到"教师教育"的转型 [J]. 高等师范教育研究，2001，13（6）：14－16.

3. 开放性原则

指教师教育不应该只局限于师范院校，而应该纳入整个高等教育体系。将教师视为专业人员，就应该把教师教育视为专业教育。作为专业教育，教师教育不光可以在师范院校开办，各综合性大学和专门性大学也可以开设教师教育专业，这样就拓宽了教师教育的渠道。同时，各师范院校也可以考虑向综合性大学转轨，这样不仅有利于师范院校的生存和发展，也有利于教育资源的充分利用。在综合性大学和专门性大学开设教师教育专业或师范院校向综合性大学转轨，还有利于复合型人才的培养，有利于教师综合性素质的提高。

4. 终身性原则

如前所述，科技的迅猛发展，知识更新步伐的加快，我们已步入学习化社会，一个人要适应社会发展必须树立终身教育理念，坚持终身学习。教师作为学生的引导者，更应该树立终身教育理念，坚持终身学习。所以，在信息化时代、在学习化社会，教师教育已不再是职前的终结性教育，而是一个终身的、持续的过程。因此，一体化教师教育体系的建构必须坚持终身性原则。

（四）教师教育一体化对教师发展的影响

毋庸置疑，教师专业发展是一个持续终身的过程。教师教育一体化是为了更好地促进教师专业发展，并以终身教育思想为指导而提出来的重要举措。可以说，教师教育一体化是教师专业发展的必然要求，是教师成长的必经之路。职前的教师教育是准教师进入教师行业的第一步，是教师专业发展的基础，教师的角色意识、职业信念和专业结构等主要取决于职前教师教育的影响。入职教育是师范毕业生向教师角色转变的关键环节，他们能否尽快适应这种转变，直接影响教师未来发展的方向和水平。经过了一段时间的教师工作以后，教师对其职业有了更加现实的理解，对自身的缺陷和不足有了更加清醒的认识，职后的培训则成为教师弥补不足、完善自身的必要路径，是教师成长的"加油站"。

因此，无论是职前培养还是入职教育、职后培训，对教师专业发展都有着至关重要的作用。实现教师教育一体化应该成为当前我国教师教育发展的基本方向和重点。为了推进教师教育一体化的进程，更好地促进教师的专业发展，我们可以从以下三个方面加以努力。

1. 建立开放的、多元的教师教育体系

一体化的教师教育首先要打破单一的教师培养体系，吸收非教师教育系统的力量，形成开放的、多元的教师培养体系。这种开放的教师培养体系意味着

独立设置的师范院校与综合性大学将在专业教育方面并轨。中共中央国务院在 1999 年 6 月颁布的《关于深化教育改革全面推进素质教育的决定》中明确指出，"加强和改革师范教育，大力提高师资培养质量，调整师范学校的层次和布局，鼓励综合性高等学校和非师范类高等学校参与培养、培训中小学教师的工作，探索在有条件的综合性高等学校中试办师范学院"；又在 2001 年 5 月颁布《关于基础教育改革与发展的决定》中提出，"完善以现有师范院校为主体，其他高等学校共同参与，培养培训相衔接的开放的教师教育体系"。这就为多元化的教师教育体系的建立提供了政策性保障。

长期以来，我国的师资培养基本上由各级师范院校承担。师范院校招收各中学的生源，毕业后又回到各中学担任教师，形成一种相对封闭的回路。在这种模式下，教师的专业性没能得到加强，而且还容易出现"近亲繁殖"现象。所以，应该鼓励各综合性大学开设教师教育专业。教师教育既应加强专业性、学术性，也应注重师范性，更要妥善处理师范性与学术性的关系。综合性大学开办教师教育专业，可以提高教师的学科专业学术水平，促进师资培养教育的专业化、多元化、开放化和综合大学化。但独立设置的师范院校在师范性上更具有独特的优势，在我国目前的教师教育体系中仍占主体地位，近期内不会消亡。所以，教师教育一体化首先就要构建师范院校为主体、其他高等学校共同参与的、开放的、多元的教师教育体系，实现"定向型"和"开放型"教师培养模式并存。

2. 加强职前教育与职后培训的沟通，实现教师教育与现实需要的对接

要实现教师教育与现实需要的对接，首先要重构教师教育课程体系。长期以来，我国的师范教育与中小学教育实际在很大程度上是脱节的。师范院校中所开设的教育类课程结构比较单一，内容庞杂、枯燥、抽象，对中小学教育实践关注不够。师范生往往处于一种被动的学习状态，甚至用死记硬背的方法获取学分。他们在大学里学的是一套，毕业后到了中小学教育实践中通常是学非所用。教师的职前培养没能很好地考虑中小学教育实际，职后培训同样也存在这种状况，培训的内容枯燥、抽象，甚至与职前的教育内容简单重复。于是，教师们往往也是处于一种被动接受、应付了事的状态。所以，在这种课程体系下的教师教育结果是，效率低、质量不高、无效重复、资源浪费。而要改变这种现状，就必须加强整体设计，注重职前培养课程与中小学教育实际的衔接，与入职教育和在职培训内容的衔接，促使职前培养和职后培训课程能够互通、具有连续性，但又各有侧重。职前培养课程主要应突出基础性、综合性，并加

强实践性，入职教育和职后培训内容主要应突出适应性和针对性。

　　教师教育与现实需要的对接实质上是教育理论与教育实践相结合的问题。在这方面，美国的"教师专业发展学校"（PDS）理念可资借鉴。教师专业发展学校的主要特点是，强调办学机构的多方合作伙伴关系，强调办学过程的理论与实践紧密结合。其基本做法是大学教育学院与附近社区的中小学合作培养教师。教师专业发展学校由大学教师与经验丰富的中小学教师组成合作小组，共同负责对实习师范生的培养。教师专业发展学校为师范生提供了理论与实践相结合的职前学习机会。❶ 在这种机构中，师范生可以把在大学里学到的理论知识及时地检验、整合，从而使自己的从教技能和教师素养不断得到提高；中小学教师通过指导师范生也可以再一次接触理论知识，并在责任分担、合作探究的氛围和过程中逐渐提升自己；大学指导教师通过对师范生的指导以及与中小学教师的沟通，可以发现具体的教育问题，便于改进教学方法，更好地促进理论与实践的结合。

　　目前在我国很多地区推行的"顶岗实习—置换培训"模式，与美国的教师专业发展学校可谓有异曲同工之效。"顶岗实习—置换培训"模式可以有效解决教师教育过程中职前职后脱节的问题，促进理论与实践的结合。"顶岗实习"为师范生提供了稳定的实习场所，延长了实习时间。师范生可以真刀实枪地扮演教师的角色，以提高自身的教师技能。这实际上相当于把新教师的入职教育提前到了职前的实习阶段，可以大大缩短新教师的适应期。师范生通过一段时间的顶岗实习，毕业后可以很快进入教师角色。有了师范生的"顶岗实习"，中小学教师也才有时间再次到大学"充电"，安心地参与"置换培训"，实实在在地再当一回学生，以提高自身的理论素养。

　　3. 强化终身学习理念，建立以校本培训为核心的教师职后培训体系

　　长期以来，教师教育的概念仅局限于职前教育，但人们越来越发现，这种"一次性"的师范教育已经很难适应教师未来的整个教育生涯的发展需要。随着教育改革浪潮的不断推进，终身学习的理念被引入教师教育领域，将职前教师培养与职后教师培训的终身化有机结合，使教师教育贯穿于教师职业生涯的整个过程。传统的教师职后培训通常是由高等院校和教师培训机构来承担的，这种培训方式在课程设计上与中小学教学存在很大的偏差，教师们通过培训所形成的新思想、新理念回到学校后往往由于得不到支持而难以推行。教师培训

---

❶ 邱秀华. 国际教师教育的一体化趋势及其启示 [J]. 高教探索，2005（2）：40–43.

离开了特定的学校条件往往收效甚微。于是，"校本培训"的理念和方式便应运而生。

校本教师培训指在中小学内进行的教师在职培训活动，是一种以促进教师专业发展、改善学校和教学实践为中心的培训。这种培训最先在英、美等国产生，其初衷在于强化教师专业的实践性，以解决教育理论与实践之间的分离问题。其基本特点是中小学校与高等院校建立伙伴关系。校本教师培训的实施可以借鉴英国谢费尔德大学教育学院提出的"六阶段培训模式"❶：第一，确定需要。中小学在与大学或培训机构建立联系之前，先了解教师们的迫切需要，以保证培训的针对性和适切性。第二，谈判。中小学以地方教育当局为中介，与大学或培训机构洽谈如何根据教师需要制订培训计划。第三，协议。在大学、地方教育当局、中小学的共同参与下提出一份详细的培训协议，并征得教师的认可。第四，前期培训。一般在大学或地方教育当局下设的教师培训机构进行，时间为两天左右。主要开设有关科技概况和新方法论原理等方面的导引类课程，以开阔教师视野，促进各学科横向联系和跨学科交流。第五，正式培训。两天导引课程培训之后，大学培训教师深入中小学教学第一线，与中小学教师个人或集体共同备课，钻研教学重点难点，设计教学过程，选择教学方法，评价教学效果等，给中小学教师以指导和帮助。这是整个六阶段模式中最关键的一环。第六，结束。协议规定的培训项目基本完成之后，中小学教师要对自己参加培训的收获进行总结和评价，并反馈给学校、大学或教育机构，以便大学或教育机构作出补救计划或设计下一次的培训方案。

总之，教师教育一体化强调了职前职后的沟通，强调了高校与中小学校的合作，强调了教学研究与教学实践的联系，提倡教师教育与现实需要的对接等，有利于教师的专业发展和终身学习。

四、师范毕业生的入职适应性

随着社会形势的不断变化，适应能力在人的生存和发展过程中变得越来越重要，也越来越多地受到心理学家、社会学家和教育学家的关注。心理学家普遍把"良好的社会适应性"或"能动地适应和改造客观环境"作为衡量一个人心理健康的标准之一。社会学家则把适应性当成人的就业能力的重要组成部分。美国的麦尔·伏吉特（Fugate, M.）认为，就业能力就是一种能够使人

---

❶ 参见袁桂林. 英国教师在职培训的六阶段模式 ［J］. 外国教育研究，1995（1）：13－14.

识别和抓住各种职业机遇的主动适应能力。❶ 杜威则强调："良好的适应能力意味着一个人的成功，所以我们本能地对学会适应比对其他任何东西都更感兴趣"❷。联合国教科文组织在《教育——财富蕴藏其中》一书中把学会认知、学会做事、学会共同生活、学会生存作为 21 世纪教育的四大支柱。在我看来，这四大支柱其实是对人的适应能力的要求。学会认知对应的是学习适应，学会做事对应的是职业适应，学会共同生活对应的是人际适应，而学会生存则是从总体上对人的适应能力的一种要求。每个人只有学会认知、学会做事、学会共同生活、学会生存，才能"使自己适应不断变革的世界"❸。

师范毕业生是教师队伍的主要新生力量，他们能不能尽快适应教师职业，完成从师范生向教师角色的转变，直接影响其工作积极性、主动性、创造精神以及教学潜能的发挥。大量研究表明，从师范生到教师，从新手教师到成熟教师，从合格教师到优秀教师，其间要经历一个适应的阶段，这个阶段能否顺利走过，不仅影响教师的职业信念和职业持久性，还影响着教师的专业发展方向和发展水平。德沃金（Dworkin，1980）对 3549 名公立学校教师进行的调查发现，年轻教师大量离开教师职业，其中 31.0% 在 25 岁以内离开，30.1% 在 26~35 岁离开；英格索尔（Ingersoll，2003）研究表明，大约 40% 的新教师会在从教的最初 5 年离开教学岗位。❹ 休伯曼研究发现，与顺利度过职初期的教师相比，在职初期第一年留下不愉快经历的教师对自己的现状明显缺乏满意感；在职初期碰到大挫折的教师，似乎再也达不到他们原本可能达到的水平（Huberman，1989）。担心、习惯和体制惰性使很多教师一旦形成某种工作风格就难以改变。因此，职初期似乎可以决定整个教师职业生涯（Featherstone，1988）。❺

随着我国教育改革的深入，教师职前培养、入职教育和在职培训的"一体化"成为提高教师专业发展水平的重要教育理念。然而从我国目前的状况

---

❶　转引自高艳，等. 基于适应性的就业能力研究及启示［J］. 山西大学学报：哲学社会科学版，2010，33（3）：70-74.

❷　［美］杜威（Dewey，J.）. 学校与社会·明日之学校［M］. 赵祥麟，等，译. 北京：人民教育出版社，2004：366.

❸　国际 21 世纪教育委员会. 教育——财富蕴藏其中［M］. 联合国科教文组织总部中文科，译. 北京：教育科学出版社，1996：75.

❹　Carol R. Rinke. Understanding teachers'careers：Linking professional life to professional path，Educational Research Review，2008（3）：1-13.

❺　［美］费斯勒（Fessler，R.），克里斯坦森（Christensen，J. C.）. 教师职业生涯周期：教师专业发展指导［M］. 董丽敏，高耀明，译. 北京：中国轻工业出版社，2005：82.

来看，这种"一体化"教育理念并没有得到真正落实，职前教育和职后培训还存在一定程度的相割裂现象，很多师范生毕业以后不能很好地适应教师角色的要求，他们在完成从学生到教师角色转换的过程中举步维艰，感觉自己在师范院校所接受的 3 ~ 5 年的师范教育似乎与中小学教育实际需要不太符合，要想成为合格的教师就不得不从头开始学习。师范生的这种适应性状况严重制约着教师专业发展的速度和水平。因此，要探寻教师专业发展历程，提高教师专业发展水平，全面探讨师范生向教师角色转变的适应性就显得尤为重要。

（一）适应性的内涵、价值取向及标准

适应（adaptation）最初是一个生物学的术语，是指生物体的构造、形态、机能向着更适合于自然环境条件的方向的变化过程。[1] 后来很多学者又从心理学和社会学的角度对它进行了界定。亚当斯（Adams，1972）和拉扎勒斯（Lazarus，1969/1976）认为适应是面对环境压力的应对行为及能力；阿尔科夫（Arkoff，1968）认为适应是个人与环境的交互作用。[2] 车文博主编的《当代西方心理学新词典》从不同的角度对适应的概念作了全面的描述：（1）生物学术语：个体对环境的顺应；（2）心理学界定：在同一感受器中由于刺激物的持续作用而引起的感受性的变化；（3）皮亚杰发生认识论术语：主体对环境的作用（同化）与环境对主体的作用（顺应）的均衡；（4）社会学解释：随着社会的发展变化人的社会行为也发生相应变化的过程。[3] 从上述解释不难看出，适应既可以是一种过程，也可以是一种状态，我们可以把它概括为"个人达到和环境保持和谐关系的过程和结果"[4]。适应良好的人对所处的环境怀有满意和有效能的心理状态。人的适应也包括顺从环境这个方面，但主要的是人面对变化多端的社会环境，恰当地调整自己的行为，圆满而出色地处理问题，以求达到一种与人融洽的关系。个人的适应过程实际上也是其不断成长、不断社会化的过程。

对于适应性（adaptability）的概念也有多种解释，比较普遍的一种倾向是将适应性看成个体在与环境相互作用中取得协调的能力方面的特征。如车文博

---

❶　中国大百科全书编辑委员会. 中国大百科全书（教育）［Z］. 北京：中国大百科全书出版社，1985：330.

❷　何莹，等. 少数民族与汉族大学生学习适应性的调查研究［J］. 西南师范大学学报：人文社会科学版，2004，30（3）：44－47.

❸　车文博. 当代西方心理学新词典［Z］. 长春：吉林人民出版社，2001：348－349.

❹　中国大百科全书编辑委员会. 中国大百科全书（教育）［Z］. 北京：中国大百科全书出版社，1985：330－331.

认为，适应性是指个体的生存功能、发展和目标的实现随着社会环境的变化而变化的能力。❶ 郑日昌认为，适应性是指"个体适应自然和社会环境的有效性"，是人们在与环境相互作用、与他人相互交往的过程中，以一定的行为积极反作用于环境以获得平衡的心理能力。❷ 许峰认为，适应性是指个体为适应某种社会生活所形成的相应的心理—行为模式的能力。❸ 樊富珉认为，适应性是指个体主动调整自身的身心，以使自身与现实生活环境保持良好的、有效的生存状态的一种能力。❹ 综合学者们的观点，本书倾向于将适应性理解为，个体在社会化过程中自觉改变自身或环境，以达到与环境保持协调的能力。它是个体生存和发展的必不可少的心理因素之一。❺

总之，适应是人的一种心理过程和状态，适应性是人的一种能力，它们是密切联系在一起的。正是由于人们具备这种状态和能力，才使人类在错综复杂、瞬息万变的环境中得以生存，人的发展也才成为一种可能。

适应通常有两种价值取向，一为积极主动的适应；二为消极被动的适应。积极主动的适应表现为，个体面对变化多端的环境往往积极应对，一方面恰当地调整自己的心态和行为，另一方面又想方设法地积极地改造环境，通过"相互作用"的方式实现人与环境的和谐关系。消极被动的适应表现为，个体在复杂的、变化的环境中往往逆来顺受，消极应对，只一味地改变自身，抱着不求有功但求无过的心态，通过"随大溜""习惯成自然"的方式达到心理平衡，实现人与环境的和谐关系。虽然两种适应价值取向的最终结果都是人与环境的和谐共存，但比较而言，积极适应更有利于个体的成长和发展。在教师专业发展过程中，积极的适应有利于教师的专业发展，有利于实现师范生向教师角色的转换。消极的适应则会阻碍和束缚教师的专业发展，影响其发展的水平和速度。

那么，适应有什么标准？我们又怎样去评价和判断师范生在向教师转变的过程中是否适应呢？美国心理学家马斯洛（Maslow）认为，积极适应者主要具有五个基本特点：（1）自承：肯定自己，认为自己对社会是有贡献的人；

---

❶ 车文博. 心理咨询百科全书［Z］. 长春：吉林人民出版社，1991：684.

❷ 郑日昌. 心理测量与测验［M］. 北京：中国人民大学出版社，2008：392.

❸ 许峰. 关于人的适应性培养的社会心理分析［J］. 教育研究与实验，2000（6）：36－40.

❹ 樊富珉. 社会现代化与人的心理适应［J］. 清华大学学报：哲学社会科学版，1996，11（4）：43－48.

❺ 张大均，等. 关于学生心理素质研究的几个问题［J］. 西南师范大学学报：人文社会科学版，2000，26（3）：56－62.

（2）自制：能独立自主，不受环境条件束缚；（3）良好的人际关系：待人和蔼，有同情心；（4）助人为乐：帮助他人时感到无比幸福；（5）创造性：以创造性的方式观察、对待一切。❶ 更多的心理学研究表明，良好的适应主要有六条标准：（1）有自知之明，了解并接纳自己，认识自身的社会角色；（2）认识并面对现实，保持乐观积极的心态；（3）乐于与人交往，建立良好的人际关系；（4）主动参与社会活动，并善于学习和表现自己；（5）具有良好的性格特点，尊重、欣赏他人，善于取长补短；（6）跟上时代步伐，不断增进自己的知识和能力。❷

根据这些积极、良好适应的特点和标准以及前面所说的成熟教师的基本标准，我们可以评判师范生的适应性水平。师范生与这些标准越趋于一致，其适应性越好，离这些标准越远，其适应性越差。例如：如果初为人师的师范生具有较强的职业认同感，能与新课程理念同步，能把握教学的重点难点，能较好地调控课堂，能恰当处理各种偶发事件，能与学生、同事、领导、家长建立良好的人际关系并善于与他人合作，能保持乐观的心态等，那么我们就可以说他们的适应性较好，反之则适应性差。

（二）师范毕业生的入职适应性现状

关于新教师的入职适应性，国内外学者做过大量的研究。国外的研究大约从 20 世纪 60 年代开始。比较有代表性的研究成果主要有：美国的维恩曼（Veenman，1984）对 1960～1983 年关于新任教师教学工作所遇到问题的近百项研究进行了归纳，指出新任教师经常遇到的问题主要有 24 个方面，其中排在前 10 位的问题分别是：课堂纪律的维持；学生学习动机的激发；处理学生个别差异；评价学生作业；与家长的关系；班级活动的组织；教学材料和设备欠缺；个别学生问题的处理；教学负担过重以及与同事的关系。❸ 英国的泰勒（Taylor）和戴尔（Dale，1971）对 3588 名新任教师和 2528 名指导老师进行了问卷调查，结果发现，新教师存在的问题和困难主要有三类：课堂内的问题（如缺乏特定的教学技能等）；社团内的问题（如胆怯、缺乏自信等）和个人的问题（如疲惫、压力感、烦恼和孤独感等）。约翰斯顿（Johnston）和赖安

---

❶ 中国大百科全书编辑委员会. 中国大百科全书（教育）[Z]. 北京：中国大百科全书出版社，1985：331.

❷ 樊富珉. 社会现代化与人的心理适应 [J]. 清华大学学报：哲学社会科学版，1996，11（4）：43－48.

❸ 叶澜，等. 教师角色与教师发展新探 [M]. 北京：教育科学出版社，2001：259－260.

（Ryan，1980）指出，初任教师通常会遇到四个领域的问题：计划和组织；学生学业的评价；激发学生动机以及适应环境。❶ 1982 年英国皇家督学团在《学校里的新教师》这一报告中指出，有 1/4 的新教师在上岗前没有做好充分的准备，他们在课堂组织、管理和控制方面的知识和技能特别欠缺。❷ 研究者从不同的视角指出了新教师的入职适应性问题，这些问题主要集中在教学、管理和人际关系等方面。

　　我国对于新教师入职适应性的研究大约从 20 世纪 90 年代开始，研究的内容主要是入职适应性问题。研究结果跟国外的研究结论基本一致：我国新教师的入职适应性问题也主要表现在教学、管理和人际关系等方面。如赵昌木的调查研究表明，教师从教的最初几年通常遇到的问题主要有：对教材的重点难点把握不准；教学方法不灵活，不善调动学生积极性；教学管理能力差，不善维持课堂纪律；难以与学生有效地沟通；不善处理课堂偶发事件；难以处理与同事的关系，等等。❸ 陈海凡研究指出，初任教师存在的问题主要是教学上的困难，班级管理上的困难和融入学校文化的困难。❹ 邓艳红的调查发现，多数小学新教师入职后是在挫折中逐步适应和发展的，他们在适应期的主要困难是教育教学负担偏重，教育教学能力欠缺，与学生家长和上级领导的相处较难，等等。❺ 有的研究还涉及了职业信念和心理方面的问题。如戴锐研究指出，新教师职业适应不良主要表现为职业价值观和职业信念的缺失，角色转换的迟滞，从业能力的不足以及缺乏协调的职业关系等方面。❻ 周立群的调查发现，新任教师通常存在不安心工作、职业信念缺失、不善协调合作、压力大、能力偏低以及职业转换迟缓等问题。❼ 李良的研究指出，中小学新手教师在入职阶段整体上适应情况较好，但部分教师压力很大，感到紧张、焦虑和畏惧等。❽ 王红梅研究发现，入职一年的新教师心理孤独感较强。❾

❶　任学印. 教师入职教育理论与实践比较研究 [D]. 长春：东北师范大学博士学位论文，2004：62，63－64.

❷　丁笑炯. 对英国以学校为基地的教师职前培养模式的反思 [J]. 高等师范教育研究，1998（2）：69－75.

❸　赵昌木. 教师成长研究 [D]. 兰州：西北师范大学博士学位论文，2003：66.

❹　陈海凡. 初任教师的适应与思考 [J]. 学科教育，2003（4）：11－15.

❺　邓艳红. 小学新教师入职适应影响因素研究 [J]. 中国教育学刊，2011（3）：65－68.

❻　戴锐. 新教师职业适应不良及其防范 [J]. 教育探索，2002（4）：95－97.

❼　周立群. 新教师常见问题调查及对策探讨 [J]. 中小学教师培训，2005（9）：3－7.

❽　李良. 中小学新手教师适应问题研究 [D]. 济南：山东师范大学教育硕士学位论文，2005.

❾　王红梅. 小学新教师入职适应性调查研究 [J]. 江苏技术师范学院学报，2011，17（9）：61－64.

初任教师中既有师范毕业生，也有非师范毕业生，师范毕业生和初任教师是两个不能等同的概念。在现有的适应性研究中，专门针对师范毕业生的教师职业适应性的研究非常少。就研究对象的取样而言，基于少数民族地区的研究也不多见。那么，师范毕业生在向教师转变的过程中，其适应性水平如何，主要存在哪些问题，师范毕业和非师范毕业的新教师职业适应性是否存在差异，不同民族师范毕业生的入职适应性是否有区别呢？为了全面探讨这些问题，笔者采用自编问卷和访谈提纲，在湖南省湘西土家族苗族自治州（简称湘西州）中小学校抽取被试进行了实证研究，基本情况介绍如下。

1. 调查方法

被试。采取随机抽样的方式，在湘西州6个县市（吉首市、保靖县、永顺县、泸溪县、凤凰县、古丈县）的35所中小学发放问卷，其中包括18所小学，14所初中，3所九年一贯制学校。调查的主体对象是从事教师职业、教龄未满3年的师范毕业生，共收回有效问卷191份。其中，男性64人，女性127人；汉族72人，苗族66人，土家族50人，其他民族3人；湘西州内130人，湘西州外61人；会讲民族语言47人（35人会讲苗语，12人会讲土家语），不会讲民族语言144人；中专6人，大专94人，本科89人，本科以上2人；教龄在1年内94人，1~3年97人；小学65人，中学126人；教语文82人，教数学32人，教英语39人，教其他学科38人；农村101人，城镇90人。同时，由于对比分析的需要，也给一部分非师范毕业的新任教师和教龄超过3年的老教师发放了调查问卷，共收回非师范毕业新任教师的有效问卷28份，老教师的有效问卷403份。访谈对象是接受问卷调查的中小学校的少部分教师和领导。共访谈了26人，其中10人是教龄未满3年的师范毕业生，7人是教龄在3年以上的老教师以及9名学校领导（校长、副校长、教导主任等）。

调查工具。调查采用自编"教师适应性调查问卷"（见附1）。在编制问卷过程中借鉴了唐雪梅的《研究生职业适应性调查问卷》❶。调查问卷分为三个部分：第一部分是问卷的主体，共有20道题目，涉及适应性的四项内容或维度。其中1~5题是职业认知适应，主要调查被试对教师职业的意义和价值的认可程度以及对从事教师职业的信念；6~10题为职业能力适应，主要调查被试从事教师职业的胜任力，包括备课、上课、当班主任以及处理偶发事件的能力等；11~15题为人际关系适应，主要调查被试与同事和谐相处、化解矛盾

---

❶ 唐雪梅. 硕士研究生职业适应性研究［D］. 成都：西南交通大学硕士学位论文，2009：64-66.

冲突的能力；16~20 题为工作环境适应，主要调查被试对任教学校的环境、条件和工资待遇的满意度，以及工作压力状况等。每个题项对应 5 个分值：1——很不符合，2——比较不符合，3——一般符合，4——比较符合，5——很符合。请被试根据自己的真实想法和体会选择合适的选项，并在对应的数字上打"√"。题项有正向和反向两种表述方式，其中第 1~4 题、10~12 题、16~18 题和 20 题用反向表述，按 5、4、3、2、1 计分，第 5~9 题、13~15 题和 19 题是正向表述，按 1、2、3、4、5 计分。为了方便，问卷中每题都按 1、2、3、4、5 的顺序呈现，但在统计时把反向表述题转化为 5、4、3、2、1 计分。然后计算每个维度和所有题项的平均分。均分在 2 分以下说明适应性很差，2~3 分说明适应性一般，3~4 分说明适应性良好，4 分以上说明适应性优秀。问卷第二部分共有 10 道题目，涉及选择当教师的原因，中小学的管理状况以及是否重视对新教师的入职培训等问题。这部分内容主要是为了了解影响被试适应性水平的因素。问卷第三部分是被试个人的基本信息，包括性别、民族、受教育程度、所在学校类型、是否会少数民族语言、任教学科等，便于根据不同信息进行适应性水平的比较分析，以进一步了解影响被试适应性水平的相关因素。

为了更深入更具体地了解师范毕业生的适应性现状，笔者还编写了两套访谈提纲（见附 2），第一套是用来访问师范毕业初任教师的，共有 14 道题目，涉及 5 个方面的内容：对待教师职业和学生的态度、教育教学技能的准备、合作精神和协作能力、处世态度和方法，以及对自己适应性水平和问题的总体认识。第二套提纲是用来访问学校领导（包括校长、副校长、教导主任等）和老教师的，共有 3 道题目，主要是从"他人"的角度了解师范毕业生的适应性状况，以及提高师范毕业生入职适应性的可能策略。

调查过程。问卷调查采用两种方式完成。第一种方式是利用笔者的学生实习的机会，请实习指导老师帮忙在各实习学校发放问卷，然后回收。第二种方式是笔者亲自去一些中小学发放问卷，当场收回。最后，采用 Excel 和 SPSS17.0 对有效答卷进行数据处理和分析。在调查的同时实施了访谈。由于时间和精力的限制，访谈的样本数相对要少很多，只抽取了 10 名师范毕业生、7 名老教师和 9 位领导，而且遵循了就近和方便原则，在凤凰县和吉首市的 4 所学校完成的，访谈对象一般是我的同学或者学生。访谈方式是根据提纲的内容提问，并当场记录访谈对象的看法，最后统一整理分析。

2. 调查结果

1）师范毕业生入职适应性总体状况

对191名在湘西州从教1~3年的师范毕业生的适应性问卷进行统计分析，结果如表3－1所示。

表3－1　师范毕业生入职适应性总体状况

内容	题　项	均分 （N = 191）	合计
职业 认知 适应	我认为教师的社会地位不高。	2.71	3.34
	我认为教师工作缺乏成就感，不能很好地提升自己。	3.21	
	我觉得教师工作没什么实际意义和价值。	3.87	
	我对自己的未来感到迷惑，时常想离开教师行业。	3.25	
	我对从事教师职业的工作要求、内容和责任非常清楚。	3.63	
职业 能力 适应	我能利用各种资源认真备课。	3.52	3.30
	我能很好地驾驭课堂，遇到学生捣乱，我总有办法制服他们。	3.31	
	当学生完成作业有困难时，我能根据他们的水平调整作业。	3.48	
	我能胜任班主任工作，并有效地处理学生的各种问题。	3.31	
	我觉得自己所学的知识技能与实际需要有点脱节。	2.86	
人际 关系 适应	我到一个新的环境后，需要很长时间才能和周围的人融洽相处。	3.45	3.54
	我觉得所在学校的人际关系比较复杂，因此时常感到无所适从。	3.54	
	我善于关注其他人对我行为的反馈，并积极调整自己的行为。	3.54	
	我能与不同背景、个性、价值观的教师协作共事。	3.57	
	我能很好地化解与同事之间的矛盾冲突。	3.61	
工作 环境 适应	所在学校的环境和条件不令人满意。	3.07	2.98
	收入难以满足理想生活的需要。	2.29	
	我不太适应学校所在地的气候、习俗、方言等。	3.49	
	即使受到不公平待遇，我也基本上能保持心情平静。	3.10	
	我觉得工作压力很大。	2.96	
总体适应性			3.29

从表3－1可以看出，师范毕业生的适应性总平均分为3.29分，按问卷评分标准，得分超过了3分，说明他们的适应性总体水平良好。其中，职业认知适应3.34分，职业能力适应3.30分，人际关系适应3.54分，工作环境适应2.98分，说明在职业认知、职业能力和人际关系维度上适应水平良好，而在工作环境维度上适应水平一般。这可能与湘西州中小学校办学条件较差有关。

　　从问卷中的 20 道题项来看，得分少于 3 分的有 4 道。"我认为教师的社会地位不高"为 2.71 分，说明被调查师范毕业生倾向于认为，目前在我国教师职业并没有得到足够的重视。"我觉得自己所学的知识技能与实际需要有点脱节"得 2.86 分，说明被试通过教育实践，发现自己在大学里所学的东西跟不上现今中小学教育的步伐。"收入难以满足理想生活的需要"这一项得分最低，为 2.29 分，说明被试普遍对自己的工资待遇不太满意。"我觉得工作压力很大"得 2.96 分，略低于 3 分，说明作为新手教师的师范毕业生由于业务的不熟练，人际关系的变化和工作环境的陌生等因素，其适应还需要一定的时间，在这个适应过程中感觉到有压力是必然的。在 20 道题项中得分最高的是"我觉得教师工作没什么实际意义和价值"，为 3.87 分，说明尽管师范毕业生普遍认为中小学教师的社会地位并不高，但这个职业本身还是很有价值和意义的。从中也可以看出，作为新手教师的师范毕业生对教师职业的认同感较高并倾向于理想化。

　　2）师范毕业生入职适应性状况的比较分析

　　第一，性别差异比较。在 191 份师范毕业生有效问卷中，有 64 名男性、127 名女性，对他们的入职适应性进行了对比分析，结果如表 3-2 所示。

表 3-2　师范毕业生适应性状况的性别差异

内容 性别	职业认知适应	职业能力适应	人际关系适应	工作环境适应	总体适应性
男（N=64）	3.13	3.37	3.57	2.88	3.24
女（N=127）	3.44	3.26	3.53	3.03	3.32
t 值	-2.747	1.151	0.489	-1.582	-1.116
Sig.	0.007**	0.251	0.625	0.115	0.266

　　注：$^*P<0.05$，$^{**}P<0.01$，$^{***}P<0.001$（下同）。

　　从表 3-2 可以看出，师范毕业生的适应性存在一定的性别差异，表现为：在职业认知适应维度上，女生得分（3.44 分）高于男生（3.13 分），相差 0.31 分，经独立样本 t 检验，$P<0.01$，存在显著差异。说明女生比男生更加认可自己所从事的教师职业。在总体适应性、职业能力、人际关系和工作环境适应方面不存在显著的性别差异。

　　第二，民族差异比较。湘西州是少数民族聚居区，在 191 份师范毕业生的有效问卷中就有 119 名少数民族，对不同民族师范毕业生的适应性问卷进行了统计分析，结果显示（见表 3-3），在三个主体民族中，土家族师范毕业生的总体适应性得分（3.34分）略高于汉族（3.29分）和苗族（3.25分）；在职业认知适应维度上，汉族得分最高（3.39分），苗族得分最少（3.26分）；在职业能力适应维度上，苗族得分最高（3.36分），汉族得分最低（3.25分）；在人际关系适应维度上，土家族得分最高（3.66分），苗族得分最低（3.48分）；在工作环境适应维度上，土家族得分最高（3.05分），苗族得分（2.88分）最低且低于3分。但通过单因素方差分析发现，湘西州师范毕业生的适应性不存在显著性的民族差异。

表3-3 师范毕业生适应性状况的民族差异

内容 民族	职业认知适应	职业能力适应	人际关系适应	工作环境适应	总体适应性
汉族（N=72）	3.39	3.25	3.49	3.03	3.29
苗族（N=66）	3.26	3.36	3.48	2.88	3.25
土家族（N=50）	3.37	3.28	3.66	3.05	3.34
其他（N=3）	3.07	3.33	4.07	3.13	3.40
F值	0.459	0.401	1.695	1.009	0.454
Sig.	0.711	0.752	0.170	0.390	0.715

第三，生源地差异比较。在191份师范毕业生的有效问卷中，有130人是湘西州内人、61人的生源地在湘西州外（他们是以特岗教师身份来到湘西州任教的）。通过比较分析（见表3-4）发现，湘西州师范生适应性在生源地因素上不存在显著性差异，这与民族差异比较的结果相一致。61名生源地在湘西州外的师范毕业生均为汉族，湘西州内的师范生除了11名汉族，其余均为少数民族，他们的适应性在民族因素上差异不显著，在生源地因素上同样不存在显著差异。

表3-4 师范毕业生适应性状况的生源地差异

内容 生源地	职业认知适应	职业能力适应	人际关系适应	工作环境适应	总体适应性
湘西州内（N=130）	3.35	3.31	3.57	2.99	3.30
湘西州外（N=61）	3.31	3.27	3.49	2.97	3.26
t值	0.333	0.420	0.819	0.232	0.641
Sig.	0.740	0.675	0.414	0.816	0.522

第四，民族语言差异比较。在接受调查的191名师范生中，会讲民族语言

（苗语和土家语）的有 47 名，不会讲民族语言的有 144 名。独立样本 t 检验的结果（见表 3 - 5）显示，会讲名族语言和不会讲民族语言的师范生在适应性上不存在显著差异。

表 3 - 5　师范毕业生适应性状况的民族语言差异

民族语言 ＼ 内容	职业认知适应	职业能力适应	人际关系适应	工作环境适应	总体适应性
会（N = 47）	3.15	3.32	3.49	2.93	3.22
不会（N = 144）	3.39	3.29	3.56	3.00	3.31
t 值	- 1.895	0.345	- 0.727	- 0.651	- 1.146
Sig.	0.060	0.730	0.468	0.516	0.253

第五，学历差异比较。被调查的 191 名师范毕业生接受过不同程度的教育，其中中专 6 人、大专 94 人、本科及以上 91 人，统计分析结果如表 3 - 6 所示。

表 3 - 6　师范毕业生适应性状况的学历差异

学历 ＼ 内容	职业认知适应	职业能力适应	人际关系适应	工作环境适应	总体适应性
中专（N = 6）	3.60	2.90	3.60	2.93	3.26
大专（N = 94）	3.31	3.26	3.41	2.93	3.23
本科及以上（N = 91）	3.34	3.36	3.68	3.04	3.36
F 值	0.393	2.022	4.751	0.893	1.974
Sig.	0.676	0.135	0.010 *	0.411	0.142

对不同教育程度师范毕业生的适应性进行单因素方差分析发现，其水平仅在人际关系适应维度上存在差异，总体适应性和适应性的其他三个维度上不存在显著差异。LSD 多重比较显示，人际关系适应维度上的差异主要表现在大专层次和本科及以上层次的师范毕业生之间：本科及以上层次的师范毕业生在人际关系适应上的得分（3.68 分）高于大专生（3.41 分）。说明了受教育程度越高，社会适应能力越强。中专层次的师范生，一方面可能是因为取样太少（只有 6 名），另一方面可能是因为，教师是经过严格的选拔而上岗的，他们之所以能从事教师职业，说明他们本身的素质还不错，所以在适应性方面与大专生、本科及以上师范生没有显著差异。

第六，任教学校类型差异比较。对于学校类型本文有两种划分，一是按学校的层次划分为小学和中学，一是按学校所在地划分为农村和城镇学校。被调查的师范生在不同类型学校的适应性状况如表 3 - 7 和表 3 - 8 所示。

表 3 - 7　师范毕业生适应性状况的任教学校类型（一）差异

内容／学校类型	职业认知适应	职业能力适应	人际关系适应	工作环境适应	总体适应性
小学（N = 65）	3.61	3.33	3.76	3.07	3.44
中学（N = 126）	3.19	3.28	3.43	2.93	3.21
t 值	3.682	0.478	3.615	1.499	3.462
Sig.	0.000 ***	0.633	0.000 ***	0.136	0.001 **

从表 3 - 7 可以看出，担任小学教师的师范毕业生，无论在总体适应性水平上还是在适应性的四个维度上的得分，都要高于在中学任教的。独立样本 t 检验的结果显示，在总体适应性上存在显著差异，在职业认知和人际关系适应维度上存在非常显著的差异。说明在小学任教的师范毕业生比在中学任教的师范毕业生适应性好，他们对于教师职业的认可度更高一些，在人际关系适应上更轻松。这可能与小学的教育教学任务相对轻，压力相对小一点有关。同时，由于小学没有升学的竞争，教师与教师之间的利益冲突相对较少，人际关系相对单纯，所以在小学任教的师范毕业生比在中学任教的师范毕业生在人际关系适应上得分高。

表 3 - 8　师范毕业生适应性状况的任教学校类型（二）差异

内容／学校类型	职业认知适应	职业能力适应	人际关系适应	工作环境适应	总体适应性
农村（N = 101）	3.36	3.27	3.59	3.00	3.31
城镇（N = 90）	3.30	3.33	3.48	2.96	3.27
t 值	0.561	- 0.686	1.266	0.522	0.606
Sig.	0.576	0.493	0.207	0.602	0.545

表 3 - 8 说明，在农村中小学任教的师范毕业生和在城镇中小学任教的师范毕业生，其适应性水平不存在显著性差异。

第七，任教科目差异比较。在被调查的 191 份师范毕业生的有效问卷中，他们任教的学科囊括了中小学开设的所有课程。为了分析方便，笔者把除了语文、数学和英语之外的所有学科通称为其他科目，包括音体美、理化生、历史、地理、社会、思品、计算机等。对任教不同科目的师范毕业生的适应性进行了比较分析，结果如表3-9所示。

表3-9 师范毕业生适应性状况的任教科目差异

内容 任教科目	职业认知适应	职业能力适应	人际关系适应	工作环境适应	总体适应性
语文（N=82）	3.37	3.21	3.42	2.98	3.24
数学（N=32）	3.31	3.41	3.74	2.97	3.36
英语（N=39）	3.14	3.18	3.49	3.06	3.22
其他（N=38）	3.47	3.51	3.69	2.92	3.40
F值	1.366	2.939	3.247	0.373	1.574
Sig.	0.254	0.035*	0.023*	0.773	0.197

方差分析结果显示，被调查的师范毕业生在职业能力适应和人际关系适应维度上存在显著差异，在总体适应性、职业认知适应和工作环境适应上没有显著差异。通过LSD多重比较发现，在职业能力适应维度上的显著差异主要表现在教语文跟教其他学科和教英语跟教其他学科之间。在人际关系适应上的显著差异主要表现在教语文跟教数学和教语文跟教其他学科之间。结果说明了，在中小学校，任教其他学科的师范毕业生比任教语言类科目的师范毕业生在职业能力和人际关系上的适应性要好，可能是因为其他科目在中小学里都属于"副科"，要求不高，压力不大的缘故，也可能他们更多的是一种消极适应。教英语的师范毕业生在职业能力适应性上相对较差，可能与英语不是我们的母语这个因素有关。教数学的师范毕业生比教语文的师范毕业生在人际关系上的适应性要好，可能是与语文的教学任务相对较重较杂，难度相对较大有关。

第八，毕业学校差异比较。调查中我也给一些在大学未接受过师范教育的新任教师发放了问卷，结果如表3-10所示。

表3-10 师范毕业生与非师范毕业生的适应性差异

内容 毕业学校	职业认知适应	职业能力适应	人际关系适应	工作环境适应	总体适应性
师范（N=191）	3.34	3.30	3.54	2.98	3.29
非师范（N=28）	3.51	3.33	3.75	3.16	3.44
t值	-1.141	-0.262	-1.688	-1.420	-1.657
Sig.	0.255	0.794	0.093	0.157	0.099

表3-10显示，师范毕业生与非师范毕业生的适应性不存在显著性差异。

但非师范毕业生无论是在总体适应性水平上，还是在四个维度上的得分都要略高于师范毕业生。究其原因，其一，可能是由于就业形势紧张，在湘西州非师范毕业生的就业选择面更窄，能当一名教师已经是比较好的出路了；其二，可能是因为这些非师范生在高考时不喜欢教师职业，所以读了非师范专业，大学毕业以后慢慢又喜欢当教师；其三，可能是因为，教师的聘任是要经过教育部门严格考试和选拔的，这些非师范毕业生能进入教师行列，说明其本身素质就不错，而且在上岗之前他们通常都要经过一定的培训并取得教师资格。但接受访谈的学校领导和老教师一致认为，师范毕业生比非师范毕业生的总体素质要高、能力要强，师范毕业生进入教师角色要快一些。

第九，教龄差异比较。教师专业发展阶段理论普遍认为，新手教师要成为合格教师有一个过程，需要一定的时间（通常认为是 1～3 年），他们的各种素质和职业能力是随着教龄的增长而不断提高的。笔者在调查中随机给教龄在 3 年以上的教师发放了问卷，以期通过比较来验证教师专业发展理论。调查结果如表 3－11 所示。

表 3－11　师范毕业生与老教师的适应性差异

内容 教龄	职业认知适应	职业能力适应	人际关系适应	工作环境适应	总体适应性
3 年以内（N = 191）	3.34	3.30	3.54	2.98	3.29
3 年以上（N = 403）	3.16	3.81	3.79	2.97	3.43
t 值	2.684	− 9.211	− 4.523	0.237	− 3.511
Sig.	0.007 **	0.000 ***	0.000 ***	0.813	0.000 ***

表 3－11 显示，在总体适应性上教龄未满 3 年的师范毕业生得 3.29 分，教龄在 3 年以上的老教师得 3.43 分，相差 0.14 分，统计检验结果为差异非常显著；在职业能力适应方面师范毕业生得 3.30 分，教龄在 3 年以上的老教师得 3.81 分，相差 0.51 分，统计检验结果为差异非常显著；在人际关系适应上师范毕业生得 3.54 分，教龄在 3 年以上的老教师得 3.79 分，相差 0.25 分，统计检验结果为差异非常显著。这个结果验证了相关的教师专业发展理论，也与笔者的预想相一致。说明了师范毕业生从学生向教师角色转变有一个过程，其适应性水平是逐渐提高的，尤其是在职业能力和人际关系方面表现明显。通过与几个学校领导的访谈也进一步证实了这个结果。访谈中，当问到"近三年来毕业的师范生在适应期通常存在哪些问题"时，校长们普遍认为，师范生在大学所学与我国当前的基础教育改革有点脱节，在为人处世方面有些不

成熟。

从表 3 - 11 也可以看出，在职业认知适应方面，作为新任教师的师范毕业生得分（3.34 分）比老教师的得分（3.16 分）高，相差 0.18 分，统计检验结果为差异显著，说明初为人师的师范毕业生比老教师的职业认同感高。但深入分析，这个结果可能是因为作为新任教师的师范毕业生对教师职业的认识趋于理想化，工作激情相对要高一点，而老教师对于教师职业的认识则比较现实，在多年的教育教学实践中激情减退并逐渐产生职业倦怠的缘故。

3）师范毕业生的入职适应性问题

从调查问卷的统计结果来看，师范毕业生的适应性总体状况良好，但综合191 份调查问卷以及对 10 名师范毕业生、7 名老教师和 9 位学校领导的深度访谈结果，笔者认为初为人师的师范毕业生还存在一些适应性问题，概括起来，主要有以下几个方面：

第一，职业信念不够坚定，缺乏工作热情。对于问卷中"如果可以重新选择，您是否还会选择当教师？"这个问题的回答中，只有 48.6% 的被调查对象选择"会"，51.4% 的对象选择了"不会"或者"不好说"。对于选择当教师的原因，只有 3.7% 的被调查对象是因为喜欢教师职业，32.5% 的被调查对象是"希望能为社会做点贡献"，27.7% 是因为教师职业比较稳定比较清闲，27.8% 的被调查对象是因为"找不到其他合适的工作"以及"父母做的选择"而从教的还有 8.3% 的被调查对象是因为其他各种原因。访谈中问"您热爱教师这个职业吗？如果有更好的工作您会选择离开吗？"时，接受访谈的 10 名师范毕业生中有 3 人回答"比较热爱"，6 人回答"一般"，还有 1 人回答"不热爱"。对于"如果有更好的工作您会选择离开吗？"这个问题，10 人全部回答"会离开"或"会考虑"。接受访谈的师范毕业生中有 5 名是在农村小学任教的，他们都表示没有长期在乡下从教的想法，认为"年轻时很乐意在乡下锻炼几年，但不想一辈子窝在这里"，"条件成熟时还是会离开的"。

接受访谈的 7 名老教师对近三年毕业的师范生的教学态度总体上给予了肯定，但还是普遍认为少部分师范生"教学态度懒散""工作主动性不高""对学生不太关心"。接受访谈的 9 个学校领导对于最近几年毕业的师范生满意度都不是很高。他们中有 5 人认为近几年从教的师范生"缺乏工作热情和积极性，缺少吃苦耐劳的精神，一部分新老师甚至拒绝当班主任"。一位农村中学的校长是这样评价他们学校新任教师的："就我们学校近 3 年分配来的新老师来看，大约 60% 的年轻老师教学态度好，积极上进，认真钻研业务，教学能力较强，教学效果较好；30%的教师随大溜，隐约透露职业倦怠情绪，课堂驾驭能力欠佳；约10%的教师没有热情和积极性。大部分新教师比较急躁，他们想在短期内看到工作成效，胆子大，目标高，浮躁且不能吃苦。"

这些都说明了被调查的师范毕业生职业信念并不坚定，工作积极性不高，缺乏吃苦精神，真正喜欢教师职业的非常少，一旦有更好的职业他们中的绝大多数会毫不犹豫地选择离开。

第二，理论知识与教育实际脱节，教育教学经验不足。师范毕业生在教师职业适应期的又一个问题是教育教学经验缺乏，所学知识有点跟不上我国目前的基础教育改革的步伐。问卷调查中，191名调查对象在"我觉得自己所学的知识技能与实际需要有点脱节"这一题项上的得分偏低，只有2.86分，并且有57.6%的调查对象希望任教学校能在"教学技能和班主任工作"方面给予一定的帮助和指导。在接受访谈的10名师范毕业生中，有7人认为教学中不能很好地把握重点和难点，5人认为对于偶发事件的处理存在一定困难。而对于"师范院校开设教育理论课程的看法"，接受访谈的师范毕业生回答非常一致，他们认为，师范院校开设教育理论课程很有必要，但理论性太强，缺乏可操作性，很多知识感觉在实践中好像用不上。跟教龄在3年以上的老教师相比，在职业能力适应维度上的得分明显偏低，存在非常显著的差异。在接受访谈的9个学校领导中，有3人认为，新教师的课堂驾驭能力有些欠缺，他们基础知识比较扎实，但教育理念有点过时，方法有些陈旧。接受访谈的7名老教师普遍认为师范毕业生存在的主要问题就是"教育教学经验不足"的问题，表现为："课堂组织有所欠缺，班级管理缺少经验""对学生的了解不够，要求过高""教学方法不灵活，盲目模仿老教师""在培养学生学习兴趣方面未能达到预期效果""对教材的知识点把握不够精准"等。一个有26年教龄的老教师这样评价她的"徒弟"："态度不错，很努力。在教学方法和对教材的把握方面有点问题……年轻嘛，在教学的组织上肯定会存在不足，这需要时间来磨砺……"

第三，缺乏社会阅历，为人处世态度稚嫩。尽管问卷调查中，师范毕业生在人际关系适应上情况良好，在这个维度上的得分比其他各项的得分都要高，但与教龄长的老教师相比存在着非常显著的差异。通过访谈，我也发现他们在为人处世方面还是有些稚嫩，缺乏经验。访谈中，对于"您觉得自己在从学生向教师角色转变的过程中存在哪些困难和问题"的回答，接受访问的10名师范生中有4人觉得"不知道怎样处理与学生的关系"，有3人觉得"不知道如何跟学生交朋友"。对于"您能与同事有效地合作吗?"的回答，只有3人持肯定态度，其余的回答"一般"。对于师范生的为人处世态度，接受访谈的9位学校领导有5人是这样评价的："大部分新老师有点清高，自以为是，不善于跟老教师沟通""不善于当班主任，处理学生问题方法简单""与学生交流易于情绪化，不善对待学生的个别差异，未能对学生进行因材施教"。接受访谈的7名老教师对于师范生的人际关系方面评价较高，认为他们大多"比较谦虚"，只有1名老教师认为他们"缺乏耐心，不太善于处理与学生的关系"。

第四，环境适应困难，工作压力较大。调查显示，在职业适应的四个维度上，师范毕业生的工作环境适应得分最低（2.98分），且少于3分。在调查问卷的20道题项中，工作环境适应有2道题项得分少于3分，一为"工资收入"（2.29分），二为"工作压力"（2.96分）。说明被调查的师范生在工作环境适应上存在一定的困难，对工资待遇的满意度较低，工作压力较大。访谈结果也进一步说明了这个问题："工资太低，根本不够用""住宿条件太差了""学校条条框框太多，刚来时真有点不适应""教学任务太重，时常手忙脚乱，刚开始时压力挺大的"……

值得一提的是，在调查访谈期间，我还另外走访了一所村小。这是一所苗族聚居区的小学，全校只有6个老师、159个学生。有1个幼儿班、1~5年级各1个班，没有6年级。学生来源只有3个自然村，6个教师全部是笔者任教学校（吉首大学师范学院）的毕业生，其中的5个是刚刚毕业不久的。他们觉得最大的问题就是教学设备极缺、校园环境太差。其中一位老师这样说道："你们也看到了，学校到处都破破烂烂的。也没有老师的住处，我们几个人不是住在家里，就是在几里远的镇上租房子住……；教学用具实在太欠缺了；学生基础也很差，太难教；我们都是一人负责一个班，什么都要教，……这些我们倒是还能应对，我们最担心的就是村民来闹事。有那么几个十四五岁的少年，他们时常趁我们不在校的时间来学校搞破坏，值点钱的东西就拿走了，教室的门窗、课桌椅经常被他们砸得稀烂，电脑控制的铃也被他们弄坏了……我们唯一感到欣慰的就是学生比较听话、比较乖……"

（三）师范毕业生入职适应性的影响因素

师范毕业生适应性水平的高低受很多因素的影响，概括起来有个人因素和环境因素两大类。伯克等人（Burke et al., 1987）研究指出，个人需求和目标、被认可和各种支持性组织的重要性、社会期望、校长的支持程度、学校的学术氛围和人际关系等都会对职初期教师产生较大的影响。[1] 基于以上的现状调查，笔者认为个人因素主要包括师范生的职业认同感、从教意愿、技能准备、所受教育程度等，环境因素主要有就读高等院校（本文主要指师范院校）和任教中小学校的影响。

1. 个人因素

第一，职业认同感和从教意愿的影响。职业认同是指一个人对某种职业及其价值的认可和赞同，并乐意从事这种职业的心理状态。教师职业认同是指教师或师范生对教师职业及其价值的认可和赞同，并在从事教师职业过程中产生乐趣的心理状态。目前，在对教师职业认同的研究中普遍认为职业认同由不同的心理成分组成。有人认为，职业认同包括职业动机、职业观念、职业价值和职业情感等；[2] 有人认为，职业认同包括职业认识、职业情感、职业意志、职业技能、职业期望和职业价值观等；[3] 有人认为，师范生职业认同由职业意愿与期望、职业意志、职业价值和职业效能等因素构成；[4] 还有人认为，职业认同包括职业认知、职业情感和职业价值等因素。[5] 综合这些研究者的观点，笔者认为，教师职业认同主要由职业信念、职业情感、职业价值和职业行为倾向等构成。

道格拉斯·霍尔（Douglas T. Hall）和阿什福斯（Ashforth）等研究指出，职业认同与个人的适应性密切相关：个人的职业认同感在很大程度上决定其面对机遇和挑战时的反应，以及在多变的职业环境中是否善于利用机会；一般来说，职业认同感越高，个人对自我和环境的认识就越清楚，他们在面临不确定性的时候，会更加积极地调整自己的情绪和行为，避免不切实际的幻想和怀疑。[6] 这一结论给我们的启示是，师范毕业生的教师职业认同感是其从事教师职业的心理基础，他们的适应性水平在很大程度上受其职业认同感的影响。职业认同感高的师范毕业生通常认为教师职业是有意义的，他们往往会比较热

❶ ［美］费斯勒，克里斯坦森. 教师职业生涯周期：教师专业发展指导［M］. 董丽敏，高耀明，译. 北京：中国轻工业出版社，2005：66 – 71.

❷ 刘富喜. 教师职业认同的指向和态势［J］. 教师教育研究，2007（9）：64 – 65.

❸ 宋广文，魏淑华. 影响教师职业认同的相关因素分析［J］. 心理发展与教育，2006（1）：80 – 86.

❹ 王鑫强，等. 师范生职业认同感量表的初步编制［J］. 西南大学学报：社会科学版，2010，36（5）：152 – 157.

❺ 孙利，佐斌. 中小学教师职业认同的结构与测量［J］. 教育研究与实验，2010（5）：80 – 84.

❻ 参见高艳，等. 基于适应性的就业能力研究及启示［J］. 山西大学学报：哲学社会科学版，2010，33（3）：70 – 74.

情、主动、积极地投入教育教学活动中，所以这部分师范毕业生的适应性水平比较高。相反，职业认同感低的师范毕业生认为教师职业没什么实际价值，他们通常是被动地适应教师职业的需要，在工作中缺乏主动性和创新意识，所以这部分师范毕业生的适应性水平不高。在本书中，职业认知既是入职适应性的重要内容，也是职业认同的重要组成部分。所以职业认同感高的师范毕业生在职业认知适应性方面也表现出较高的水平。

师范毕业生的适应性水平也与其自身的从教意愿有密切关系。研究表明，教师素质的高低与其是否适合和喜欢从事教师职业有直接的关系。● 喜欢教师职业，出于自己的意愿而选择教师职业的师范毕业生，其适应性水平一般较高。这部分师范生往往不太在乎福利和待遇，只要能保证基本的生活需要就行，对于工作环境他们也不会太挑剔，他们更多地关注教师职业带来的精神慰藉和满足。相反，对教师职业不感兴趣，出于生存和父母的压力而选择当教师，或者是因为没有找到合适的工作而暂时当教师的师范毕业生，往往对工作环境很挑剔，总是抱怨教师工资太低，他们随时等待着"跳槽"，所以这部分师范毕业生适应性较差。由于本身不认可教师职业，所以职业认知适应差；由于对工作缺乏热情，不积极，不主动，所以职业技能适应差；由于对环境太挑剔，工作得过且过，他们的职业环境适应和人际关系适应性水平也不会高。

现状调查显示，在总体适应性上虽然不存在显著性的性别差异，但女生的得分略高于男生。而在职业认知适应维度上，女生高于男生且存在显著差异。说明女生比男生的职业认知适应性好。调查中我们也发现，中小学教师的男女比例失衡。调查是随机进行的，在接受调查的 191 名师范毕业生（新任教师）中，男性只有 64 名，女性有 127 名，女性差不多是男性的 2 倍。而在这 191 名师范毕业生中，42.2% 的男性选择当教师不是自愿的，而是因为"找不到其他合适的工作"或"父母为我做的选择"；女性因为这个原因选择当教师的只有 22.0%。中小学教师中男女比例的失衡，以及男性选择当教师的低"自愿性"，说明了女性比男性的教师职业认同感高。受传统职业定向观的影响，女性普遍认为教师职业相对稳定、相对单纯，是最适合自己的职业之一。由于认可教师职业，所以工作更积极主动。而男性则普遍认为当"孩子王"没出息，教学工作缺乏冒险性和挑战性，尤其是当小学教师更是没有出息的表现，所以

● 程巍，等. 高等师范教育专业学生的中小学教师职业认同现状调查 [J]. 教师教育研究，2008，20（5）：45 – 48.

他们容易消极应对，一旦有机会就会离开教师行业。

第二，技能准备、学历和知识结构的影响。从事教师职业不但需要职业的意愿和热情，更需要有职业的技能和能力。有了合格的教师技能，然后才能谈是否适应的问题。所以说，教师技能是从事教师职业必备的基本条件。教师技能的高低首先取决于职前的技能准备。研究中，我对 7 名老教师和 9 名中小学领导进行访谈时，问及不同层次的师范毕业生的适应性问题。他们普遍认为，五年制的师范毕业生比其他层次的师范毕业生教师素质更好，知识更扎实，能力更强，他们通常能更快地进入教师角色。用领导的话说就是"五年制的师范毕业生好'用'一些"。究其原因，就是职业准备的问题了。五年制的师范毕业生之所以教师素质更高，一方面是因为接受教师技能训练的时间长，教学技能和能力准备得更充分；另一方面是因为这些学生是属于定向培养的，他们在进入师范院校以前就与本县教育局签订了从教合同，他们当教师的目的是很明确的，所以在师范院校学习时往往更注重自己教师技能的培养。而其他层次的师范毕业生在师范院校学习时并不确定自己最终能不能从教，所以在教师技能训练中容易"偷懒"。

如前问卷调查显示：接受不同层次教育的师范毕业生在适应性方面存在一定差异，表现为本科及本科以上层次师范毕业生的人际关系适应性比大专生要好。究其原因，是因为本科及本科以上的师范毕业生接受大学教育的时间长，经历得多，思想就越成熟，相对而言，大专生接受大学教育的时间短，经历得少，思想就稚嫩一些。所以在为人处世、待人接物等人际关系适应方面，大专和本科及以上层次的师范毕业生存在一定的差异。

问卷调查结果也显示：在职业能力方面，教语文和教英语的师范毕业生没有教其他学科的师范毕业生适应性好；在人际关系方面，教数学的师范毕业生比教语文的师范毕业生的适应性好。这个结果说明：师范毕业生所学的专业或任教的学科影响其职业适应性。语文是中小学最重要的科目之一，而且在中小学里的语文教师相对来说任务也要繁重一些，因为至少多了批改作文这一项任务，甚至在有些学校班主任通常也是先从语文老师中间挑选。由于领导重视，要求高，任务重，所以教语文的师范毕业生压力大，比起音体美等其他"副科"所需要的适应时间肯定也就长些。同理，英语在中小学里也是非常重要的学科之一，要求高，压力大，加上英语本身不是自己的母语，教学难度也相对大。所以比起"副科"所需的适应时间也肯定要长些。另外，任教其他学科的师范毕业生比教语文和英语的师范毕业生的职业能力适应性好，可能是因为其他科目在中小学里都属于"副科"，要求不高，压力不大，任教这些科目的师范毕业生也许更多的是一种消极适应的缘故。教数学的师范毕业生比教语文的师范毕业生的人际关系适应性好，一方面可能是因为中小学里教语文要比教数学任务繁重；另一方面可能是因为数学专业的师范毕业生比较理性，在待人接物方面往往比较冷静，因而不易得罪人，而语文专业的师范毕业生比较感性，在与人交往和沟通方面，可能容易冲动，因而容易得罪人。

第三，教龄的影响。研究中，我用随机抽样的方式给一部分教龄在3年以上的老教师发放了调查问卷，并同教龄在1~3年的师范毕业生进行了比较。结果发现，教龄在3年以上的老教师在总体适应性、职业能力和人际关系适应上的得分显著或非常显著地高于教龄在1~3年的师范毕业生。这说明从教时间对师范毕业生的职业适应性影响较大，尤其是职业能力和人际关系适应性，会随着教龄的增加而不断提高。比如备课、处理教材、把握教学内容的重点和难点的能力等。第一次接触某本教材肯定会花很多时间和精力，第二次再用同样的教材，由于有了原来的经验，备课就要熟练、轻松很多。比如驾驭课堂的能力，大多数刚上讲台的师范毕业生往往会顾此失彼，内容安排得要么太多要么太少，师生互动比较生硬，碰上偶发事件会比较慌乱等，但随着经验的积累，这些顾此失彼的现象会逐渐减少，对于课堂的驾驭开始变得得心应手起来。再比如人际关系，刚从教的师范毕业生往往还带有很大的学生气息，由于社会阅历少，他们处理一些问题可能会比较感性化，一时半会儿恐怕难以融入老教师们的生活圈子中，甚至有时可能还显得有点"格格不入"。但时间长了，他们的"孩子气"慢慢减退，社会阅历也逐渐增加，在处理一些人情世故方面也就开始老练起来，开始融入到新的环境中，这样，人际关系适应性水平就逐渐得到提高。教龄对于师范毕业生入职适应性的影响，很好地验证了有关的教师专业发展阶段理论，说明了教师的成长是有一个过程的，从师范生向教师角色的转变需要一定的时间。

2. 环境因素

从师范院校的影响来看，师范毕业生能否迅速完成向教师角色的转变与其自身的职业认同、从教意愿、技能准备等个人因素有着密切的关系，但这些个人因素的状况如何在很大程度上取决于职前的教师教育，这主要是师范院校的教育影响。可以说，师范院校对师范生施加的教育影响是其未来发展的基础。无论是教师职业观的树立、教师角色的形成、教师职业道德的培养，还是教师基本技能的训练和教学知识的掌握等，都离不开师范院校的教育影响，这种影响是师范生步入教师行业的门槛和第一步。首先，师范院校通过影响师范生的职业认同和从教意愿而影响其入职适应性。如果师范院校从师范生一入学就有目的、有计划地对其进行教师职业信念、教师职业理想、职业道德教育，那么随着师范生对教师职业的深刻理解和认识，其教师角色意识就会逐渐形成，对教师职业的认同感就会不断提高。即便是那些进校时并不是出于自愿而读师范的学生也可能在这种教育氛围里面受到感染而改变初衷。所以，受过专门的、系统的"师范"教育的师范毕业生，入职后的适应性水平一般来说就要好一些。相反，如果师范院校忽略了对师范生进行职业信念方面的教育，在他们入学以后就听之任之，不加强引导，那么即便是那些原来喜欢教师职业的学生也可能不再愿意从教，其结果可想而知，他们入职后的适应性水平肯定相对要低一些。其次，师范院校通过影响师范生的技能准备状况而影响其入职适应性。具体说来，师范院校的课程体系决定着师范生的专业结构，课程设置是否与中小学对接，决定着师范生入职后能不能尽快适应基础教育改革的需要；师范院校是否重视教师基本功的训练，是否重视教育见习和实习工作，是否重视毕业论文的撰写工作决定着师范生的教师基本技能和素养；师范院校是否注重师范性与专业性的结合，决定着师范生入职后的可持续发展的能力，等等。如果回答是肯定的，那么接受了几年师范教育的学生在教师技能准备方面一般是比较充分的，这样，他们入职后的适应性就会较高。相反，其适应性相对就低。调查显示，师范毕业生总体适应性良好，但普遍存在着"所学知识与教育实践脱节"的适应性问题，这就说明了我国目前的师范院校的教育总体上是到位的，但在与中小学的沟通和联系上还需进一步加强。

从任教中小学校的影响来看，师范院校对师范生的影响主要在于职前，任教中小学校对师范生的影响则主要在于职后。师范生在职前对教师职业的理解往往趋于理想化，职前的教育实践也往往带有一定的"虚拟性"。经过一段时间的实实在在的教师工作后，他们对其职业的理解才逐渐趋于现实，对自身的不足和欠缺也才有了清醒的认识。这时的他们非常需要任教学校的理解、支持和帮助。换言之，任教中小学校的管理状况和教学条件如何，影响着师范毕业生的教师角色转换，影响着他们的入职适应性和专业发展。首先，中小学校是否重视对新教师的入职培训，是否在职业适应性方面给予有针对性的指导和帮助，直接影响着师范毕业生的入职适应性。如果学校很重视对新教师的入职培训，并采取有效措施帮助新教师尽快适应教师工作，那么师范生向教师角色的转变就会快一些；反之，就会相对较慢。在调查过程中，笔者去了一所建校才

5 年的城市私立小学，给 8 位毕业不久的师范生发放了调查问卷，随后当场回收，结果发现他们的得分都相当高。于是我就专门找到这所小学的校长进行了面谈。通过访谈发现，原来这位女校长的管理理念比较开明，她不仅采取了一系列措施帮助新教师成长，如集体备课、校内外公开课、请专家做讲座等，还尽可能地给教师们提供各种外出学习和培训的机会。所以在这所小学工作的师范毕业生一般能尽快进入教师角色，他们中有的考上了带编的公办学校也放弃了，因为他们觉得自己在这里能更快地成长，还可以有更大的发展空间。这个案例很好地说明：学校重视对新教师的入职培训，重视对新教师的指导和帮助，能使师范毕业生更快地进入教师角色。同理，被调查的 191 名师范生之所以总体适应性良好，与任教学校的指导和帮助是分不开的。68.6% 的被调查对象反映自己任教的学校"重视对新教师的入职培训，并采取了积极的措施帮助新教师尽快适应工作"。56.0% 的被调查对象对任教学校"在职业适应方面给予的指导和帮助"感到满意或非常满意。其次，中小学校的文化和人际氛围对师范毕业生的适应性有较大的影响。如果学校的各种规章制度和要求比较合理，领导比较重视教师的心理健康和职业压力问题，并且经常组织业余活动以丰富教师的生活，师师之间、师生之间的人际关系比较融洽、和谐，那么在这类学校工作的师范生的角色转变也相对较快；否则就较慢。调查显示，有81.2% 的被调查对象反映自己任教学校的规章制度是比较合理的；67.0% 的被调查对象认为自己的工作能得到领导的理解和支持；56.0% 的被调查对象认为自己任教的学校比较重视教师的职业压力和心理健康问题。综合起来看，接受调查的师范毕业生对自己任教学校的管理现状是比较满意的，这也是其适应性良好的原因之一。比较分析发现，在小学任教的师范毕业生的适应性要好于在中学任教的，表现为：在总体适应性上存在显著差异，在职业认知和人际关系适应维度上存在非常显著的差异。笔者认为，这个结果与学校的文化和人际氛围有关。调查显示，在小学有 32.3% 的被调查对象认为自己任教的学校"经常组织活动以丰富教师的业余生活"，而在中学只有 23.0% 的被调查对象持这种看法，这说明小学比中学活动气息要浓一些。在对任教学校的规章制度的评价方面，中学有 24.6% 的被调查对象认为"有很多不合理的地方"，而小学只有 7.7% 的被调查对象持这种观点，这说明在小学任教的师范毕业生比在中学任教的师范毕业生对任教学校的制度文化满意度更高一点。同时，由于小学的教育教学内容难度不大，跟中学相比，整个工作相对要轻松一些，加上没有升学的压力和竞争，教师与教师之间的利益冲突也相对较少，人际关系相对就单纯些，所以在小学任教的比在中学任教的师范毕业生的职业认知和人际关系适应性好。第三，任教学校的环境、设施、教学条件等也直接影响着师范生的入职适应性。调查表明，在问卷的四个维度中，工作环境适应得分最低且不足3分，说明师范毕业生在环境适应方面不太好。尽管对问卷的比较分析结果显示，在农村和城镇中小学任教的师范毕业生并不存在显著性差异。但访谈结果显示，在农村工作的师范毕业生对学校环境的满意度要低一些，由于教学资源不足、设施欠缺，他们感到教学很受束缚。

总之，影响师范毕业生入职适应性的因素是多方面的，除了以上分析的因素之外，师范毕业生自身的兴趣爱好、自我发展意识等个性特点，教师的社会地位、工资待遇和社会生活环境等客观因素，也都对师范毕业生的适应性产生较大的影响。由于篇幅有限，在这里不作深入的分析。

（四）提高师范毕业生入职适应性的对策

基于教师专业发展阶段理论和教师教育一体化理论，根据对湘西州师范毕业生入职适应性现状调查的结果及影响因素分析，笔者认为，为了缩短从学生向教师角色转换的适应期，提高师范毕业生的适应性水平，使他们能尽快进入教师角色，需要各方面因素的共同努力。以下从师范院校、中小学校和师范生自身的角度提出努力方向和可能的措施。

1. 师范院校的举措

毋庸置疑，师范院校是培养教师的"摇篮"。然而，在我国新一轮基础教育课程改革背景下，目前的师范教育似乎有点跟不上课改的步伐，师范毕业生在工作初期出现了"理论与实践脱节"的问题。笔者导师郝文武教授经常强调教育理论与教育实践相结合的重要性，认为"理论与实践相结合既是理论的生命，也是实践的需要"，基础教育课程改革对教师教育改革提出了强烈要求，教师教育课程改革要适应、引领和促进基础教育课程改革。适应、引领和促进基础教育课程改革的教师教育课程改革必须加快课程理念的变革与课程教学内容、过程和方式的改革。为此，未来教师教育应解决的主要问题是：增加教育学课时安排；增加教育实习时间；变革教育理念，改革教学内容；理顺教育学课程结构和知识层次；更新教学手段，丰富教学形式；重视教师教育课程与教学的一体化；重视自学、自修；等等。❶ 根据郝老师的主张，结合自己的

---

❶ 郝文武. 教师专业发展与教师教育的开放性和专业化 [J]. 陕西师范大学学报：哲学社会科学版，2006，35（4）：112–116. 郝文武. 促进基础教育课程改革的教师教育课程改革 [J]. 当代教师教育，2008，1（1）：29–32.

认识，本着理论与实践相结合的理念，对于师范院校在提高师范生入职适应性的举措方面，本书着重强调以下四点。

（1）师范院校应遵循教师发展规律，优化教师教育课程结构。我国教育部在 2011 年颁发的《教育部关于大力推进教师教育课程改革的意见》（教师〔2011〕6 号）中明确提出，要"适应基础教育改革发展，遵循教师成长规律，科学设置师范教育类专业公共基础课程、学科专业课程和教师教育课程，学科理论与教育实践紧密结合，教育实践课程不少于一个学期。按照《教师教育课程标准（试行）》的学习领域、建议模块和学分要求，制订有针对性的幼儿园、小学和中学教师教育课程方案，保证新入职教师基本适应基础教育新课程的需要"❶。《教师教育课程标准（试行）》提出了三个领域的职前教师教育课程目标：教育信念与责任、教育知识与能力、教育实践与体验。每个领域的课程目标又分为一系列具体的目标和基本要求，并规定了教师教育课程（除公共基础课程、学科专业课程外的所有课程）最低学分占毕业最低总学分的比例。如：在小学职前教师教育课程中，三年制专科、五年制专科和四年制本科的最低学分占毕业最低总学分的比例分别不低于 45%、25% 和 50%。在中学职前教师教育课程中，三年制专科和四年制本科的最低学分占毕业最低总学分的比例分别不低于 25% 和 30%。从课程设置来看，《教师教育课程标准（试行）》建议开设的课程比原来的教师教育课程要丰富得多。原来的职前教师教育课程主要是教育学、心理学和各科教学教法这"老三科"。现在则增加了很多门类，如：教育哲学、课程设计与评价、有效教学、学校教育发展、班级管理、学校组织与管理、教育政策法规等。还有教师专业发展、中小学学科课程标准与教材研究、中小学学科教学设计、中小学综合实践活动等。新颁发的《教师教育课程标准（试行）》不仅增加了教师教育课程门类，还增加了课时比例，并特别强调了实践环节。笔者觉得，新的教师教育课程标准较过去的标准更科学，它遵循了教师专业发展规律，顺应了我国基础教育课程改革的潮流。如果各师范院校能够尽快地按照这个标准开设教师教育课程，那么师范毕业生在知识结构方面一定可以尽快适应教师角色。

（2）师范院校应加强大学与中小学的合作，对师范生实行"双导师制"。调查表明，"所学理论与中小学教育实践的脱节"是师范毕业生适应性的主要问题之一。那些还没有毕业的师范生在教育实习过程中同样面临着理论与实践

---

❶ 教育部. 关于大力推进教师教育课程改革的意见［EB/OL］.［2011－12－25］. http://www. moe. edu. cn/publicfiles/business/htmlfiles/moe/s3702/201110/125722. html.

脱节的问题。我任教学校每个学期都安排有学生到中小学校实习，笔者也几乎每个学期都去中小学校看望实习生。每每跟实习生座谈，都会有学生反映理论与实践脱节的问题。比如，有个实习生说道，自己非常用心地准备了一堂课，从备课、板书设计、教具的选用、教学环节的安排，到课堂提问、作业布置等都费了很多心思，上课时也充满了激情。下课后自我感觉良好，以为原任老师会给予较高的评价。没想到原任课老师听了课后没作任何评价，只建议他们听一下实习学校别班老师的课。听了他们老师的课后，实习生才发现，原来自己的教学理念已经过时了。自己在大学里所学的主要是传统的那套教学模式，整个课堂主要以教师为主。而现在中小学的教学提倡学生自主探究式的学习，整个课堂主要是以学生为主。这个案例很好地说明：为了使师范生更好地适应中小学教育实际，大学的教学特别是各科教法的教学绝对不能"闭门造车"，而应与中小学教学实际相结合，面向我国的基础教育改革。大学也应该主动与中小学校建立合作伙伴关系。合作的方式很多，"双导师制"可以说是比较简便易行且有效的一种。"双导师制"指高校或教育机构的教师与中小学幼儿园教师共同指导师范生的机制。一方面，高校或教育机构为每个师范生配备一个大学导师，负责对他们进行教育基本理论、教育技术和教育研究问题等方面的理论指导；另一方面，又从中小学校或幼儿园中挑选教育教学经验丰富和科研能力较强的教师担任导师，负责对师范生进行教育教学工作、班主任工作、少先队活动的组织以及教育教学改革等实践技能方面的辅导。这样，既加强了教师教育的理论性与实践性的结合，又加强了大学与中小学校幼儿园的合作，更有利于师范生知识结构的完善和教师技能与能力的增强，使师范生毕业后具有更强的职业适应性。

（3）师范院校应面向基础教育改革，加强师范生教研能力的培养。教研能力是教育教学研究能力的简称，指教师在一定教育教学情景中，综合运用自己的知识和经验，通过深入思考、积极探究的方式，创造性地解决教育教学问题的能力。教研能力是教师能力结构的重要组成部分，它主要包括对教育问题的认知能力、提出理论假设的能力、搜集和整理资料的能力、以及论文写作的能力等。在新课程理念下，教研能力已经成为教师专业发展的必然要求，成为教师专业成熟的主要标志之一。然而，我国传统的教师教育往往只重视教学能力的培养，而不重视教研能力培养。近年来，教师的教研能力虽然也开始受到关注，但这种关注也主要表现在职后阶段，职前教研能力的培养并没有受到足够的重视。这种倾向导致了师范毕业生入职适应期长，角色转化和专业发展缓慢，难以满足基础教育课程改革的需要。因此，加强师范生教研能力的培养是提高其适应性水平的重要策略之一。首先，要加强师范生教育科研意识的培养。教育科研意识培养的主要目的是激发师范生的问题意识，使师范生养成关心教育问题，思考教育问题并寻求解决教育问题方法的习惯。《教师教育课程标准（试行）》中已经对师范生的教研能力提出了明确的要求："在日常学习和实践过程中积累所学所思所想，形成问题意识和一定的解决问题能力。"❶因此，高师院校应加强师范生科研意识的培养，使师范生形成"教师即研究者"的理念。其次，要教给师范生初步的教育科研方法。《教师教育课程标准（试行）》对此也作出了明确规定："了解研究教育实践的一般方法，经历和体验制订计划、开展活动、完成报告、分享结果的过程。"❷教育科研方法很多，中小学常用的方法有：文献分析法、观察法、问卷调查法、访谈法、实验法和行动研究法等。对于这些基本的教育研究方法，师范生都应全面地掌握。就理论方面而言，师范生学习教育科研方法的途径有两条：一是在教育学课程中设有专门的一章，比较系统地介绍教育科研的有关知识；二是开设"教育研究方法"这一专门课程，全面地、具体地介绍教育科研的理论。然而，从目前的实施情况来看，这两种途径都不太乐观。在很多高师院校，教育学中虽然有教育科研这一章节，但并没有受到重视，很多老师以时间有限为由并没有讲授这一内容。有的学校虽然开了教育研究方法这门课程，但却让一些没有多少科研经验的老师去照本宣科，学习效果并不理想，致使师范生对教育科研还是一团雾水。这不能不引起我们的高度重视。最后，加强与中小学的联系，让师范生提前观摩和参与教学改革实验。目前，很多中小学校都已经形成了教育科研的氛围，师范院校可以创造条件和机会让师范生观摩或参与中小学的研究中去。比如，在湘西地区，一些中小学正在进行"导学"教改实验，我的一些学生在集中实习中有幸接触。这个教改实验是以山东"杜郎口"教学模式为蓝本的，其基本理念是提倡学生自主学习，把课堂还给学生，把时间还给学生，教师的主要任务是"导学"。在这个理念的指导下，课堂通常分为三个环节：预习—展示—反馈。我的一个同事在指导学生实习时颇有感慨。为了使更多的学生能够有机会观摩和接触"导学"实验，这个同事实习回校后便提出

---

❶　教师教育课程标准（试行）［EB/OL］.［2011－12－25］. http：//www. moe. edu. cn/public-files/business/htmlfiles/moe/s3702/201110/125722. html.

❷　教师教育课程标准（试行）［EB/OL］.［2011－12－25］. http：//www. moe. edu. cn/public-files/business/htmlfiles/moe/s3702/201110/125722. html.

了一个设想，并建议学校开设"教法实践课"，其出发点是，与更多的中小学建立合作关系，各科教法老师必须定期带学生到中小学去观摩，甚至参与教改实验，一改原来那种照本宣科、脱离中小学教学实际的做法。我个人非常认可这种想法，觉得是切实可行的。如果师范生在大学期间就有更多的机会接触各种教改实验，那么就可以大大缩短毕业后的入职适应期。第四，要重视师范生毕业论文的写作。毕业论文的撰写是全面提高师范生教育科研能力的有效途径。从论文的选题到资料的搜集、分析，从方案设计到具体研究，从研究方法的使用到论文框架的构建，从对具体教育问题和现象的观察到理论的提升等，对师范生都是一个个锻炼和提高的机会。然而，就我国的师范教育而言，教育科研似乎只是在研究生阶段才得到高度重视。本科层次和专科层次的师范生虽然也必须完成毕业论文的写作，可是效果并不乐观。很多情况下，师生都是应付了事，重形式不重质量。某些学校就存在这种情况。我们有三种层次的师范生，每种层次的学生都必须撰写毕业论文，具体规定：本科的毕业论文必须由副教授以上教师或具有硕士学位的讲师指导，三年制和五年制专科的毕业论文必须由讲师以上的教师指导。每个教师所指导的学生，专科生不超过 8 人，本科生不超过 4 人。可是，这些规定往往得不到很好的落实。多数副教授职称以上的教师一心扑在自己的研究上，以没有时间为由拒绝指导学生论文。所以学生的论文多数是由讲师甚至是由对科研还没入门的助教来指导。甚至一个教师指导一个班学生论文的情况也出现过。致使毕业论文仅仅是走过场，学生们往往是从网上下载，稍微变动，然后署上自己的名字就可以了。指导老师只要督促学生按时上交论文便算是完成了任务。最终导致我们的学生毕业后需要相当长时间的摸索，才能适应中小学对教师的教育科研要求。

（4）师范院校应落实教育实践环节，大力推行"顶岗实习"。顶岗实习是师范院校教育实习改革的新举措，体现了教师教育职前职后一体化的理念，得到了国家教育部的大力支持，是教育理论与实践相结合的重要途径。《教育部关于大力推进教师教育课程改革的意见》中明确提出，要强化教育实践环节，师范生到中小学和幼儿园的教育实践的时间不少于一个学期，鼓励师范生到农村中小学顶岗实习支教。目前，我国很多高师院校都在推行这种教育实习模式，如河北师范大学、沈阳师范大学等。我任教的学校近些年也一直在尝试师范生的顶岗实习工作。我们的基本做法是，规定定向培养的五年制专科学生，最后一个学期必须参加顶岗实习，顶岗实习学校由我校和各县教育局共同协商确定，学生在顶岗实习期间由我校、各县教育局和顶岗实习学校共同管理；鼓励本科和三年制专科的学生在最后一个学期参加顶岗实习，顶岗实习学校由学生自己联系，我校对顶岗实习的学生进行不定期抽查。顶岗实习指的就是，师范院校把完成了各科文化学习任务的毕业班的师范生派到中小学校完全承担中小学教师的职能。就如同新教师一样，他们必须完成课堂教学工作、班主任工作和教育科研工作等各项教育教学任务。顶岗实习通常有三种情况。第一种情况是扶贫性质的，就是把师范生派往缺教师的农村中小学去，实实在在地充当教师角色。这种情况一方面可以在一定程度上缓解农村师资不足的压力；另一方面，顶岗的师范生也可以大展拳脚，全面验证和实践自己在大学里所学的一切，不断提高自己的教育教学能力和水平。第二种情况是在不缺教师的中小学，由顶岗师范生全面接替教育教学工作，原任教师利用这个时间去高校接受职后培训。这就是我们常说的"顶岗实习—置换培训"模式。这种情况不仅给师范生提供了锻炼、提高的机会，还为中小学教师提供了"充电"的时间。目前这种形式比较盛行。第三种情况是在不缺教师的中小学，由顶岗师范生全面接替教育教学工作，原任教师充当导师的角色给予全面的指导。无论是哪一种形式的顶岗实习，对于师范生而言无疑起着相当重要的作用。首先，顶岗实习为师范生提供了比较稳定的教育实习场所和实践锻炼的平台。大学跟中小学建立长期的合作关系，每年把自己的师范生送到合作学校顶岗实习，师范生便有了稳定的实践场所，自己在大学课堂所学的理论知识才有了运用的机会。跟传统的集中实习相比，顶岗实习不仅延长了实习时间，使师范生得到长时间的锻炼，而且由于全面参与教育教学工作，师范生可以得到充分的、全方位的锻炼。通过全面参与教育教学工作，师范生不仅可以全面了解和熟悉教育教学的各个环节，检验和加深理解所学专业理论知识，还可以不断获取新的实践性知识，提高教育教学实践能力和社会交往能力等。其次，顶岗实习可以培养师范生的职业情感，坚定师范生的职业信念。站在"教师"的角度审视和体验教师职业，有利于师范生深刻认识教师职业的价值。通过一个学期与学生的朝夕相处，师范生不仅体验到了初为人师的快乐，也更加明白自己肩上责任的重大。师范生的顶岗实习在某种程度上相当于把新教师的入职适应期提前到了职前阶段。这样师范生毕业以后会较快完成从学生向教师的角色转变，大大缩短了新教师的适应期，尽快地进入角色。总之，师范生在顶岗实习中所获得的教育教学经验，对自己未来的实际教育教学行为影响深远。可以说，顶岗实习阶段是师范生实践教育理论知识，获取教育实践性知识，逐渐实现由学生向教师角色转化的关键阶段。

2. 中小学校的支持

师范毕业生入职适应性的提高，不仅需要充分的职前教育打基础，还需要实实在在的职后培训作指导。所以，要提高师范生的适应能力，除了师范院校的努力外，中小学校也应该给师范毕业生尽可能地创造条件。中小学校需要采取哪些措施来提高师范毕业生的适应性呢？接受访谈的几位中小学领导和老教师提出了很好的建议，他们有的强调要加强对新教师的培训；有的强调要"以老带新"；有的认为要多组织活动，以加强师师、师生间的交流和沟通，使其尽快融入学校生活；还有的认为学校应该营造浓厚的教学科研氛围，以带动新教师尽快成长，等等。这里我想根据这些建议，结合自己的认识，提出以下四条中小学校提高师范毕业生入职适应性的策略。

（1）中小学校应树立"以人为本"理念，实行人性化管理。如前所述，刚参加工作的师范毕业生一方面充满了初为人师的快乐，另一方面又容易产生理想与现实的矛盾和困惑。为了帮助他们减少从学生向教师角色转换中的一些心理落差，中小学校的管理一定要体现人文关怀。首先，学校规章制度的建立要合理。学校规章制度是用来规范学校的工作和教师的教育教学行为的，但不能禁锢教师的手脚，更不能打击教师的工作积极性。尤其是在相关的教师考核和评估制度方面更要人性化。比如在评价教师工作时要坚持形成性评价，尽量避免终结性评价，要让教师看到自己的不足，更要让他们看到自己的成绩和努力方向。对于刚参加工作的师范毕业生的评价要尽量挖掘其优点，让他们体验到初为人师的快乐，找到从教的信心，产生教育教学的激情。其次，学校要尽可能地改善办学条件，创造舒适、优雅的工作环境。调查表明，师范毕业生在工作环境的适应方面存在一定的困难，尤其是对工资待遇的满意度低，工作压力大。为此，学校领导一方面要用好有限的财政拨款，尽力做到"好钢用在刀刃上"，避免公款吃喝；另一方面又要多方筹措资金，以改善学校的办学条件和教师的福利待遇。要让学校真正成为教师们的"家"，从而使师范毕业生在舒适的工作环境中产生"在家"的感觉。这样，他们才容易尽快进入教师角色。第三，学校要定期开展丰富多彩的业余活动，以丰富校园文化生活。活动的开展既可以为初为人师的师范毕业生提供与老教师们交往和合作的机会，也可以为他们提供与学生沟通和亲近的机会，使他们尽快地融入新的环境、新的人际关系中去，以减少初为人师的心理落差和环境、角色变化带来的孤寂。丰富多彩的活动还可以成为师范毕业生释放工作压力的重要渠道。第四，适当减轻工作量，为初为人师的师范毕业生提供学习的时间。为了帮助初为人师的师范毕业生尽快进入教师角色，学校领导要给予他们更多的关心和理解。不仅要在生活上关心他们，尽可能为他们提供一些便利，还要给予心理上的疏导和精神上的安慰，更重要的是要在工作上给予支持。调查表明，湘西州师范毕业生存在工作压力大的适应性问题，有 79.6% 的被调查对象认为自己的工作时间超过 8 个小时，其中有 27.8% 的被调查对象认为自己的工作时间超过 10 个小时。深入访谈发现：课时多、教学任务重是师范毕业生工作压力大的主要原因之一。"每天都很紧张，像打仗一样，手忙脚乱的。有时课还没备完，又不得不拿着课本进教室。教学质量很难保证，本来教学经验就不足，又没有时间好好准备。感觉自己不是在上课，而是在'混'课。所以最怕领导来听课了……"一位刚从教的师范毕业生在访谈中这样感叹。针对这个问题，学校可以通过适当地减轻工作量来达到减压的目的。课时量少了，教学任务相对轻了，经验不足的师范生就有了学习的时间。一方面他们可以多方查找资料、精心准备每一堂课，另一方面他们还可以有时间走进别人的课堂，向有经验的教师学习。

（2）中小学校应重视校本培训，搭建教师成长平台。众所周知，"一次性"的职前教师教育已经不能满足学习化社会的需要，教师教育一体化理论要求教师教育不仅要注重职前教育，还要强调职后教育。如果说职前教育是师范生进入教师行业的"敲门砖"的话，那么职后培训则是师范生进一步发展的"加油站"。所以，要提高师范毕业生的入职适应性，职后的培训非常关键。这里所说的职后培训，是相对于职前的师范教育而言的，既包括师范毕业生从教前的入职培训，也包括从教后的定期或不定期的专业培训。在我国，教师的职后培训通常由高师院校和专门的教师培训机构来完成。这种职后培训虽然比较系统，但也比较笼统，如果不加强与中小学校的沟通和联系，仍然容易导致理论与实践的脱节，培训的实效性较差，有时甚至会流于形式。为了使培训更具有针对性，校本培训值得提倡。校本培训是指在中小学内对教师进行的在职培训，它强调在教学现场和教室中提高教师的教学科研能力，培训的主要基地是"本校"。对于校本培训的形式，英国谢费尔德大学教育学院提出了"六阶段培训模式"（确定需要—谈判—协议—前期培训—正式培训—结束），这种培训模式有计划、有协议、有总结，强调了教师的培训需要和愿望，强调了大学或培训机构与中小学的联系，强调了理论与实践的结合，也强调了在教学现场中培训，还充分调动了大学、中小学和地方教育当局等各方面的力量，是一种科学有效的培训模式。但这种模式并不完全适合我国国情，因为实施培训的任务主要还是由大学和大学教师来完成，目前我国恐怕还不能达到这种培训的效果。但我们可以借鉴其中的一些理念和做法，进行适合我国实情的校本培训。比如，培训内容和主题的确定要建立在教师的愿望和需要的基础上。在培训前学校要充分了解教师们有什么愿望，有哪些具体需要，然后再结合学校的实际情况，有针对性地进行相关教育和训练，这样可以做到有的放矢，提高培训的实效性。至于校本培训的形式和方法则可以灵活多样。经验交流、典型性案例分析、专题讲座、教学研讨等都是简便易行的校本培训方式。对于初为人师的师范毕业生的入职培训，各种培训方式可以灵活运用。比如，可以把专题讲座和经验交流的方式结合起来运用。具体做法是，围绕教学工作和班主任工作确定多个具体的专题，比如：如何把握教材的重点和难点？如何处理课堂中的偶发事件？怎样在学生中树立威信？怎样做好后进生的转化工作？与家长沟通要注意些什么？等等。然后根据各个专题，请本校在某方面做得好的教师做经验介绍。这种方式既经济又有实效。当师范毕业生工作了一段时间，有了一定的教育教学实践经验以后，学校可以就某个主题组织教学研讨会或进行典型性案例分析，使他们一方面有更多的机会学习他人的经验，另一方面自己也可以积极参与讨论。长此以往，师范毕业生就有了学习和展现自己的平台，有利于他们尽快进入教师角色，也有利于他们的专业发展。当然，校本培训的形式和内容除了照顾教师的需要和愿望外，还应该考虑学校的发展和实情。比如，在湘西州一些少数民族聚居区的中小学，对教师的培训还得增加一项内容，即跨文化培训，因为这些学校还提倡"双语教学"。这里的"双语教学"不是大家通常所理解的英语和汉语，而是少数民族语言和汉语，具体是苗语和汉语或者土家语和汉语（如泸溪县潭溪中学的苗汉双语教学）。那么，毕业后来到这类学校任教的师范生在上岗前就必须接受"双语教学"培训，以全面了解"双语教学"如何开展，有什么具体要求等问题。否则，他们就没法适应这种"双语教学"形式。即便是本乡本土的师范毕业生，要完全胜任这种"双语教学"恐怕也需要相当长的时间。所以，这种类型的学校对于新任教师的培训，一定要注意跨文化适应力的提高。

（3）中小学校应完善"结对帮教"机制，落实"以老带新"。"结对帮教"或"以老带新"就是我们常说的"师徒制"，即学校为每个新任教师配备教学能力强、教学经验丰富的老教师，对他们进行"传帮带"。这种机制具有一定的实效性，也顺应了新教师的需求。调查显示，超过半数的师范毕业生希望学校在"教学技能和班主任工作"方面给予指导和帮助。有老教师的帮扶，新教师可以少走很多弯路。很多学校的领导也已经意识到了这一点。在接受本次调查和访问的湘西州中小学里，几乎所有的学校都采用过或者正在采用"师徒制"以帮助新教师尽快适应教师工作。但收效不一，有的学校确有成效，有的学校几乎是流于形式。为了更有效地帮助初为人师的师范毕业生适应教师角色，这种传统的"师徒制"需要进一步完善和落实。为此，笔者认为以下几个方面可以考虑：首先，要严格选拔"师傅"。为了使"结对帮教"不流于形式，"师傅"的选拔尤为关键。"师傅"不仅要具有扎实的专业知识，较强的教学科研能力，丰富的教育教学经验，还要具有与时俱进的教育理念和帮教的意愿，更要具有"授人以渔"的能力。为此，学校甚至可以制定"师傅"资格认证制度。严格选派"师傅"可以提高帮教的实效性。其次，要合理搭配"师徒"。"师徒"的搭配要考虑学科和年级的特点，遵循学科相同或年级相近原则，这样可以提高帮教的针对性。有条件的学校还要考虑"师徒"的性格特点，性格相容，便于合作，帮教效果也通常更好一些。第三，要实行帮教奖励机制。目前很多学校的"结对帮教"之所以成效甚微，与"师傅"的工作热情密切相关。大部分"师傅"一般不会主动找"徒弟"，"徒弟"有问题找上门来请教，"师傅"能帮忙解答就算不错的了。一些新老教师其实只有"师徒"之名，而无"师徒"之实。为此，学校可以制定相关的奖励政策，以提高"师傅"帮教的的积极性。比如，减少帮教"师傅"的教学工作量，提高帮教"师傅"的酬劳，给帮教"师傅"提供更多的外出学习、进修、参观访问的机会，给予帮教"师傅"优先晋级的机会，等等。

（4）中小学校应营造良好的教学科研氛围，构建和谐的教师合作文化。如前所述，中小学的文化氛围对师范毕业生的入职适应性有重要影响。健康的人际氛围有利于师范毕业生人际适应的提高，和谐的文化氛围有利于师范毕业生职业能力的进步。在新课程改革背景下，教学科研和专业合作对于教师发展的重要作用已有目共睹。为此，学校要努力营造良好的教学科研氛围，构建和谐的教师合作文化，使初为人师的师范毕业生不断适应教师角色、尽快成长，也使老教师更好地实现专业发展。集体备课、同伴观摩和课题研究等合作方式值得提倡。集体备课是我国中小学教师常用的合作方式，其最大的优点就是发挥教师的集体智慧，促进教师之间的优势互补，教师们可以在集体备课中相互学习、资源共享、共同提高。教学经验欠缺的师范毕业生在集体备课的过程中可以有机会向更多的老教师学习，尽快成长。同伴观摩通俗地说就是教师之间相互听课，几个教师自发组成合作小组，自由确定听课的时间和内容，轮流听小组成员上课，其目的是相互吸取经验，改进教学策略，共同进步。同伴观摩不同于我国传统意义上的"公开课""示范课"和"汇报课",它是在自然的教学环境中进行的,能够真实地展现教师的教学状况,有利于观摩者发现问题,然后在此基础上分析问题、解决问题,最后达到提高的目的。学校应该鼓励教师坚持同伴观摩,并给他们创造观摩的条件。初为人师的师范毕业生可以在这种观摩活动中更快适应教师职业。课题研究是教师成为"专家型"或"研究型"教师的必要途径。教师的课题研究主要应立足于教育教学实践,目标指向教师的专业发展和教育教学质量的提高,内容可以涉及课程、教材、教法、评价、个案等教育教学的各个方面。以教师专业发展为目的的课题研究,应充分调动每位教师主动参与、相互协作的积极性,为此,课题研究小组的成员应自由组合。为了保证课题研究能有效地开展,从课题的选择,方案的制订,研究活动的开展,到研究成果的总结推广,理论提升等,都必须做到严谨有序,成员既有明确分工,又应相互协作。优秀的学校领导首先应该具有强烈的科研意识,鼓励教师积极开展课题研究,并尽可能地为课题研究提供时间保证和经费支持。初为人师的师范毕业生在具有浓厚科研氛围的学校中工作,一定能够尽快地成长。集体备课、同伴观摩和课题研究几种合作方式在第二章中已作过详细的介绍,在此不再过多地赘述。

3. 师范毕业生自身的努力

在师范毕业生入职适应性的影响因素中,师范院校和中小学校的影响都只是外部因素,外因最终还得通过内因起作用。所以,适应性的提高最终还是取决于师范生自身的努力。

首先,师范毕业生应坚定教师职业信念,提高教师职业认同感。如前所述,教师职业认同是指教师或师范生对教师职业及其价值的认可、赞同,并乐意从事教师职业的心理状态。它是影响师范毕业生入职适应性的重要因素之一。教师职业信念是教师职业认同的核心内容,是指教师或师范生所持有的一种对教师职业的尊从、信奉的观念或理念。教师职业认同是师范生从教的心理基础和精神支柱,教师职业信念是教师发展之魂。是否具有强烈的教师职业认同感和坚定的教师职业信念,直接影响着教师或师范生的思维方式、教育行为以及在面对困难和挫折时的态度和坚持的时间。在我国目前的中小学教师队伍中,"跳槽"、改行的通常都是男教师,这就与男教师的职业认同感低和职业信念不坚定有关。通过调查和访谈我们发现,"职业信念不够坚定"是初为人师的师范毕业生的适应性问题之一,具体表现为缺乏工作热情,积极性不高,不会也不愿当班主任,不安心从教,不主动学习等。这个问题在男生身上表现得更加明显。男生在教师职业认知适应上的得分显著低于女生。因此，初为人师的师范毕业生要想提高自己的职业适应能力，首先应该解决精神上和观念上的问题。

怎样坚定教师职业信念，提升教师职业认同感呢？笔者认为有两条主要的路径：学习和实践。师范生无论是在职前教育阶段还是在入职适应期，都应该勤于学习，广泛涉猎各类文化知识，尤其应该多学一点哲学。哲学是时代精神的精华，是智慧的科学，也是一切学科的基础，学习哲学可以使人获得人生的大智慧。对于师范生而言，学习可以使之深入认识教师职业的意义和价值，并在学习中不断提升自己的人生境界和教师职业境界。我国现代哲学家冯友兰先生将人生境界划分为自然境界、功利境界、道德境界和天地境界四个层次。一个人对自己所做的事没有觉解，不知道自己所做事情的意义，他可能只是顺着自己的本能或社会风俗习惯，这种人的人生境界就是自然境界；一个人做事动机是利己的，他所做的各种事对于他有功利的意义，其人生境界即为功利境界；一个人可能了解到社会的存在，意识到他是社会的一员，他为社会的利益做各种事，他所做的各种事都有道德的意义，其人生境界即为道德境界；一个人可能了解到超乎社会整体之上还有一个更大的整体，即宇宙，意识到他不仅是社会的一员，同时还是宇宙的一员，他为宇宙的利益而做各种事，其人生境界就是天地境界，是最高的人生境界。自然境界和功利境界是低层次的境界，这两种境界的人是自然的产物，是人现在就是的人；道德境界和天地境界是高层次的境界，这两种境界的人是精神的创造，是人应该成为的人。❶根据冯友兰先生的四种人生境界说，我们也可以将教师的职业境界诠释为四个层次：一是将教师职业看做社会对教师角色的规范和要求；二是将教师职业当做谋生的手段；三是将教师职业当做教师的"良心活"；四是将教师职业当做一种幸福体验的过程。显而易见，第四种是教师职业境界的最高层次。师范毕业生应通过学习努力使自己达到教师职业的最高境界。同时，师范毕业生要坚定教师职业信念提升教师职业认同感，还应该创造性地参与教育教学实践，并通过教育教学实践不断体验教师的成功以获得教师职业的满足感和幸福感。当他们将自己所从事的职业当做一种幸福体验的过程，并在实践中逐渐获得满足感和幸福感时，物质的东西将变得无足轻重，教师职业就可能成为他们的毕生追求。

其次，师范毕业生应养成教学反思的习惯，不断提高教育科研能力。教师

---

❶ 冯友兰. 中国哲学简史［M］. 涂又光，译. 北京：北京大学出版社，2010：273.

职业信念和职业认同感是师范生从教的心理基础和精神支柱，而职业技能和能力则是师范生从教的技术保证。在某种意义上，师范毕业生入职适应的过程也是其专业发展和提升的过程，专业水平提升得越快其适应性自然就越高。教学反思对于教师专业发展的意义已普遍得到国内外教育专家和教育工作者的认可。通俗地说，教学反思就是教师对自己教学的各个环节进行主动、反复、深入地思考，以查漏补缺或总结经验，从而不断提高自己的教学水平，促进自身专业发展的过程。从时间上说，教学反思可以在教学后、教学前，也可以在教学中进行；从内容上说，教学反思可以是教学观念、知识结构、教学技能和能力，也可以是教学方法和风格方面的反思，等等；总之，教学反思可以涉及教学的各个环节、各个方面。而且教学反思的方式也很多，目前在我国中小学常用的方式主要有撰写反思日记、教学日志、教后记、教育博客，进行教育叙事，分析教育教学案例等。因为教学反思是教师对自己的教学实践进行的理性思考和批判性分析，所以它也不失为一种教学研究的方式，对教师教育科研能力的提高具有极大的促进作用。很多研究表明，教师的成长离不开对教学实践的反思。教师只有对自己和他人的教学行为和教学效果进行深入反思，不断总结经验、吸取教训，才能在以后的教学中少走弯路，减少盲目性。调查显示，师范毕业生在职业能力适应性方面明显不如教龄在 3 年以上的老教师。他们要想尽快适应教师职业，不断提高专业发展水平，就必须养成教学反思的习惯，并能根据自己的特点选择适合于自己的反思方式，根据自己的实际情况选择反思的主要内容。

第三，师范毕业生应积极应对一切困难，避免消极适应。教师的成长不仅需要职业信念的支撑和知识能力的保证，还需要有坚持不懈的毅力和"教学勇气"，尤其是在遇到困难和挫折时。美国教育家帕克·帕尔默（Parker J. Palmer）指出，真正好的教学不能降低到技术层面，而是来自于教师的自身认同和自身完整（Identity and integrity），好教师都有一种把他们个人的自身认同融入工作的强烈意识，"教学的勇气就在于有勇气保持心灵的开放，即使力不从心仍然能够坚持……"● 帕尔默在《教学勇气：漫步教师心灵》一书中表达了教学的痛苦与喜悦，阐释了一种教学理念——好的教学需要好的教师，好的教师是用"心灵"在教学的。笔者从中得到的启示是：只要教师是"真心"从事教师职业，他就有可能获得应对各种困难和挫折的"勇气"，无论困难和

● ［美］帕克·帕尔默. 教学勇气：漫步教师心灵［M］. 吴国珍，等，译. 上海：华东师范大学出版社，2005：10－12.

挫折来自哪里，他都能坚持自己的初衷。对于初为人师的师范毕业生而言，这种"勇气"尤为重要。如前所述，适应有积极和消极之分。消极适应表现为被动接受环境的影响，随大流，敷衍了事。处于消极适应状态的师范毕业生通常得过且过，不求上进，一心想着改行，就算因为找不到更合适的工作而不得不留下，他们也不会付出"真心"，所以他们的专业发展肯定会非常有限。一旦碰到困难和挫折，他们的工作将会大打折扣。积极适应表现为积极主动地同环境发生作用，遇到困难能想方设法地解决和应对。处于积极适应状态的师范毕业生不仅接受环境的影响，还会积极想办法改造环境。这种适应方式更有利于师范毕业生的成长和教师专业发展，也有助于他们获得更多的克服困难的智慧和"勇气"。因此，为了更好更快地完成从学生到教师角色的转换，师范毕业生要始终保持一颗从事教师职业的"真心"，用积极的态度应对一切困难，尽量避免消极适应。积极应对困难的方式很多，合理调适自己的情绪、虚心向他人请教、与同事真诚地合作、大胆尝试教学改革、积极参与校本教研等，这些既是积极应对困难的方式，也是师范毕业生或教师在成长和发展过程中必备的态度、素质和行为倾向。

第四章 现状透视：教师生存状态

生命具有完整性，它既有物质的层面也有精神的层面。走向生命关怀的教师专业发展必须关注教师的整体生命，既要改善物质条件提高物质待遇以满足教师自然生命的需要，更要提供各种精神方面的支持和帮助，以满足教师精神生命的欲求。教师专业发展是教师教育生活体验的过程，走向生命关怀的教师专业发展必须关注和审视教师当下的生活和生存状态。教师生存状态是指在特定的历史文化背景下，由教师的生命表现和生命体验、生命信念和生存意向、生存能力和生存境遇、社会角色和自我认同、个体生存和群体生存等变量所决定的教师物质和精神状态。❶ 概括地说，教师生存状态就是指教师所处的物质和精神环境。本章所讨论的教师生存状态主要是指精神环境，即教师的职业生存状态或主体生存状态，它是由教师的职业生命存在和职业生命活动所表现出来的生存状态，主要包括身心健康、职业压力、职业倦怠和工作满意度等方面的内容。

一、教师生存状态扫描

近年来已有很多学者从不同的角度对我国教师生存状态进行了大量的研究。有研究教师心理健康状况的，有研究教师职业压力的，有研究教师职业倦怠的，还有研究教师职业压力与职业倦怠关系的，也有从心理健康、工作压力、职业倦怠、工作满意度等方面研究教师生存状态的……虽然研究角度不同但结论基本一致：当前我国教师的生存状态不容乐观。为了全面了解教师的生存现状，掌握教师生存状态的第一手资料，笔者在 2006 年时就对中小学教师进行了问卷调查。调查采用整体随机抽样的方法，从湘西自治州的吉首、花垣、凤凰、古丈和保靖等县市的 10 多所中小学在职教师中选取被试。共收回

---

❶ 张培. 论教师生存状态的内涵与职业规定性 ［J］. 中小学教师培训，2008 (1)：20 – 22.

有效问卷 594 份。其中中学教师 285 名、小学教师 309 名；土家族教师 251 名、苗族 264 名、汉族 79 名；男教师 289 名、女教师 305 名；城镇教师 318 名，农村教师 276 名。采用的调查问卷是中国人民大学公共管理学院组织与人力资源研究所李超平博士设计的《教师职业压力和心理健康调查问卷》（见附 3）。问卷包括三个部分，第一部分为心理健康、职业倦怠、生理健康、工作不安全感、离职意向和工作满意度等；第二部分为压力源；第三部分是压力状况及应对压力的方式、选择当教师的原因等。其中，第一部分是问卷的主体部分，本调查侧重于从这一部分了解中小学教师的生存状态。调查过程是主试分赴各地发放问卷，当场统一回收。在对答卷进行审查，删除未完整和不合理答卷后，采用 EXCEL 和 SPSS12.0 对收回的 594 份有效答卷进行数据处理和分析。调查结果跟大多数学者的研究相一致。❶

（一）教师心理健康状况

关于教师的心理健康状况，调查结果见表 4-1。从表 4-1 可以看出：有 32.1% 的被调查教师心理健康状况较差，只有 29.1% 的被调查教师心理健康状况比较好，说明有近 1/3 的被调查教师存在一定程度的心理问题。从民族差异看，35.6% 的汉族教师心理健康状况较差，34.7% 的苗族教师心理健康状况较差，28.8% 的土家族教师心理健康状况较差；比较而言，汉族教师心理健康状况略差一些。从性别情况看，34.6% 的男教师心理健康状况较差，29.6% 的女教师心理健康状况较差，男教师比女教师心理问题更多一些。从学校类型来看，33.8% 的中学教师心理健康状况较差，30.2% 的小学教师心理健康状况较差，中学教师比小学教师心理问题更多一些。从城乡类别来看，28.2% 的城镇教师心理健康状况较差，36.5% 的农村教师心理健康状况较差，农村教师比城镇教师心理问题更多一些。

表 4-1　教师心理健康状况（%）

教师类别	健康状况	较差	一般	较好
民族	汉族 N=79	35.6	38.4	26.0
	苗族 N=264	34.7	38.8	26.5
	土家 N=251	28.8	38.9	32.3

---

❶ 杨翠娥，等. 民族地区中小学教师生存状态的调查研究［J］. 黄冈师范学院学报，2008，28（5）：139-143.

续表

教师类别	健康状况	较差	一般	较好
性别	男 N = 289	34.6	36.2	29.2
	女 N = 305	29.6	41.4	29.0
学校类型	中学 N = 285	33.8	38.6	27.6
	小学 N = 309	30.2	39.2	30.6
城乡类别	城镇 N = 318	28.2	42.0	29.8
	农村 N = 276	36.5	35.3	28.3
总体	N = 594	32.1	38.9	29.1

（二）教师职业压力状况

从表4－2可以看出：只有3.2%的教师反映没有什么压力，29.3%的教师反映压力非常大，46.8%的教师反映压力比较大，压力比较大和压力非常大加起来为76.1%，说明被调查的绝大多数教师感觉压力比较大。从民族差异来看，78.1%的汉族教师感觉压力比较大和压力非常大，71.2%的苗族教师感觉压力比较大和压力非常大，76.9%的土家族教师反映压力比较大和压力非常大，说明被调查的汉族教师比少数民族教师压力稍大。从性别情况来看，76.8%的男教师感觉压力比较大和压力非常大，75.4%的女教师感觉压力比较大和压力非常大，男教师比女教师压力稍大。从学校类型上看，77.9%的中学教师感觉压力比较大和压力非常大，74.4%的小学教师感觉压力比较大和压力非常大，中学教师比小学教师压力稍大。从学校所处的地域来看，84.9%的城镇教师感觉压力比较大和压力非常大，66.0%的农村教师感觉压力比较大和压力非常大，城镇教师比农村教师压力更大。

表4－2 教师职业压力状况（%）

教师类别	压力程度	没有一点压力	有一点点压力	压力比较大	压力非常大
民族	汉族 N = 79	9.6	12.3	46.6	31.5
	苗族 N = 264	2.3	23.5	46.2	25
	土家 N = 251	2.4	20.7	44.2	32.7
性别	男 N = 289	3.8	19.4	45.3	31.5
	女 N = 305	2.6	22.0	48.2	27.2

续表

教师类别	压力程度	没有一点压力	有一点点压力	压力比较大	压力非常大
学校类型	中学 N=285	3.9	18.2	45.6	32.3
	小学 N=309	2.6	23.0	47.9	26.5
城乡类别	城镇 N=318	1.6	13.5	53.8	31.1
	农村 N=276	5.1	29.0	38.8	27.2
总体	N=594	3.2	20.7	46.8	29.3

（三）教师职业倦怠状况

表4-3 教师职业倦怠状况（%）

教师类别	倦怠状况	情绪衰竭			玩世不恭			成就感低落		
		低度	中度	高度	低度	中度	高度	低度	中度	高度
民族	汉族 N=79	24.2	32.9	42.9	44.7	34.2	20.0	13.7	41.6	44.7
	苗族 N=264	25.5	35.0	39.5	50	29.7	20.3	10.2	40.2	49.6
	土家 N=251	24.0	30.8	45.2	47.4	32.1	20.5	8.5	40.1	51.4
性别	男 N=289	26.8	30.2	43.0	48.2	29.9	21.9	8.7	41.8	49.6
	女 N=305	22.6	35.1	42.3	48.5	32.7	18.8	10.9	38.6	50.5
学校类型	中学 N=285	24.1	30.9	45.0	44.3	33.8	21.9	9.8	41.4	48.8
	小学 N=309	25.1	34.4	40.5	52.1	29.0	18.9	9.8	38.9	51.2
城乡类别	城镇 N=318	19.5	32.3	48.2	45.4	34.2	20.4	9.7	38.2	52.1
	农村 N=276	30.6	33.2	36.2	51.8	28.0	20.2	9.9	42.4	47.7
总体	N=594	24.6	32.7	42.7	48.4	31.3	20.3	9.9	40.1	50.0

从表4-3可以看出：在被调查的教师中，只有24.6%的教师情绪衰竭程度较低或者没有出现情绪衰竭的状况，中度以上情绪衰竭的教师占75.4%；51.6%的被调查教师表现出一定程度的玩世不恭，对工作缺乏热情，只是被动地完成自己份内的工作；90.1%的被调查教师对工作没有什么成就感；综合起来看，有72.4%的被调查教师存在一定程度的职业倦怠，超过30%的教师存在严重的职业倦怠。从民族差异看，汉族教师中度以上情绪衰竭占75.8%，中度以上玩世不恭占54.2%，中度以上成就感低落占86.3%，综合起来看，有72.1%的汉族教师存在一定程度的职业倦怠；苗族教师中度以上情绪衰竭占74.5%，中度以上玩世不恭占50%，中度以上成就感低落占89.8%，综合

起来看，有 71.4% 的苗族教师存在一定程度的职业倦怠；土家族教师中度以上情绪衰竭占 76.0%，中度以上玩世不恭占 52.6%，中度以上成就感低落占 91.5%，综合起来看，有 73.4% 的土家族教师存在一定程度的职业倦怠。总体上看，土家族教师似乎更容易出现职业倦怠。从性别差异看，男教师中度以上情绪衰竭占 73.2%，中度以上玩世不恭占 51.8%，中度以上成就感低落占 91.4%，综合起来看，有 72.1% 的男教师存在一定程度的职业倦怠；女教师中度以上情绪衰竭占 77.4%，中度以上玩世不恭占 51.5%，中度以上成就感低落占 89.1%，综合起来看，有 72.7% 的女教师存在一定程度的职业倦怠；女教师比男教师更容易情绪衰竭，男教师比女教师更缺乏工作成就感；从总体上看，男性教师与女性教师在职业倦怠方面差异不大。从学校类型看，中学教师比小学教师在职业倦怠的三项指标上比例都大，中学教师中度以上情绪衰竭占 75.9%，玩世不恭占 55.7%，成就感低落占 90.2%，综合起来，有 73.9% 的中学教师存在一定程度的工作倦怠；小学教师中度以上情绪衰竭占 74.9%，玩世不恭占 47.9%，成就感低落占 90.1%，综合起来，有 71.0% 的小学教师存在一定程度的职业倦怠；中学教师比小学教师更容易出现职业倦怠。从城乡类别看，城镇教师比农村教师在情绪衰竭、玩世不恭和成就感低落三项指标上比例都大，城镇教师中度以上情绪衰竭占 80.5%，玩世不恭占 54.6%，成就感低落占 90.3%，综合起来，有 75.1% 的城镇教师存在一定程度的职业倦怠；农村教师中度以上情绪衰竭占 69.4%，玩世不恭占 48.2%，成就感低落占 90.1%，综合起来，有 69.2% 的农村教师存在一定程度的职业倦怠；城镇教师比农村教师更容易出现职业倦怠。

（四）教师工作满意度状况

表 4 - 4 显示：30.4% 的被调查教师对工作不太满意或不满意。从民族差异看，汉族教师低满意度占 35.6%，苗族教师低满意度占 31.1%，土家族教师低满意度为 24.7%，说明汉族教师比两个少数民族教师具有更低的工作满意度。从性别差异看，男性教师低满意度为 32.5%，女性教师低满意度为 28.5%，男性教师比女性教师具有更低的工作满意度。从学校类型看，中学教师低满意度为 33.0%，小学教师低满意度为 28.2%，中学教师比小学教师具有更低的工作满意度。从城乡类别看，城镇教师低满意度为 29.2%，农村教师低满意度为 31.9%，农村教师比城镇教师具有更低的工作满意度。

表 4 – 4　教师工作满意度状况（%）

教师类别	工作满意度	低度	中度	高度
民族	汉族 N = 79	35.6	41.1	23.3
	苗族 N = 264	31.1	42.4	26.5
	土家 N = 251	24.7	41.4	33.9
性别	男 N = 289	32.5	43.3	24.2
	女 N = 305	28.5	40.7	30.8
学校类型	中学 N = 285	33.0	44.6	22.5
	小学 N = 309	28.2	39.5	32.4
城乡类别	城镇 N = 318	29.2	40.9	29.9
	农村 N = 276	31.9	43.1	25
总体	N = 594	30.4	41.9	27.6

（五）教师生理健康状况

表 4 – 5 显示：41.2% 的被调查教师生理健康状况较差。从民族差异看，46.1% 的汉族教师生理健康状况较差，43.3% 的苗族教师生理健康状况较差，38.1% 的土家族教师生理健康状况较差，相比较而言，汉族教师生理健康状况略差一些。从性别情况看，40.5% 的男教师生理健康状况较差，41.9% 的女教师生理健康状况较差，女教师比男教师生理健康状况略差一点，但总体状况稍好。从学校类型来看，41.6% 的中学教师生理健康状况较差，40.8% 的小学教师生理健康状况较差，中学教师比小学教师生理健康状况略差一点。从城乡类别来看，41.4% 的城镇教师生理健康状况较差，40.9% 的农村教师生理健康状况较差，城镇教师比农村教师生理健康状况略差一点。

表 4 – 5　教师生理健康状况（%）

教师类别	健康状况	较差	一般	较好
民族	汉族 N = 79	46.1	35.2	18.7
	苗族 N = 264	43.3	31.4	25.3
	土家 N = 251	38.1	33.7	28.2
性别	男 N = 289	40.5	31.5	28.0
	女 N = 305	41.9	34.0	24.2

续表

教师类别 \ 健康状况		较差	一般	较好
学校	中学 N = 285	41.6	30.3	28.1
类型	小学 N = 309	40.8	35.1	24.2
城乡	城镇 N = 318	41.4	31.6	27.0
类别	农村 N = 276	40.9	34.2	24.9
总体	N = 594	41.2	32.7	26.0

综合以上调查结果，可以得出结论：有超过 30% 的被调查教师存在一定的心理问题；近 80% 的被调查教师反映压力比较大；超过 70% 的被调查教师存在一定程度的职业倦怠，其中，严重职业倦怠的比例超过 30%；超过 30% 的被调查教师对工作不太满意或不满意；超过 40% 的教师生理健康状况不佳。另外，在被调查的教师中，有 49.2% 的教师表示如果可以重新选择，自己不会再当教师，33.8% 的被调查教师对自己是否还会当教师持怀疑态度，只有 17.0% 的教师表示还会当教师。此外，调查结果也说明我国中小学教师的总体生存状态欠佳。比较而言，汉族教师的总体生存状态相对比苗族和土家族稍差；男教师的总体生存状态不如女教师；中学教师的总体生存状态不如小学教师；城镇教师在职业压力、职业倦怠和生理健康状况方面不如农村教师，农村教师在心理健康、工作满意度方面不如城镇教师。

本次调查结果与国内学者相关研究的结论基本一致。中国人民大学公共管理学院组织与人力资源研究所和新浪教育频道在 2005 年联合进行的"中国教师职业压力和心理健康调查"显示，中国教师生存状况堪忧，表现为：超过 80% 的被调查教师反映压力较大；近 30% 的被调查教师存在严重的工作倦怠，近 90% 存在一定的工作倦怠；近 40% 的被调查教师心理健康状况不佳；20% 的被调查教师生理健康状况不佳；超过 60% 的被调查教师对工作不满意，部分甚至有跳槽的意向。❶

有学者将我国教师生存现状描述为，"相当部分教师的人生色泽是黯淡的：缺乏独立性和自主性，是一种受到多种外力支配和控制的压抑的人生；缺乏高贵精神支柱和高尚思想导引，是一种只受功利性、利害关系制约的灰色的

---

❶ 李超平. 教师生存状况调查报告：教师生存状况分析 [EB/OL]. [2005 - 09 - 09]. http://edu. www. sina. com. cn/l/2005 - 09 - 09/1653126581. html.

人生；缺乏进取精神和创造精神，是一种按照固定的程式和模式操作的充满匠气的人生；缺乏坦诚的交往和亲密合作，是只在自己的圈子里摸索的孤独的人生；缺乏多种情趣、乐趣和爱好，是只能搬弄和重复学科概念的乏味的人生；缺乏关心爱护和热情激励，是一种没有蓬勃的爱心和热情洋溢的冷漠的人生；缺乏大境界的召唤和生存智慧的指引，是一种没有从容的理性风度和品位的卑微的人生"❶。也有学者将我国教师生存现状描述为"无爱的生存——生命不可承受之重"，认为教师是"道德囚笼中的迷惘者""过度超负之下的苦行者""带着镣铐的舞者"和"情感交流的独白者"❷。还有学者认为，"现代教师的生存状态在总体上是倦怠的、被动的和疏离的。倦怠的生存表现为对工作情感耗竭，对学生冷漠迁怒，对自己消极评价；被动的生存表现为在教学过程中、事务工作中和自我发展中的被动；疏离的生存表现为与教学过程的疏离、与学生的疏离和与生活世界的疏离。现代教师生存是职业活动异化的生存，其实质是对教师生命存在与生命本质的背离，是对教师生命意义的消解"❸。可见，我国教师的生存现状着实令人担忧。

在这一部分，笔者基于湘西自治州的抽样调查，从总体上对我国教师的生存状态进行了初步扫描。接下来分别从心理健康、职业压力和职业倦怠等三个角度进一步透视和解读我国教师的生存现状。需要说明的是，心理健康问题、职业压力和职业倦怠三者的关系非常密切，其基本内容和具体表现、产生的原因以及应对措施等方面都有相互交叉、相互重叠的地方。很多时候，我们既可以将职业压力和职业倦怠看成是教师心理健康问题的具体表现，也可以将它们看成是教师心理健康问题产生的部分原因。而教师职业压力和职业倦怠之间也是互为因果的关系。之所以要对教师心理健康、职业压力和职业倦怠分别进行描述和分析，主要是想从不同的层面说明和展现教师主体生存状态。

二、教师心理健康

（一）心理健康的含义及其标准

1. 心理健康的含义

对于心理健康的涵义没有统一的界定，不同的专家、学者对其有不同的理

❶ 魏星. 教师的生存状态与专业发展 [J]. 教师之友，2004 (5)：8-11.
❷ 张辉. 关爱教师——生命教育的另一视角 [J]. 当代教育科学，2006 (2)：46-48.
❸ 张培. 生命的背离：现代教师的生存状态透视 [J]. 教师教育研究，2009，21 (1)：50-55.

解。❶ 1948 年世界卫生组织（WHO）对健康的定义是"身体上、心理上和社会性完全处于良好状态，而不仅仅指生病或是体弱"。1964 年世界卫生组织把健康定义为如下 10 条：精力充沛；乐观处事；睡眠良好；适应能力强；能抵抗一般性疾病；保持标准体重；眼睛明亮；牙齿完整；头发有光泽；肌肉皮肤弹性好。从世界卫生组织对健康所下的定义中不难看出，健康包含了生理健康和心理健康，且不仅是指没有疾病，而且是指在社会适应上处于良好状态。2001 年世界卫生组织将心理健康视作一种情感和社会的幸福感，具体表现为：个人能意识到自己的能力，能应付生活中正常的紧张，能创造性地或卓有成效地工作，能对自己和自己所生活的社会作出贡献。

人格心理学家奥尔波特（G. W. Allport）认为，健康的人并不被潜意识所控制和支配，健康的个体是在理性的和有意识的水平上活动，指引这些活动的力量是完全能够意识到的，并且也是可以控制的。奥尔波特指出，健康的心理是摆脱了过去的压抑，心理健康的人是被当前的以及指向未来的紧张和期望所指引的，他总是在不断地追求新的目标，为实现目标又总与紧张水平相伴而行。心理健康的人是向前看的，是充满希望的、乐观主义的。他们自觉地、审慎地规划未来；他们有长远的目标和理想；他们尽全力地忘我学习和工作；在困难面前会勇敢迎接挑战；他们会在紧张中创造经验或冒险突破重要难关而完成任务。一个人越专注于自己的事业、工作、活动，他的心理就会越健康，承认自己的一切，包括优点和缺点，他既不孤芳自赏，也不妄自菲薄；面对挫折他不会丧失心理健康的活动能力，不为忧虑、恐惧吓倒。这些人是高度现实的人，有稳固的自我意向和自我同一，有自尊感；能够坦率而无条件地表现爱，有安全感，以及有给生活提供意义和方向的目标和目的感。

德国精神病学家、人格心理学家弗洛姆（E. Fromm）认为，人格是社会文化的产物，因此，心理保健应该是社会根据所有个体的基本需要来适应群体，而不是个体去适合社会。因此，心理健康问题不是社会成员的问题，而是社会满足人的需要达到什么程度的问题。弗洛姆认为，人有一种天然的追求情绪健康和身体健康的倾向，只要有机会，这种天然倾向就会兴旺起来，引导人们充分地发展这种潜能。如果社会力量与天然的成长倾向发生冲突就会导致非理性的行为，即病态的社会制造出病态的人。心理健康依赖于社会性质，有什么样的社会就有什么样的心理健康的定义，而且，定义也因时间和空间的不同

❶ 参见李蔚. 心理健康的定义和特点 [J]. 教育研究，2003（10）：69-75.

而不同。例如，19 世纪和 20 世纪初期，储蓄和贮藏行为、勤俭持家的行为被认为是恰当的或合情合理的。当到了 20 世纪六七十年代，经济结构依赖于持续不断的消费，于是高消费、分期付款即赊购成为一种时尚，而视那些只讲省吃俭用，一心想储蓄的人是缺乏心理健康的人。弗洛姆提供了一幅关于健康人格的清晰画面。这种人富有爱，具有创造性，有高度发展的推理能力，能够客观地理解世界和自我，拥有稳固的同一感，与世界相处得很好并扎根在世界之中，是自我和命运的主体或动因，而且摆脱了依赖联系。弗洛姆认为，心理健康的人会最充分地运用人的潜能，最现实化。

美国人本主义心理学家马斯洛认为，极度健康的人（自我实现者）有更高级的需要：实现他们的潜能和认识并理解他们周围的世界。他们不是力求补足缺失或努力减少紧张，他们的目的是扩大和丰富生活经验，在现有的生活上增进快乐和欣喜。他们的理想是通过新的、挑战性的各种各样的经历增加紧张。之所以如此，因为他们有成为具有完美人性，实现他们全部潜能的"超动机"。这个动机是"特性的成长，特性的表现、成熟和发展。总之一句话：是自我实现"。马斯洛提供了一个关于人性的乐观主义理论，并声称人人都有形成的能力。这就是自我实现的人。自我实现的人是和蔼、正直、诚实、热心的人。这些极端心理健康的人，似乎在许多方面都是完美无缺的：在理解和承认自己和别人方面；在自然性和自发性方面；在关心和同情人类方面；在容忍别人方面；以及在他们承受和控制社会压力的能力方面。不过，马斯洛认为，这种极端心理健康的人也只是极少数的人。

奥地利精神病学家弗兰克尔（V. Frank）认为，人在任何情况下都有选择他们行动的能力，即使在最黑暗的时刻，人们也能够保存精神自由的某种残余、自主性的某种片断。他认为，人可以失掉他们重视的任何东西，但最基本的人的自由例外：即选择对于我们命运的反应态度或方式的自由，选择我们自己的道路的自由，是个例外。我们能够保留决定我们生活结局的最后权力。这种精神自由的成分不可能从我们身上拿走，它给人生提供意义和目的，如果没有了它，也就没有生活下去的根据。弗兰克尔认为忍受痛苦是为了活下去，但是，只有人在受苦中发现某种意义，才能达到幸存下来的目的。弗兰克尔关于心理健康的观点，强调意义意志的重要性。这包括人存在的意义、人对生活意义的需要和发现生活意义的特殊的治疗技术。弗兰克尔认为，缺乏生活意义的人就是精神病，他称之为意向性精神病。这种状态的特点是缺失意义、缺失目的、缺失目标和空虚。弗兰克尔指出，心理健康者愿意承担这种责任，尽管生命是短暂的，但充分利用瞬息即逝的时光，做了他应有的贡献。人生的意义是由它的质量评价的，而不是由是否长寿评价的。弗兰克尔认为，人要是有意地追求愉快，感到的愉快就越少；人如果将生活定向为追求快乐，就永远不会感到快乐；人越是追求自我实现，就越是达不到自我实现。因此，人应该超越自我。所谓心理健康，就是超出自我中心，达到超越自我，使自我全神贯注在意义和目的上。这时，自我就会自动地和自然而然地被实现和现实化。

归纳 WHO 对健康的定义和国外心理学家们的观点，我国学者李蔚将心理健康定义为：所谓心理健康并不是消极地维持正常状态，治疗、矫正和预防心理疾病或心理障碍，而是有意识控制自己，正确了解自己，立足于现在，朝向未来，渴望在生活中的挑战和新的奋斗目标，从而推动自我成长的最佳心理状态。❶ 俞国良、曾盼盼根据 WHO 对于健康的定义，将心理健康理解为：心理健康不仅指没有心理疾病或变态，个体社会生活适应良好，还指人格的完善和心理潜能的充分发挥，亦即在一定的客观条件下将个人心境发挥成最佳状态。❷ 国内外专家、学者对于心理健康的界定和描述虽然不太一样，但其实质则是大同小异的。简单地说，所谓心理健康就是指人具有正常的心理状态和良好的社会适应能力。

2. 心理健康的标准

什么样的心理状态才算是正常的，怎样的社会适应能力才算是良好的，以什么标准判断人的心理是否健康呢？这是一个很复杂的问题，迄今为止，还没有一个统一的心理健康标准。不过，很多专家学者从不同的角度进行了积极的探索，提出了很多有价值的观点：❸ 有学者提出，心理健康应"包括健全的认识能力；适度的情感反应；坚强的意志品质；和谐的个性结构以及良好的人际关系"。有学者认为，衡量心理健康的标准有三：一是体验标准——以个人的主观体验和内心世界为准，主要包括良好的心情和恰当的自我评价；二是操作标准——通过观察、实验和测验等方法考察心理活动的过程和效应，其核心是效率，主要包括个人心理活动的效率和个人的社会效率或社会功能；三是发展标准——着重对人的心理状况进行时间纵向（过去、现在与未来）的考察分析。有学者认为，心理健康的必要条件是：智力正常；善于协调与控制情绪，

❶ 李蔚. 心理健康的定义和特点 [J]. 教育研究, 2003（10）：69-75.

❷ 俞国良, 曾盼盼. 论教师心理健康及其促进 [J]. 北京师范大学学报：人文社会科学版, 2001（1）：20-27.

❸ 参见丁新胜. 教师心理健康研究的回顾与反思 [J]. 江西社会科学, 2005（9）：168-170.

心境良好；具有较强的意志品质；人际关系和谐；能动地适应和改造现实环境；保持人格的完整与健康；心理行为符合年龄特征。还有学者将心理健康者归纳为六种特质：一是积极的自我观念——能了解并接受自己；二是对现实有正确的知觉能力——能面对现实的有效适应；三是从事有意义的工作——有工作、勤于工作且热爱工作；四是良好的人际关系——能有朋友且有亲密的朋友；五是平衡过去、现在和未来的比重——活在现实生活中，吸取过去之经验，并策划未来；六是能自我控制感受与情绪——真实且实际地感受情绪并恰如其分地控制。我国大部分学者比较认可的心理健康标准有如下 10 条：（1）认知功能正常；（2）情绪反应适度；（3）意志品质健全；（4）自我意识客观；（5）个性结构完整；（6）人际关系协调；（7）社会适应良好；（8）人生态度积极；（9）行为表现规范；（10）活动效能吻龄。学者们的观点虽然有各自不同的侧重点，但都涉及了人的知、情、意、行等心理活动的各个方面。最后一种观点更为全面，本书也倾向于这种认识。

3. 教师心理健康的标准

教师心理健康除了具备一般人的标准外还带有一定的职业特性。很多学者对教师的心理健康问题进行了专门的研究，并就教师心理健康的标准提出了自己的见解。如：有学者认为教师心理健康指标包括教师身份认知、健康的教育心理环境、教育独创性、抗教育焦虑、良好的教育人际关系、教育环境的适应与改造等方面。有学者认为教师心理健康标准主要有敬业、乐群和自我修养三个方面。有学者认为，教师心理健康标准至少应包括以下五点：第一，对教师角色认同，勤于教育工作、热爱教育工作；第二，有良好和谐的人际关系；第三，能正确地了解自我、体验自我和控制自我；第四，具有教育独创性；第五，在教育活动和日常生活中均能真实地感受情绪并恰如其分地控制情绪。有学者对教师心理健康的标准进行了详细地分析，指出教师的心理健康主要体现在如下五个方面：第一，具有良好的认知结构（包括敏锐的观察力，信息加工、传递、接受的能力，创造性地开展教育教学活动的能力等）；第二，具有良好的教育情感（包括热爱教师职业、接纳教师专业身份、热爱学生等）；第三，具有良好的意志品质（包括目的性和坚定性、果断性和坚持性以及面对教育过程中出现的问题能够沉着、客观、适当地处理等）；第四，具有和谐的人际关系（包括教师与学生的关系、教师之间的关系、教师与学校管理者的关系以及教师与学生家长的关系等）；第五，具有健全的人格，能够悦纳自我（包括积极乐观的人生态度、开朗豁达的良好性格、对己对人的宽容精神等）。

还有学者将现代教师心理健康标准概括为六个方面：（1）良好的教育认知水平；（2）悦纳教师职业；（3）稳定而积极的教育心境；（4）健全的教育意志；（5）和谐的教育人际关系；（6）教育环境的适应与改造。❶ 总的来说，学者们关于教师心理健康标准的观点大同小异，也都涉及了知、情、意、行等心理活动的各个方面。本书认为，最后一种观点更具有教师职业特性。

（二）教师心理健康问题及其影响

教师的心理健康问题有各种各样的表现，归纳起来主要有如下四种类型：❷ 第一类是与教师职业有关的问题。这类问题具体表现为：不热爱本职工作，对教学工作缺乏热情等怨职情绪；诸如抑郁、焦虑、失眠、头痛、食欲不振、咽喉肿痛、腰部酸痛、呼吸不畅、心动过速等生理—心理症状；因成绩不好就埋怨学生不好好学习，体罚、打骂学生或者进行口头羞辱，夸大学生的问题，处理问题简单粗暴等缺乏爱心和耐心的行为；对教育和教学工作退缩、不负责任，情感和身体的衰竭，易激怒、焦虑、悲伤和自尊心降低等职业倦怠现象。第二类是与教师人际关系有关的问题。这类问题具体表现为教师情绪失调，出现如打骂学生、体罚学生、对家庭成员发脾气、把家长当出气筒等攻击性行为，或者是表现为交往退缩，对家庭事务缺乏热情，对教学工作也缺乏热情等。第三类是与教师自我意识和人格特征有关的问题。这类问题具体表现为：常常以自我为中心、自私自利、目中无人、虚荣心强；情绪不稳定，性格反复无常，对学生的管理方式不一致，常常使自己也无所适从；心胸狭窄、意志脆弱、过于争强好胜、自我封闭等。第四类问题是与教师社会适应有关的问题。教师虽然是比较稳定的职业，但在社会地位、工资收入、工作性质等方面，理想与现实之间存在较大差距，大部分教师都面临着适应性问题。具体表现为：极大的职业压力，强烈的心理失衡，嫉妒、自卑、妄想、愤懑、抑郁等不良情绪，思维不灵活、反应迟钝、记忆力衰退等心理机能的失调。

教师的心理健康状况无论是对学生和学校管理工作，还是对教师自身都会产生极大的影响。❸ 首先，教师的心理健康影响学生的健康成长和价值取向。

❶ 参见丁新胜. 教师心理健康研究的回顾与反思 [J]. 江西社会科学，2005（9）：168－170. 杨建飞. 教师心理健康问题探因及维护策略 [J]. 教育探索，2005（4）：93－94.

❷ 参见周雪梅，俞国良. 教师心理健康问题：类型、成因和对策 [J]. 教育科学研究，2003（3）：51－54.

❸ 参见邢少颖，等. 促进教师心理健康的几点思考 [J]. 教育理论与实践，2003，23（8）：57－58.

教师的言谈举止对学生具有很强的示范作用。一般来说，热爱本职工作、关爱学生、师生关系和谐、乐观开朗、积极向上的教师，往往能带出积极主动学习、乐观向上、具有强烈好奇心、能努力克服学习中各种困难的学生；反之，对教育教学工作缺乏热情、得过且过、消极悲观、情绪不稳定、动辄发脾气甚至打骂体罚学生的教师，所教出来的学生往往也是缺乏学习兴趣、不求上进、脾气暴躁、自以为是、自我中心、意志力不强的学生。同时，心理健康的教师通常有明确的工作、学习和生活目标，并由此折射出其正确的人生观和价值观。心理不健康的教师通常容易脱离现实、注重名利、愤世嫉俗，其人生观和价值观往往也是消极、错误的。教师的人生观和价值观会直接反映到教育教学方式中，并潜移默化地影响着学生。因此，教师的心理健康影响学生的健康成长和价值取向，只有心理健康的教师才能教出心理健康的学生。其次，教师的心理健康影响学校的管理效能。心理健康的教师能悦纳教师职业，具有稳定而积极的教育心境及和谐的教育人际关系，他们往往能够配合学校领导的工作，遵守学校的规定，拥护和执行学校的决策，较好地完成教育教学任务，从而有利于学校管理效能的提高。相反，心理不健康的教师有的对工作持应付态度，有的经常表现出对学校、对领导的强烈不满，有的因为情绪不稳而导致工作效率不高等，从而致使一些学校的规定难以落实，领导的决策难以执行，影响了学校管理效能的发挥。第三，教师的心理健康影响自身的身体健康和专业发展。心理学研究表明，人的身体健康与心理健康关系非常密切，二者相互影响、相互制约。长期身体有病的人，其心理状态通常也相对消极；长期心理状态不佳也会导致身体方面的病变。如：长期的抑郁、焦虑、紧张容易导致内分泌失调和一些心血管方面的异常或病变，严重的抑郁和焦虑甚至会导致自杀行为的产生。因此，毫无疑问，教师的心理健康影响自身的身体健康。同时，心理健康的教师由于情绪稳定乐观、积极向上，能与领导、同事、学生和谐相处，有利于教师之间的专业合作和师生共同成长，从而促进教师的专业发展。相反，心理不健康的教师由于情绪变化无常、消极悲观、得过且过、不好相处等，其专业发展肯定会受到很大的局限。

（三）我国教师心理健康现状及原因

关于教师的心理健康状况，除了前面在教师生存状态扫描中呈现的调查数据外，这里还收集了一些有关教师心理健康问题的调查结果。研究者采用SCL－90（心理健康测试量表）对不同地区、不同层次的教师进行了测试，结果显示，我国教师的心理健康存在不同程度的问题，总体上处于亚健康状态。

如：对上海市 97 所小学的 3055 名小学教师进行的测试显示：心理健康问题检出率为 48%，其中 12% 有明显的心理症状，2% 较为严重，其余有轻度的心理症状。❶ 对辽宁省 14 个市地 168 所城乡中小学的 2292 名教师进行的抽样调查显示：51.23% 的中小学教师存在心理健康方面的问题，其中 32.18% 的教师属轻度心理障碍，16.56% 的教师属中度心理障碍，2.49% 的教师已构成心理疾病。❷ 对山西省 282 所学校 3352 名中小学教师进行的心理健康调查发现：34.9% 的教师存在轻度心理问题，12.4% 的教师存在中度心理问题，2.2% 的教师存在严重的心理障碍。❸ 对山东省烟台市两所高校的 90 名教师进行问卷调查发现：高校教师具有心理健康问题者为 54.44%。❹ 广州市天河区在一次心理保健讲座上对在场教师进行的测试显示：近半数教师的心理健康受到不同程度的影响，其中 31.51% 的教师有轻度心理障碍，12.37% 的教师有中度心理障碍，2.1% 的教师已构成心理疾病。❺ 还有研究者采用自编问卷对湖南省 13 所高校的 538 名教师进行了调查，结果显示，50% 以上的教师感觉到抑郁、精神不振、焦虑，有说不出原因的不安感、夜间无法入睡等心理问题症状。❻ 关于教师心理健康问题的调查研究还很多，这里不可能一一列举。但这些调查数据足以说明，我国教师的心理健康状况着实不容乐观。

那么，导致教师心理健康问题产生的原因是什么呢？很多学者对此做过研究。如：有学者从微观层面探讨了归因、自我效能感、教育观念、人格因素对教师心理健康的影响作用。结果显示：归因、自我效能感、教育观念、人格因素对教师心理健康都有不同程度的影响。能力和努力归因对教师心理健康有正向的预测作用；任务难度和运气归因对教师心理健康有负向的预测作用。工作效能和创造效能对教师心理健康都有正向的预测作用。成功教育、挫折教育和主动探索的教育观念对教师的心理健康都是正向的预测作用。神经质分数低的教师出现心理问题的概率不大；趋向于外向、开放、随和以及尽职尽责的教

❶ 高峰，袁军. 上海市小学教师心理健康现状调查 [J]. 上海教育科研，1995 (3)：40 - 43.
❷ 王加绵. 辽宁省中小学教师心理健康状况的检测报告 [J]. 辽宁教育，2000 (9)：23 - 24.
❸ 胡卫平，等. 山西省中小学教师心理健康状况调查 [J]. 教育理论与实践，2010，30 (4)：57 - 60.
❹ 田玉荣，周志田. 高校教师心理健康状况的调查研究 [J]. 教育研究与实验，1993 (3)：27 - 31.
❺ 郝振君. 试析当前教师的生存状态及其调适策略 [J]. 中小学教师培训，2005 (9)：55 - 58.
❻ 李小华，郭玉风. 湖南省高校教师健康状况调查分析 [J]. 体育世界：学术版，2011 (6)：4 - 5.

师，心理健康水平较高。❶ 有学者认为，引发教师心理危机的因素主要有四个方面：一是来自社会发展和教育教学改革的压力；二是来自工作、学习和竞争的压力；三是传统价值观念与社会现实的冲突；四是教师的自身人格脆弱或耐受力差。❷ 有学者认为，教师的心理问题主要来自各种压力：一是来自教育体制改革中教师自身发展的压力；二是来自职业要求的压力；三是来自学生升学的压力；四是来自社会、家庭的压力；五是来自人际关系的压力。❸ 有学者认为，造成教师心理健康问题的原因是主要有：考试升学率的巨大压力；难释的教育教学重负；教育政策与行政管理的不力；前所未有的社会要求与竞争压力；社会、家长对教师职业的不甚理解；经济负担较重等方面。❹ 还有学者将导致教师心理健康问题的因素归纳为社会、学校、家庭和个人四个方面。一是社会因素，主要表现在：工资待遇低，社会的变化，社会对教师的要求和态度，教育系统的改革和变化，社会价值观念混杂等；二是学校因素，主要是学校的管理和条件的影响，学生的品行、学习情况的影响，学校的人际关系影响等；三是家庭因素，如家庭牵累较多，闲暇时间难消闲，子女升学与就业压力大，为子女前途操心多等；四是个人因素，如心理脆弱、自理能力低、抗挫能力差，自卑感较强等。❺

综合学者们的观点，笔者认为，影响教师心理健康、造成教师心理问题的因素是复杂多样的，既有来自社会、学校和家庭等外部因素的影响，也有教师自身的内部原因。由于在后面我会对教师心理压力产生的原因进行详细的分析，而造成教师心理健康问题的原因和教师心理压力产生的原因又具有很大的相似性，所以在这里，对于影响教师心理健康的因素将不作具体的分析。

（四）教师心理健康的维护

教师心理健康问题产生的原因既有社会、学校和家庭的因素，也有教师自身的因素，因此，要促进和维护教师心理健康，需要社会、学校和家庭等的理解、支持和关怀，更需要教师自身的调适和努力。下面主要从社会、学校和教师个人三个层面提出维护教师心理健康的策略。

1. 社会：理解与宽容

众所周知，社会的发展离不开教育，教育的发展离不开教师，教师担负着

---

❶ 丁新胜. 教师心理健康影响因素研究 [J]. 中小学教师培训, 2005 (6)：54 - 56.
❷ 杨效华. 教师心理危机的成因及对策探讨 [J]. 中国教育学刊, 2006 (4)：48 - 51.
❸ 杨建飞. 教师心理健康问题探因及维护策略 [J]. 教育探索, 2005 (4)：93 - 94.
❹ 庞丽娟, 等. 教师心理健康：关注与促进 [J]. 教育理论与实践, 2003, 23 (5)：61 - 64.
❺ 徐学俊, 魏礼飞. 论教师心理健康与调适 [J]. 教育科学研究, 2001 (1)：54 - 57.

为社会培养下一代的重任。只有身心健康的教师，才能培养出身心健康的高素质的下一代。因此，全社会都应该支持教育、关心教师。首先，要切实提高教师的工资待遇，改善教师的生存环境，减轻教师的生存压力，尽力解除教师的后顾之忧，使教师能全身心地投入教育教学工作。其次，要改善社会大环境，形成对教师角色的合理期待。教师也是普通人，也有正常的人的心理和需要，社会对于教师角色的期待不能过于神圣化、对于教师的要求不能过于苛刻。社会媒体对于优秀教师的宣传不宜夸大事实，对于个别教师失范案例的报道也不宜过度渲染。总之，社会对待教师要多一份理解、多一份宽容，要尽量避免给教师的心理带来不必要的压力。

2. 学校：关心与支持

学校的管理、评价制度、工作负担和人际关系等是直接导致教师心理健康问题的重要因素。因此，要维护教师的心理健康，学校应该从如下方面关心和支持教师。首先，要改革评价机制，形成多元化的评价模式。评价教师不能只看学历学位，更要看教师的能力；不能只注重教师所教班级的成绩和分数，更要注重所教学生的素质和潜质，还要关注教师的教育教学过程和发展；不能只采用某种单一的评价方式（如学生评价或领导评价），而应采用多种评价相结合的方式（如学生评价、领导评价、同行互评、教师自评相结合等）。科学、合理的评价机制能够提高教师的工作积极性，激励教师积极进取，减少心理问题的发生。其次，要建立和谐的人际关系，为教师营造轻松愉快的心理环境。良好的师生关系是开展教育教学工作的前提，团结协作的同事关系有利于教师专业发展，和谐的教师与领导的关系有利于学校教育教学效率的提高，友善的教师与学生家长的关系，有利于减轻教师的心理压力。因此，学校要尽力营造一种互相尊重、平等相待、彼此关怀的人际环境，以避免教师心理问题的产生。第三，要减轻教师工作负担，尽量避免教师超负荷劳动。很多研究表明，教师的心理健康问题与他们的工作过于繁重密切相关。长期的超负荷劳动使不少教师身心俱疲，甚至积劳成疾。因此，学校要尽量减轻教师的工作负担，以防止教师心理问题的产生。

3. 个人：调整与适应

毋庸置疑，社会和学校是影响教师心理健康的重要因素，也是维护教师心理健康的重要力量，但它们毕竟只是外在的因素和力量。对于教师心理健康的维护，关键还是取决于教师内在的因素。因此，要保持健康的心理就需要教师自身的调整与适应。首先，教师要客观地认识自己和自己所从事的职业。既不能自卑，也不能有过高的期望值。尤其是，不能盲目地跟别人或别的职业进行简单的比较，要看到自己所从事职业的价值，要不断提高自己的职业认同感，树立坚定的职业信念。其次，教师要合理地安排生活，注意张弛有度。压力太大时要注意放松，过于轻松时要适当加压。千万不能让自己长时间处于高度紧张和压力状态，也不能长时间地放纵自己或使自己处于无聊状态，否则，心理就容易失去平衡。最后，教师要加强自身修养，学会自我调适，提高抗挫耐压能力。人生不如意十常八九，工作和生活中遭遇挫折和困难是难免的。因此，教师要注重培养自己平和、宽容的心态，遇到挫折和困难要及时疏导、排遣不良情绪和心理困扰，不断提高自己的心理调控能力。

三、教师职业压力

由于教师职业的特殊性及教师所承担的社会责任，教师群体一直被认为是承受压力最大的群体之一。20世纪中叶以来，国外对于教师职业压力的研究成为教育学、心理学的重要领域。近年来，我国也有越来越多的学者关注教师的职业压力，有关各类教师职业压力的研究结果显示，我国教师的职业压力普遍比较大，而中小学教师的职业压力更是大家有目共睹的。下面，笔者试图基于自己的抽样调查结果，结合国内外有关教师职业压力研究的成果，对我国教师的职业压力现状及其原因进行探讨，并提出相应的缓解策略，以期引起有关部门对教师职业压力的进一步关注。❶

（一）教师职业压力的含义及其影响

《现代汉语词典》对"压力"一词的解释是：（1）物体所承受的与表面垂直的作用力；（2）制服人的力量；（3）承受的负担。心理学上的压力是指个体在生理或心理上受到威胁时出现的非特异性身心紧张的状态，它包含三个要素：一是压力源，指环境中客观存在的某种具有威胁性的刺激；二是压力反应，指人对威胁性刺激所作出的反应；三是压力感，指环境中的威胁性刺激经过个体的认知后带来的一种受压迫的感受。本书所探讨的是心理学意义上的压力，这种压力是"环境要求"与"个人应激能力"互动之后的结果。在个人和环境的交互作用的过程中，个体对于环境判断与评价而产生的感受就是压力。

---

❶ 杨翠娥，等. 民族地区中小学教师职业压力及原因探析 [J]. 湖南师范大学教育科学学报，2008，7（1）：111－114.

教师职业压力是压力一词在教育科学研究领域中的应用。对于教师职业压力的涵义，不同学者进行了不同的描述。国外学者李特（Litt）和图尔克（Turk）认为，教师的工作压力是指当教师的幸福受到威胁，且所要解决的问题超过其能力范围时，所产生的不愉快情绪与困扰的经验。基里亚克（Kyria-cou）与萨克利菲（Sutcliffe）将教师工作压力定义为：一种由教师工作角色施加于教师身上的要求，而这些要求构成他们自尊或身心健康的威胁，因而产生负面的情感反应（如愤怒、紧张、挫折、情绪耗竭、焦虑或沮丧），且伴随着可能致病的生理改变。我国学者彭小虎认为，教师工作压力是教师与教学诸要素互动过程中产生的一种不适应状态，并导致教师在一定时间内心理、情感和教学行为等方面的失调。❶ 李玉峰认为，教师的职业压力是指由教师职业中的威胁到教师自尊或健康生活和工作的各种因素所引起的教师生理、心理上的反应对教师个体产生的不良影响。❷ 邵光华认为，教师职业压力是指由教师的教育教学活动及生存状况相关的烦恼事件或学校工作环境等因素引起的一种精神状态及相应的行为表现。❸ 本书的理解是，教师职业压力指教师由于工作方面的原因而导致的身心紧张状态以及相应的行为表现。

压力对人的影响具有双面性。适度的压力是有益的，它可以成为职业活动的动力。积极的压力反应，能提高人的警觉水平，使人注意力集中、思维活跃，有利于教师挖掘自身潜力，排除空虚和郁闷，提高工作效率，进而促进教师专业发展。但过强、持续时间过长的压力会威胁教师的身心健康，降低教师从工作中获得的满足感。目前，国内外教育学者探讨更多的是教师职业压力的消极影响，他们普遍认为，教师职业压力对教师本身产生的消极作用，主要表现在心理、行为和生理三个方面：❹ 首先，职业压力导致教师出现不稳定的情绪和不健全的心理，具体表现是莫名的焦虑、压抑、担忧、受挫感、无助感及缺乏安全感，并且经常感到不安，性格脆弱，丧失自信心，对工作不满意，感到疲惫等。其次，职业压力导致教师消极行为增多，如：行为冲动、易激动、情感失常、暴饮暴食或食欲不振、抽烟喝酒、旷工等。最后，职业压力导致教师生理疾病增多，损害了教师的身体健康。由职业压力引起的教师心理和行为

❶ 彭小虎. 社会变迁中的小学教师生涯发展 [D]. 上海：华东师范大学博士后研究工作报告，2005：52.

❷ 李玉峰. 中小学教师的职业压力与应对策略 [J]. 中小学心理健康教育，2004（11）：38-40.

❸ 邵光华. 中学教师压力谈 [J]. 江苏教育，2003（17）：28-30.

❹ 陈明丽，许明. 国外关于教师职业压力的研究 [J]. 福建师范大学学报：哲学社会科学版，2000（3）：123-129.

的变化往往会对他们的身体产生消极影响，长时间的、过强的压力容易导致各种疾病的出现，例如心脏病、身体疲劳、内分泌失调等。职业压力对教师心理、行为和生理方面的消极影响必然会制约和束缚教师的专业发展。职业压力在对教师个体产生消极影响的同时，也必然对学校和社会产生直接或间接的消极影响。因此，探究教师的职业压力问题并进行有效的疏解，无论是对教师个人，还是对教育都有着重要的现实意义。走向生命关怀的教师专业发展必须重视教师的职业压力。

（二）我国教师职业压力现状及原因

许多调查表明，我国教师的职业压力普遍比较大。如：邵光华和顾泠沅对小学青年教师的压力情况进行的研究结果显示：52%的教师认为很有压力感或极有压力感，而没有压力或稍有压力的教师所占比例仅为8.5%。❶ 一份来自杭州市教育研究所的调查显示：杭州市中小学教师中有76%的教师感到职业压力太大，并已成为生活和工作中的一个严重问题，其中高中教师、男教师、年龄小于40岁的教师、毕业班教师、班主任教师及未婚教师的职业压力尤其严重。有研究者对北京城区和郊区的300名教师进行了问卷调查，结果发现：93.1%的教师感到"当教师越来越不容易，压力很大"，并认为这已成为带有普遍性的重大的生活和生存问题。❷ 浙江浦江县对小学教师进行的调查结果显示：87%的教师感到"压力很大"。❸ 中国教师职业压力和心理健康网络调查结果显示：有34.6%的被调查者反映压力非常大，47.6%的被调查者反映压力比较大，两者加起来占到了被调查者的82.2%。❹ 如前所述，我对湘西自治州中小学教师进行的调查显示：29.3%的教师反映压力非常大，46.8%的教师反映压力比较大，压力比较大和压力非常大加起来为76.1%。其中，男教师比女教师压力大，中学教师比小学教师压力大，城镇教师比农村教师压力大。这些数据足以说明，我国教师的职业压力普遍比较大。

那么，造成我国教师职业压力较大的原因是什么呢？对此，笔者曾做过调查。在调查中，列举了20种可能造成压力的原因让被调查教师选择，统计结

❶ 邵光华，顾泠沅. 关于我国青年教师压力情况的初步研究 [J]. 教育研究，2002 (9)：20 - 24.
❷ 郝振君. 试析当前教师的生存状态及其调适策略 [J]. 中小学教师培训，2005 (9)：55 - 58.
❸ 强晓华，王守恒. 高职院校教师职业倦怠现状调查与消解策略研究 [J]. 职教论坛，2010 (13)：56 - 59.
❹ 李超平. 教师生存状况调查报告：教师生存状况分析 [EB/OL]. [2005 - 09 - 09]. http：// edu. www. sina. com. cn/l/2005 - 09 - 09/1653126581. html.

果显示，造成教师职业压力的主要原因如表 4-6 所示。●

表 4-6　教师职业压力的 10 种主要原因

压力源	百分比（%）
经济负担（包括住房问题，工资发放不及时等）	70.9
所做的工作不能得到客观、公正的评价与回报	69.9
教师的社会地位不高	66.3
担心学生出各类问题	66.3
学校与家长过分关注分数	65.3
学校的规章制度和各类要求有很多不合理的地方	63.0
考核与评比（比如，评比太多，考核内容与模式僵化）	60.6
子女教育或就业问题	59.8
工作不能得到领导的理解与支持	57.1
被动地适应学校各种改革	54.5

分析起来，表 4-6 中所列举的 10 种导致教师职业压力的主要原因可以归结为以下四类。

1. 教师职业特性导致的压力因素

与教师职业特性相关的压力源主要有二：首先是经济负担（包括住房问题，工资发放不及时等）。众所周知，教师（尤其是中小学教师）职业自身不能直接创造经济价值，因而相对来说是一种清贫的职业。近年来，教师的工资收入虽然在一定程度上得到了提高，但多数教师生活并不富裕，他们仍承受着不同程度的经济压力。与其他职业相比，教师职业的社会认可程度与社会回报并不高，教师的实际收入仍然低于他们的劳动付出。尤其是，中小学教师的平均收入更是低于全国职工的平均收入。● 而与发达地区相比，经济相对落后的偏远地区或少数民族地区的中小学教师工资待遇更低，住房条件长期得不到多大程度的改善，个别县市还存在挪用、拖欠教师工资的现象（尤其是上涨的工资经常是迟迟难以到位）。虽然近年来国家采取了一些优惠政策，但物价的飞速上涨使得一些教师的生活仍然非常清贫。教师在承担繁重的工作任务的同时，还要承担沉重的经济负担。因此，有 70.9% 的被调查教师认为经济负担是造成职业压力的首要原因。其次是担心学生出各类问题。随着社会的发展，

　　● 杨翠娥，等. 民族地区中小学教师职业压力及原因探析 [J]. 湖南师范大学教育科学学报，2008，7（1）：111-114.

　　● 李向群. 中小学教师职业压力及应对策略 [D]. 济南：山东师范大学硕士学位论文，2006：19.

独生子女的家庭结构、学生自主性的增强、信息过剩以及社会不良风气的污染都使学生的心理问题和偏差行为越来越多，性质也日趋严重。传统的教师权威日益淡化，教师教育的有效性降低，有的甚至连课堂常规都很难维持，教师的理想与现实差距增大，从而感到心有余而力不足。学生管理的困惑给教师带来了巨大的心理压力。在经济欠发达地区尤其是农村，很多家庭为了改善经济状况，大量青壮年劳动力外出打工，更是造就了一大批"留守子女"或"托付子女"。家庭教育的缺失和母爱的缺失导致了这些孩子在人格发展和综合素质等方面存在更多的问题。这部分学生成了教师"头疼"的重要因素。因此，有66.3%的被调查教师认为，担心学生出各类问题是产生压力的较重要的原因之一。

2. 学校管理导致的压力因素

在众多的压力源中，学校管理的失策也造成了教师不必要的压力或加重了教师的压力，主要表现为落后的管理制度和不合理的评价机制。第一，学校管理制度落后，强调整齐划一，对教师管得太死板，重形式不讲实效。频繁的教学检查仍是很多学校教学管理的基本方式。中小学教师的工作量普遍很大，每周课时量一般在16节以上，繁重的工作已经使教师身心疲惫。新课改的推行更是使教师经常处于精神高度紧张状态。在经济欠发达地区，学校的条件、设备仍然比较陈旧，跟不上改革的步伐，加之学校管理制度的落后，致使大部分教师感觉压力较大。因此，有63.0%的被调查教师认为"学校的规章制度和各类要求有很多不合理的地方"，57.1%的被调查教师认为"工作不能得到领导的理解与支持"，54.5%的被调查教师认为"被动地适应学校各种改革"，都是造成职业压力的比较重要的原因。第二，不合理的评价机制。很多学校对教师的评价方法简单、片面，仍用学生考试的分数、排名、及格率等指标来衡量教师的业绩，甚至有的学校还在采用末位淘汰制，这种做法很不科学。有的学校组织学生评教，但又没能作出合理的解释，更加剧了教师的心理负担和危机。有些学校的评优、奖金发放、职称评聘的制度不完善，使得很多教师感到不公平。因此，69.9%的被调查教师认为"所做的工作不能得到客观、公正的评价与回报"，60.6%的被调查教师认为"考核与评比（比如，评比太多，考核内容与模式僵化）"是造成职业压力的较重要的原因。

3. 社会环境导致的压力因素

表4-6的10种教师压力源中有三个可以归入社会环境因素：第一，教师的社会地位不高。尽管我国一再倡导尊师重教，但由于教师劳动的长期性和滞

后性，社会对教师的认同度仍比较低，在经济落后的民族地区更是如此。虽然近年来情况有所好转，但教师社会地位的提高仅停留在口头上，现实中很多人还是轻视教师劳动，甚至侵犯教师人权或威胁教师生命安全的现象时有发生，这使很多教师感到心灰意冷。因此，有66.3%的被调查教师认为"教师的社会地位不高"是造成职业压力的较重要的原因，其中有35.7%的教师认为"教师的社会地位不高"是造成职业压力的关键原因。第二，学校与家长过分关注分数。我国教育长期为"应试教育"倾向、片面追求升学率所困扰，尽管很多人都清楚"应试教育"的危害性，但始终走不出"应试教育"的泥潭。学校看重的是升学，家长期望的是高分数。在经济落后的地区，无论是教师还是家长更是把升学当成孩子唯一的出路。提不高学生的分数，你就不是一个好教师，你的辛苦和付出就不可能得到人们的认可。尤其是那些自己经历坎坷而没有受到良好教育的家长，更是把希望都寄托在子女身上，望子成龙心切，而且往往将子女学习的成败完全归咎于教师的责任。教师每天不得不为了分数而疲于奔命，中学教师尤其是毕业班的教师更是压力重重。家长过高的期望成为中学教师的巨大心理压力源。难怪有65.3%的被调查教师认为"学校与家长过分关注分数"也是造成职业压力的较重要的原因之一。第三，子女教育或就业问题。59.8%的被调查教师认为，"子女教育或就业问题"也是产生压力的较重要的原因。由于教师的社会地位不高、经济待遇偏低，自然导致了教师在子女教育和就业方面成了现实的问题。一方面，要养育一个孩子成才，需要承受沉重的经济负担；另一方面，由于教师的社会关系相对单一，孩子大学毕业了也难以为其找到一个满意的工作。因此，子女教育或就业问题，也就自然成了很多教师的压力源。

4. 教师个体差异导致的压力因素

虽然表4-6中所列举的10种教师职业压力源主要属于外部因素，但外部因素最终还得通过教师内部才能产生作用。在同等条件下，为什么有的教师有压力，有的教师没有；有的教师压力大，有的教师压力小，这在很大程度上与教师自身的个体差异有关。导致教师职业压力的个体因素主要表现为三个方面：第一，人格因素。一般说来，那些性格内向、缺乏自信心、与同事缺乏交流与合作、较低的自我价值和评判力的教师容易在工作中产生压力感；而那些性格外向、认为工作是一件愉快的事情，在工作中获得较高的成就感、满足感，受到学生和同事尊敬的教师相对来说压力感小些。第二，知识、能力因素。有些教师长期不进修、不学习，对教育的新观念不了解，对专业方面的新知识、新技能没掌握，一旦学校对教育教学的要求发生改变（如：教学创新与改革、竞争上岗等），这些教师便会显得措手不及，因此感到压力重重。第三，自我期望值。有些教师在工作中对自己缺乏深刻的认识，将理想中的教师形象与现实世界中的个人形象等同起来，对自己产生不合实际的过高期望，所制订的教学工作目标不能从自身实际出发，定得太高或者过于理想化，导致期望与现实、付出与成就的失衡，从而时常使自己处于压力之中。

（三）教师职业压力的缓解

跟教师心理健康问题产生的原因一样，教师职业压力的产生也主要与社会、学校和教师自身有关。适当的职业压力有助于促进教师的专业发展，长时间的、过大的压力则会导致教师心理健康问题的产生，从而阻碍教师的专业发展。因此，教师的职业压力应该及时加以疏缓，这也需要社会、学校和教师自身等方面因素的共同努力。

1. 社会：改善工资待遇，提升社会地位

为了减轻经济负担导致的教师职业压力，政府应继续加大对教育的扶持力度，落实对教师的各项优惠政策，采取一系列提高教师待遇的措施。各级领导要少说空话，多办实事，切实改善教师的住房条件和福利待遇。为了减轻社会环境导致的教师职业压力，社会要进一步倡导尊师重教，不断提高教师的政治和社会地位；要采取积极有效措施，适当为教师子女的教育和就业开"绿灯"；要深化教育改革，大力推行"素质教育"，尤其不能将"分数"作为评价教师的唯一标准，更不能将教育的责任完全推到教师头上。教师也是一个个真实的人，而非古书中的圣贤，教师的能力也有限，而非无所不能。因此，校长、家长、学生及社会大众应该对教师抱有合理的期望，不要过于苛责教师，以减少教师不必要的心理压力。

2. 学校：实行人性化管理，完善评价机制

学校要树立"以人为本"的管理理念，建立合理的规章制度和科学、客观的评价机制。切忌实行"末位淘汰"或"升学率"一票否决之类的管理和评价机制。学校领导应关注教师的工作体验，设身处地地感受一线教师的处境，对教师的工作给予更多的理解与支持。并尽可能地改善办学条件，为教师创设一个灵活的、宽松的工作环境。还要采取切实有效的措施，为教师"减负"，如：尽量降低教师工作量，减少不必要的检查，尽量保证教师每年能够外出参观或参加学术会议一次，每隔三五年能够外出学习"充电"一次，使教师有机会提升自己，增强专业自信，并加强与外界的联系，走出狭小的生活

圈子，感受精彩的外面世界。只有这样，教师的职业压力才能得以减轻和缓解。

3. 教师：形成良好个性，增强业务能力

一方面，教师应努力培养乐观、开朗、豁达、坚强的良好性格，不断提高自己的耐压能力，要善于在生活和工作中及时宣泄自己的不良情绪、释放心理压力，同时要学会关爱、理解、欣赏和宽容学生。另一方面，教师应树立正确的教育思想，对自己和自己所从事的职业要有清醒的认识，切忌抱有那些不切实际的过高期望。更为重要的是，教师还要坚持终身学习，不断增强自己的专业能力和水平。一般来说，专业能力强可以使教师在工作中得心应手，并容易解决工作中的各种问题，这样自然就可以减少由于能力不足而带来的心理压力。

四、教师职业倦怠

长时间的、过大的职业压力直接导致的心理问题之一就是职业倦怠。近年来，我国教师的心理健康问题越来越多，其中，职业倦怠已经成为一个非常现实和严重的问题。教师职业倦怠引发的消极情绪和消极行为直接影响教育教学的效率，影响学生的身心健康发展，也制约着教师的身心健康和专业发展。因此，关注教师职业倦怠现象，探究其产生的原因与克服的对策，已经成为教育发展中刻不容缓的问题之一。

（一）职业倦怠的含义

职业倦怠（burnout）是美国心理学家费登伯格（Freudenberger）于 1974 年首次提出的，是用来描述那些服务于助人行业（helping preffessions）的人们因工作时间过长、工作量过大、工作强度过高所经历的一种疲惫不堪的状态。皮特斯（Peters）将职业倦怠定义为"燃尽或耗竭个人的心智、生理、情绪资源，其主要特征为：疲乏、冷漠、理想幻灭、沮丧，显示个人已耗尽其能源或适应的能量"。马斯拉池（Maslach）认为，职业倦怠是那些任职于需要连续地、紧张地与他人互动的行业中的人们在经历长期连续压力下的一种行为反应。那些人因不能有效缓解工作压力而产生了情绪上的疲惫感，对顾客的消极心态，以及认为自己在工作中再也不能取得成就的挫败感。尽管学者们对于职业倦怠的描述不尽相同，但其核心观点是一致的，即职业倦怠是个体因不能有效地缓解工作压力或妥善地应付工作中的挫折所经历的身心疲惫的状态。❶

---

❶ 杨秀玉，杨秀梅. 教师职业倦怠解析［J］. 外国教育研究，2002，29（2）：56–60.

职业倦怠是一个综合症候群，它主要包括三种成分：❶（1）情绪衰竭（emotional exhaus – tion）。指个体情绪和情感处于极度疲劳状态，性急易怒，容忍度低，工作丧失热情，缺乏活力，有一种衰竭、无助感，并对生活产生冷漠和悲观。（2）非人性化（depersonalization）。指个体以一种消极、否定或麻木不仁的态度对待来访者，减少接触或拒绝接纳来访者，把他们视为没有感情之物，用带有蔑视色彩的称谓称呼他们，或用标签式语言来描述他们。不仅如此，对同事也常常持多疑妄想的态度。（3）低个人成就感（reduced personal accomplish – ment）。指个体存在一种消极评价自己工作意义和价值的倾向：感到在其工作中不再有什么值得去做；感觉自己无法给别人的生活带来更大的变化；他们的职业所带来的诸如金钱、社会认可等回报也少之又少，有较强的自卑感和失败感。

根据以上的描述，我们可以将职业倦怠理解为：人们因不能有效地缓解职业压力或顺利地应对工作中的挫折，导致对自己所做的工作动力不足、兴趣下降，甚至感到厌烦、不得已而为之，从而产生一种心力俱疲的状态，进而导致工作能力和工作绩效降低的现象。一些学者将职业倦怠问题的研究范围扩大到了教育领域，认为教师职业无疑也是一种"助人的行业"，教育教学工作面临的是一种压力情景，于是便有了"教师职业倦怠"之说。我国学者借鉴职业倦怠的概念对教师职业倦怠进行了解释，大部分学者一致认为，教师职业倦怠是教师不能顺利应对工作压力时的一种极端反应，是教师在长期压力体验下产生的情绪、态度和行为的衰竭状态。❷ 具体来说，教师职业倦怠是指，教师因不能及时有效地缓解教育教学工作中的压力或妥善应对工作中的各种挫折，导致对从教工作失去动力和兴趣，勉强维持教育教学工作，并在内心产生的一种对教书育人的厌烦和心力俱疲的状态，进而导致教师教育能力和工作绩效降低的现象。

（二）教师职业倦怠的表现及其负面影响

教师职业倦怠现象一旦产生，便会在教师的生理、心理和行为等方面有明显的表现。在生理方面，经常产生疲劳感、无力感；失眠、恶心反胃、食欲不振、喉咙嘶哑、背疼、颈疼、头疼，以致全身酸疼，甚至出现溃疡、腹肠疾患、心率失调、血压升高、内分泌系统功能紊乱等现象。在心理方面，常常感

---

❶ 黄赐英. 职业倦怠：制约教师专业发展的一种重要因素 [J]. 中国教育学刊，2005（8）：61 – 64.

❷ 曾玲娟. 新世纪的关注热点：教师职业倦怠 [J]. 株洲师范高等专科学校学报，2002，7（3）：82 – 85.

到压抑、沮丧、悲观、心灰意懒；自我评价能力低下，缺乏自信心，认为自己的工作毫无意义和价值，同时感到在工作中不能发挥自己的才能；情绪变得紧张、不安、易躁和多愁善感；出现注意力涣散和心神不宁等现象。在行为方面，表现为对教学工作厌倦、无可奈何或反应迟钝、办事草率、拖延、犹豫不决；不思进取、举止无常、牢骚甚多；教育教学方法刻板、落后，甚至出现失常现象；有的还会出现诸如频繁吸烟，过量饮用咖啡、酒和药物等不良生活习性。❶

产生职业倦怠感的教师所表现出来的消极生理、心理和行为状态，不仅影响了教师自身的各个方面的发展，而且对学生、教育事业乃至整个社会都会产生极大的负面影响。

1. 对教师自身的影响

首先，职业倦怠影响教师的身心健康。从上述的心理、行为表现中可以看出，职业倦怠的产生不仅会引发教师的各种生理疾病，而且还会导致教师的情绪和行为失衡，产生心理上的疾患。其次，职业倦怠影响教师的生活质量。有研究显示：职业倦怠教师的家庭冲突比较高。家庭的矛盾和冲突会直接导致教师生活质量的下降。最后，职业倦怠影响教师的专业发展。处于职业倦怠状态中的教师，由于对工作缺乏动力、热情和信心，甚至厌倦教学工作、办事拖拉、不求上进，无意于发展和提升自己，这种消极状态严重阻碍了教师的专业发展。

2. 对教学工作和学生的影响

职业倦怠会导致教师教学品质的低劣。倦怠的教师对学生往往缺乏同情心，没有耐心，工作投入和参与少；实行"放羊式"教育或视学生为宣泄的对象，动辄责怪、迁怒，有的甚至使用粗暴的体罚；无心也无力提高教学质量，课堂教学准备不充分，创造性低，这势必降低学生的学习成绩；学生的纪律问题也因此而增多。教师是学生成长发展的"楷模"、示范者，是学生的人生先导，他们的心情及对生活的态度都会潜移默化地影响学生。教师的喜怒无常极易引起学生情绪困扰、适应不良，甚至引发心理障碍。所以，学生是教师倦怠结果的最终受害者，倦怠的教师会源源不断地制造出心理不健康的学生。❷ 正如美国学者德沃肯（Dworkin）所指出的那样："且不论教师职业倦怠对教师个体及学校组织产生什么样的后果，这些教师的学生才是最终的牺牲者。"❸

---

❶ 徐隽. 职业倦怠：教师积极教育行为的障碍 [J]. 宁波职业技术学院学报，2002，2（2）：20－22.
❷ 徐隽. 职业倦怠：教师积极教育行为的障碍 [J]. 宁波职业技术学院学报，2002，2（2）：20－22.
❸ 转引自杨秀玉，杨秀梅. 教师职业倦怠解析 [J]. 外国教育研究，2002，29（2）：56－60.

3. 对社会的影响

职业倦怠使教师不安心于自己的工作，导致师资流失现象日益严重，进而对社会的政治、经济产生不良的影响。英国《金融时报》曾载文指出："健康和安全委员会督促每一个地方教育当局制定政策以解决教师中的压力。这是寻求减少学校（教师）旷课和改行现象的方法。全国每年因产出低和受过培训的教师的流失而付出的代价总计达数百万英磅。"❶ 同时，职业倦怠使人力资源遭到损失，制造更严重的社会问题，增加了社会对医药和支持性服务系统（如心理咨询、精神科医疗等）的依赖。❷

（三）我国教师职业倦怠现状及原因

很多研究表明，教师是容易产生倦怠感的职业之一。早在 1983 年，美国教师协会就在有关教师职业倦怠的研究中指出，教师是职业倦怠的高发人群，有 37.5% 的教师有严重的职业倦怠。我国教师的职业倦怠现象也较为普遍。除了前面所提及的数据（"中国教师职业压力和心理健康调查"显示，近 30% 的被调查教师存在严重的工作倦怠，近 90% 存在一定的工作倦怠；笔者调查结果是超过 30% 的被调查教师存在严重的职业倦怠，72.4% 的教师存在一定程度的职业倦怠）外，这里还收集到了一些学者关于不同地区、不同层次教师职业倦怠的研究结果。如：强晓华、王守恒对安徽省 4 所高职院校 196 名教师的问卷调查显示，当前高职院校教师职业倦怠状况不容乐观，有 83% 的教师表示存在过职业倦怠感，有 36% 的教师表示非常厌倦自己的职业，其中 40 岁以上的教师存在过职业倦怠感的比例高达 94%，大多数教师表示职业压力过大，成就感不高，35 岁以下的教师中有 41% 表示想转行或通过脱产进修的形式改变一下环境，很多青年教师对自己的职业发展十分迷茫。❸ 王芳对上海交通大学医学院 164 名教师进行的调查显示，66.46% 的医学院教师存在职业倦怠现象，其中青年教师、担任多种社会角色的教师、职称较低、学历较低的教师倦怠更明显。❹ 赵玉芳、毕重增对重庆市和四川省 4 所中学的 190 名教师进行的测量显示，教龄 6~10 年（年龄在 30~40 岁）是教师职业倦怠最严重

❶ 转引自黄赐英. 职业倦怠：制约教师专业发展的一种重要因素［J］. 中国教育学刊，2005（8）：61－64.

❷ 杨秀玉，杨秀梅. 教师职业倦怠解析［J］. 外国教育研究，2002，29（2）：56－60.

❸ 强晓华，王守恒. 高职院校教师职业倦怠现状调查与消解策略研究［J］. 职教论坛，2010（13）：56－59.

❹ 王芳. 医学院教师职业倦怠及影响因素的调查研究［J］. 上海交通大学学报：医学版，2010（12）：45－49.

的阶段。❶ 伍新春等对北京市和包头市的 5 所中学和 4 所小学以及一个在京学习的小学教师进修班的教师进行的调查表明，教龄为 5 ~ 10 年的小学教师和教龄为 11 ~ 20 年的中学教师最易出现情绪衰竭感；教龄在 5 年内的初中男教师和教龄在 11 ~ 20 年的初中女教师可能是职业倦怠的高发人群。❷

对于教师职业倦怠产生的原因，很多学者都进行过探讨。如：蓝秀华（2003）从社会期望过高，工作负担过重、时间过长，同事关系紧张，教师工作力不从心以及社会比较产生不平衡感五个方面进行了分析；徐隽（2002）从理想与现实的差距、管理学生困难、工作负荷过重以及不良的工作环境四个方面进行了分析；杨秀玉等（2002）从社会方面、组织方面、个人背景方面以及学生与教学情境方面进行了探讨；曾玲娟（2002）从工作负担重、工作时间紧，学生品行和学习情况，角色冲突和角色模糊，社会比较，组织氛围以及个人因素等方面进行了分析；戴新利（2006）认为，教师职业倦怠的成因主要有：社会对教师的期望过高、教师的职业压力、学校管理体制、工作待遇以及教师本人的人格特征等方面。❸ 杜刚（2014）从社会因素、组织因素和个人因素三个方面进行了探讨，❹ 等等。

综合来看，导致教师职业倦怠的原因同教师心理健康问题产生的原因和教师职业压力产生的原因一样，主要来自社会、学校和教师自身三个方面。这里在前面所分析的教师职业压力产生原因的基础上再着重强调以下四点。

1. 工作负担过重，压力过大

众所周知，教师职业具有繁重性的特点，与其他职业不同，教师的工作量根本不能用 8 小时制来衡量。尤其是班主任，他们不但要备课、上课、批改作业、个别辅导等，还要对学生的身心、学习、品德等各方面进行全面的照顾和指导。尤其是中小学班主任常常是"眼睛一睁，忙到熄灯"，几乎没有上下班之别。1997 年，上海的一份研究报告指出，小学教师平均每天在校工作时间为 8.93 小时，在家备课时间平均为 1.63 小时。❺ 一项统计资料表明，我国中

---

❶ 赵玉芳，毕重增. 中学教师职业倦怠状况及影响因素的研究 [J]. 心理发展与教育，2003（1）：80 – 84.

❷ 伍新春，等. 中小学教师职业倦怠的现状及相关因素研究 [J]. 心理与行为研究，2003，1（4）：262 – 267.

❸ 戴新利. 教师职业倦怠的表现及干预策略 [J]. 江西教育科研，2006（6）：59 – 60.

❹ 杜刚. 新时期高校教师职业倦怠的归因及消解 [J]. 江苏师范大学学报：哲学社会科学版，2014，40（6）：130 – 133.

❺ 宫贤平，等. 中小学教师职业倦怠研究 [J]. 教学与管理，2007（15）：29 – 31.

小学教师人均日劳动时间为 9.67 小时，比其他岗位的一般职工多 1.67 小时。❶长期的超负荷运转，使教师的身心极度疲倦。在承担繁重的教育教学任务的同时，教师还要接受各种检查。教师的课堂教学、学生的作业、早晚辅导、教案详略、听课笔记等都是学校领导要检查的内容。许多教师都有这样的感觉：自己的工作一直是被检查着、驱赶着、规范着进行的，好像教师是最不懂职业技术、最不会遵守职业操守的人。这样一种缺乏亲和力与尊重感的工作环境和氛围，难免使教师产生压抑感和倦怠情绪。

2. 学生问题多，管理难

教师的工作对象——学生是具有独立思想、独立个性、不断发展变化的青少年。随着社会的发展，学生的个体差异性越来越大，这已经给教师带来了很大的压力。而由于受社会不良风气的影响，学生的心理问题和行为问题日益增多，很多学生拒绝合作，不参加班级活动，对学习缺乏兴趣和动力，得过且过思想严重；还有的学生有严重违纪行为，如旷课、打架、偷盗、晚上就寝后翻墙外出上网，甚至攻击教师等。教师必须花费更多的时间和精力来处理学生的问题，尤其是农村中小学的"留守儿童"问题更要耗费教师的很多心血。由于受各种不利因素影响，很多学生问题并没有得到很好的解决，无法达到预期的教育目标，这使得教师越来越没有成就感，进而导致职业倦怠的产生。

3. 社会地位低，福利待遇差

尽管在新时期党和政府一再倡导尊师重教，但由于教师劳动效果的长期性和滞后性，社会对教师职业的认同仍较低。有些人对教师抱有偏见，轻视教师劳动，甚至殴打教师等侵犯人权的现象时有发生。社会对教师角色的要求也越来越苛刻，媒体也经常放大个别教师的错误言行。教师虽然燃烧了自己却并没真正提高社会地位，致使教师形成烦恼、忧虑、失落等不良心态。近年来，教师的经济待遇确实有了一定程度的提高，但面对市场经济的冲击，许多教师身感自己的经济收入与他们同期毕业的从事其他行业工作的同学相比，相距甚远；与那些没有考上大学而在商海闯荡的同学相比，更显得寒酸。这种比较很容易使教师失去心理平衡，严重挫伤教师的工作热情。更何况，有的学校内部分配不公，体脑倒挂，个别地方还存在拖欠教师工资的现象。这些问题和现象使不少教师感到自己的职业既无社会地位，又无经济效益，从而丧失职业信心、产生职业倦怠感。

---

❶ 韩文根. 改善教师生存状态——从"工作体"向"生命体"回归［J］. 教育探索，2006
（7）：89－91.

4. 教师个人因素

教师的人格特征是职业倦怠产生的重要原因。研究表明，那些性格内向，缺乏自信心，缺乏交流与合作能力，对自己的优缺点缺乏正确认识和客观评价且攻击性强，喜怒无常且易焦虑、紧张的教师易产生职业倦怠；而那些开朗、活泼、自信、乐观的教师则很少产生倦怠感。有些教师在人格方面本身就有不良特征，如内向、怯懦、自卑、孤僻、狭隘、自我封闭等，在面临压力时，往往不能采用适当的策略来应付，特别是那些强烈希望成功，竞争意识强，行为急躁，嫉妒心强的教师，更容易出现心理紧张现象，持续的紧张容易使他们对自己的职业产生怀疑，对同事产生猜忌，最终对自己的职业产生倦怠情绪。此外，有的研究发现，男教师较女教师更易产生职业倦怠，初中和高中教师较小学教师压力更大，单身教师比已婚教师的职业倦怠水平更高，任教于较大的城市学校的教师职业倦怠感更强。

（四）教师职业倦怠的避免与克服

职业倦怠的产生不仅会使教师的教育教学效果下降、人际关系紧张、专业发展受阻，而且还会对学生和自己的身心造成伤害，给社会带来不良的影响。因此，要尽量避免教师职业倦怠的产生，对于已经出现的教师职业倦怠现象应该及时加以克服。教师职业倦怠的产生与社会、学校和教师自身等因素有关，避免与克服教师职业倦怠也需要社会、学校和教师自身等方面力量的共同努力。

1. 社会方面：鼓励与引导

"教师需要精神鼓励，也需要物质鼓励；教师乐于奉献，同样也需要回报"。因此，政府应加大执法力度，维护教师的合法权益，加大对提高教师待遇的政策倾斜力度，切实增加教师的工资收入，改善教师的住房、医疗等物质待遇。进一步深化教育改革，减轻教师的心理负担，减少教师为追求升学率而作出的许多违背教育教学规律的行为。倡导尊师重教的社会风气的形成，全社会都来关心、支持、配合教师，提高教师的工作积极性，变教师的消极心理为积极心理。同时，社会对教师职业角色应给予合理的期望，以减少教师的职业压力。此外，应强化教师心理咨询意识，加强心理咨询机构的建设，以及时解决教师的心理问题，防止教师职业倦怠产生。

2. 学校方面：关心与支持

学校领导和各级管理人员应为教师创设一个良好的工作环境，如改善教学条件、增加现代化教学设施、降低学生和教师的比率，以减轻教师的工作负担。学校应给予教师更多的工作灵活性和自主权，以使教师的劳动更具有创造性。同时，学校应切实解决学校内部的体脑倒挂现象，各种政策应更多地倾向于教师，以提高教师的积极性。此外，学校还应该为教师提供更多的职前和职中培训的机会，如每隔3～5年让教师外出进修或访学一次，时间可以为半年、一年或更长，在这期间教师可以不担任教学工作，只专心学习和进行教育科研。这既可以缓解教师由于繁重工作负担带来的紧张情绪，也可以使教师能够积极"充电"，不断地提高自己的业务水平和科研能力，还有利于切实解决教师的职称评定问题。

3. 教师方面：学习与反思

第一，教师本人应清醒地认识到职业倦怠是源于自己所遇到的压力，因而应努力提高自己的耐压能力。要知道，怨天尤人无益于问题的解决。同时，工作中应注意劳逸结合、忙里偷闲，加强身体锻炼，时刻放松自己的心理，变压力为动力。第二，教师应注意改变自己不良的人格特征，努力培养开朗、乐观、耐心、坚强、幽默、豁达、积极向上等个性特征。第三，教师应养成反思的习惯，通过经常对自己的教学经验进行反思来提高教学能力，调整自己的情绪和教学行为，以获得职业的满足感。此外，教师还应树立正确的教育观念和积极的职业信念，学会理解学生、欣赏学生，培养关爱与宽容学生的精神。

以上笔者在对教师生存现状进行整体扫描的基础上，分别从教师心理健康、教师职业压力和教师职业倦怠几个层面对教师主体生存状态进行了较为详细的描述和分析，并提出了相应的改善对策和措施。由于心理健康、职业压力和职业倦怠之间有着密切的联系，所以它们无论是在问题表现及其影响方面，还是在产生的原因及应对策略方面都具有极大的相似性和重叠性。而无论是站在哪一个层面，我们都可以发现，我国教师的生存状态着实令人担忧。

事实上，我国教师令人担忧的生存状态除了表现为心理健康问题多、职业压力大和职业倦怠感强之外，教师的身体健康状况也不容乐观。一些来自不同地区、不同层次教师的调查显示，我国教师的身体健康总体上也是处于亚健康状态。比如：北京市一所中学的100多名教师的体检报告显示，有22%的教师患有肩周炎，18%的教师患有颈椎增生，8%的教师患有下肢静脉曲张等症状，身患各种疾病的教师加在一起占了50%。据报道，河北省玉田县三中在不到20天的时间里接连有3名中青年教职工因心脏病发作而离开人世。[1] 上海5所高校298名教师的健康状况调查显示，出现颈椎性职业病状的教师为

---

❶ 王军，吴若岩. 教师健康谁来管［N］. 中国教师报，2004－04－21.

28%，腰椎病状的教师为12%，患有肩周炎的教师为13%。❶ 广州医学院第一附属医院的一项调查显示，广州市1000名教师中就有400人患有不同程度的咽喉炎、脊椎病、植物神经紊乱等亚健康病症。❷ 广东省一项高校教师健康状况调查分析报告显示，70%的教师处于亚健康状态，其中约有1/3处于重度亚健康状态。❸ 广东省9个城市18所中学的540名中学教师的调查表明，广东省中学教师患病率依次为慢性咽喉炎（42.48%）、神经系统疾病（35.18%）、运动器官疾病（21.02%）、呼吸系统疾病（20.35%）。❹ 一项来自湖南省高校教师的健康状况调查显示，76.8%的教师具有多年的职业病（如颈椎病、咽喉炎、肩周炎等），近70%的教师处于亚健康状态。❺ 武汉某高校4174名教师的体检结果显示，血脂异常、脂肪肝、高血压、心电图异常、血糖升高的检出率分别为45.97%、40.86%、39.54%、38.39%、35.45%，普遍高于世界卫生组织宣布的正常水平值。处于亚健康状态的教师人数占调查总数的42.55%。❻ 武汉市3所高校1568名教师进行健康体检的结果显示，肝胆脾肾彩超、血脂和心电图的异常率分别为38.84%、36.61%、16.65%，患病率前3位的疾病是高血压、脂肪肝、糖尿病。❼ 来自某所师范学院教师的健康体检结果显示，606名受检者中515名被检测出有不同程度异常，阳性率为85.1%，其中高血脂48.6%，前列腺增生30.8%，脂肪肝29.2%，高血压26.1%，高血糖21.8%。❽ 可见，我国教师的身体健康状况确实不容乐观。不过，对于教师的身体健康状况在这里不作详细的分析。

综上所述，我国教师的生存现状堪忧。这种生存现状如不及时改善将会严重影响教师队伍建设，阻碍教师的专业化进程，制约教师的专业发展水平。走向生命关怀的教师专业发展，必须全面检视和关注教师的生存状态，重视教师的心理健康、职业压力和职业倦怠等问题。近年来，网络上流行着一些关于教师生存现状的顺口溜，虽然有的言词有点偏激，但在某种程度确实是我国教师

❶ 范威. 高校教师健康状况调查 [J]. 教育与职业，2014 (22)：78 – 80.

❷ 肖光畔. 中国教育问题调查：问题教育 [M]. 北京：大众文艺出版社，2005：133 – 140.

❸ 秦彧. 高校教师的心理问题探源 [J]. 教育探索，2005 (2)：104 – 105.

❹ 廖玫，等. 广东省中学教师健康状况调查与分析 [J]. 湖北广播电视大学学报，2012，32 (4)：76 – 78.

❺ 李小华，郭玉凤. 湖南省高校教师健康状况调查分析 [J]. 体育世界：学术版，2011 (6)：4 – 5.

❻ 陈嘉利. 我国高校教师健康状况调查及相关对策研究 [J]. 武汉理工大学学报：社会科学版，2014，27 (5)：806 – 809.

❼ 夏启健. 武汉3所高校教师健康状况调查 [J]. 中国学校卫生，2013，34 (9)：1104 – 1106.

❽ 周绍祥. 高校教师健康状况调查与分析 [J]. 中国社区医师，2014，30 (11)：127 – 128.

生存现状的真实写照，这应该引起相关部门的高度重视。

关于教师生存现状的顺口溜❶

当教师真累

满腔热血把师学会，当了教师吃苦受罪。

急难险重必须到位，教书育人终日疲惫。

学生告状回回都对，工资不高还要交税。

从早到晚比牛还累，一日三餐时间不对。

一时一刻不敢离位，下班不休还要开会。

迎接检查让人崩溃，天天学习不懂社会。

晋升职称回回被退，抛家舍业愧对长辈。

回到家中还要惧内，囊中羞涩见人惭愧。

百姓还说我们受贿，青春年华如此狼狈。

仰望青天欲哭无泪，唉，当教师真累！

教师的 N 种死法

上告教委整死你；

得罪校长治死你；

捣蛋学生气死你；

野蛮家长打死你；

不涨工资穷死你；

竞聘上岗玩死你；

职称评定熬死你；

考试排名压死你；

教育改革累死你；

假期培训忙死你；

光辉职业哄死你；

一生操劳病死你；

公务员待遇想死你。

---

❶ ［EB/OL］．http：//blog. renren. com/GetEntry. do？id＝711322248&owner＝244367095.

第五章　哲学省思：教师生命意义

生命意义是个体作为生命存在的目的和价值，是"人的生命在其活动中的自我确证感和自我实现感"❶，表现为个体不断地肯定自我、实现自我并超越自我。生命具有超越性，人的生命的超越性本质上就是对生命意义的一种追求。人是一种"意义"的存在，人是追求"意义"的生物，失去"意义"，人就失去了安身立命的精神家园；失去"意义"，人与动物也就没有什么根本区别。正是"意义"决定了人的存在、生活和发展的方向，正是"意义"体现了生命的价值和人的尊严。❷ 教师生命意义是教师这一特定社会角色存在的目的和价值，以及教师在教育生涯中的自我确证感和自我实现感，这里主要指教师职业生命意义。本章紧紧围绕教师专业发展，试图在前面所分析的教师专业发展的内在生成及发展历程和教师主体生存状态的基础上，从生命关怀的视角对教师职业生命意义的相关问题进行理性思考。自我效能感是教师对自己教育教学能力的主体把握，职业幸福感是教师在职业生涯中的最美好的心理体验，是教师专业发展的终极目标，道德智慧和生命道德是教师专业发展的价值追求和最高境界。在笔者看来，教师生命意义就集中体现在自我效能感的提升、职业幸福感和道德智慧的生成以及生命道德的回归等方面。走向生命关怀的教师专业发展归根结底就是要使教师能在职业生涯中不断追寻生命意义、彰显生命价值。

一、教师自我效能感

教师自我效能感的概念来源于美国心理学家班杜拉（Bandura）的自我效能理论。近年来，在教师专业化发展的研究中，教师的自我效能感越来越成为

---

❶ 张曙光. 生命及其意义——人的自我寻找与发现 [J]. 学习与探索，1999（5）：49 - 56.

❷ 刘济良. 生命教育论 [M]. 北京：中国社会科学出版社，2004：95.

研究者关注的重要问题之一。

（一）教师自我效能感的含义

自我效能感是班杜拉社会学习理论的重要概念，它最早出现在 1977 年班杜拉发表的论文《自我效能：关于行为变化的综合理论》一文中，班杜拉试图运用自我效能来解释人类行为的启动和改变。1986 年班杜拉在其《思想和行为的社会基础：社会认知理论》一书中系统论述了自我效能感的机制，1995 年班杜拉在其《社会变化中的自我效能》一书中对自我效能理论作了进一步的阐述。经过 20 年的理论探索和实证研究，班杜拉在 1997 年又出版了《自我效能：控制的实施》一书，全面系统地阐述了他的自我效能理论。

班杜拉认为，自我效能是指个体在执行某一行为操作之前对自己能够在什么水平上完成该行为活动所具有的信念、判断或主体自我把握与感受（Bandura，1994）。它包括结果预期（outcome expectation）和效能预期（efficacy expecta-tion）两个成分，结果预期是指个体对自己的某种行为可能导致什么样结果的推测；效能预期是指个体对自己实施某行为的能力的主观判断（Bandura，1977）。❶ 可见，自我效能感是自我的一个方面，是个体以自身为对象的思维的一种形式，是个体对自己能力的一种主观感受。它与能力有关，但又不是能力本身，而是人们在不同环境下，对自己所能做的事的一种信念或判断。人们一般是在推测到某一活动的好的结果以及判断自己有能力去完成这一活动时，才会努力去进行这一活动的。如果人们相信自己没有能力引起一定后果，他们将不会尝试使事件发生。❷ 因此，在实际活动中，自我效能感实际上表现为个体在面临某一活动任务时的胜任感、自信、自珍与自尊等。

在班杜拉看来，自我效能不是个体人格内部的一个静态的固有属性，而是个体人格的一个发展指标，是人与环境发生相互作用的结果，它在不同的情景、不同的领域有不同的表述，比如在价值领域，自我效能表述为自我效能信念或效能信念，在认知领域则表述为自我效能感或自我效能知觉。因此，在班杜拉的论著中，自我效能（self‐efficacy）、自我效能感（sense of self‐efficacy）、自我效能信念（self‐efficacy beliefs）、自我效能知觉（perceived self‐efficacy）和效能信念（efficacy beliefs）等术语常常是交替使用的。也就是说，在不做严

---

❶ 俞国良，罗晓路. 教师教学效能感及其相关因素研究 [J]. 北京师范大学学报：人文社会科学版，2000（1）：72–79.

❷ ［美］班杜拉. 自我效能：控制的实施 [M]. 缪小春，等，译. 上海：华东师范大学出版社，2003：4.

格区分的情况下，我们可以把这些术语作为同一个概念加以理解。

根据班杜拉的自我效能理论，我们可以对教师自我效能感作出这样的理解：教师自我效能感，是指教师在进行某种教育教学活动之前对自己能够在什么水平上完成该活动所具有的信念、判断或主体自我把握与感受。它是教师对自己的教育教学水平及影响学生行为和学习成绩的能力方面的一种主观判断、信念与感受。具体来说，教师自我效能感包含以下几层涵义：第一，教师自我效能感具有整体性特征。它既是教师对自己教育教学水平和能力的一种判断，包含认知成分，也是教师对自身的一种自我感受和信念，包含情意成分。第二，教师自我效能感具有内隐特征。它是一种内在的信念和自我感受，是以潜在的方式隐含于教师的教育信念中，它无法直接观察，但却深刻、直接地作用于教师的教育教学行为。它不是能力本身，但又与教师的能力密切相关。一般而言，能力较强的教师自我效能感也强，他们深信自己可以有效地影响和改变学生；能力弱的教师自我效能感也不高，他们往往对自己能否影响学生持怀疑态度。第三，教师自我效能感具有主体性特征。它反映了教师在教育教学活动中的积极性和创造性。具有较高自我效能感的教师在教育教学过程中会激发自己的内在动机，他们通常会为自己设定具有挑战性的目标，愿意尝试新的教育策略；自我效能感低的教师则往往墨守成规、得过且过，不敢创新、不愿冒险。第四，教师自我效能感具有多样性。通常认为，教师自我效能感包含一般教育效能感和个人教育效能感两个部分，一般教育效能感是指教师对教育的价值、地位和作用的总体看法；个人教育效能感是指教师对自己教育能力的主体知觉、信念或自我感受。个人教育效能感主要表现为教学效能感，但又绝不仅仅指教学效能感，它还包括教育多方面的自我效能感，如组织管理班级，处理学生问题和冲突，与领导、同事、家长沟通等方面能力的判断和信念等。❶

（二）教师自我效能感的作用

班杜拉认为，人们在有了相应的知识、技能和目标后，自我效能感就成为行为的决定因素。它影响人们选择追求的行动的进程、在特定意图中付出多大的努力、在面临障碍和失败时能坚持多长时间、从不幸中恢复的能力、他们的思维方式是自我妨碍的还是自我帮助式的、在应对高负荷的环境要求时体验到

❶ 俞国良，罗晓路. 教师教学效能感及其相关因素研究［J］. 北京师范大学学报：人文社会科学版，2000（1）：72－79. 洪秀敏，庞丽娟. 论教师自我效能感的本质、结构与特征［J］. 教育科学，2006，22（4）：44－46.

多大程度的应激和抑郁，以及所能实现的成功的水平。❶ 对于教师而言，自我效能感一经形成将具体影响教师的职业信念和态度，影响教师的教育教学行为，甚至影响教师的身心健康等，并进而制约教师专业发展水平。可以说，教师自我效能感是教师专业发展的重要内在动因，它能为教师在工作中提供不断进取的力量。同时，教师的自我效能感还影响着学生的学业活动和自我评价。

1. 教师自我效能感影响自身的职业认同

教师的职业认同是指教师对自己所从事的职业及其价值的认可，并能从中取得乐趣的心理状态。自我效能感高的教师通常认为自己所从事的职业是有意义和价值的，他们往往热情、积极、主动地从事教师职业，并把这种职业当作实现自己生命价值的职业。他们通常不太关注福利和待遇，只要能保证基本的生存需要就行，他们更多地关注教师职业带来的精神需要和慰藉，他们打心眼里热爱这种职业，并愿意终身从事这一职业。相反，自我效能感低的教师通常认为自己所从事的职业没有什么意义和价值，他们往往是将教师职业纯粹地看作是谋生的手段，被动地去适应教师职业的需要，在工作中往往缺乏主动性和创造性。调查表明，"效能感低的教师最可能离开教育行业"（Glickman & Tamashiro，1982），而且"如果必须全部重新来过，他们将不再选择教师职业"（Melby，1995）。❷

显而易见，教师的职业认同在实践中体现为教师对待工作的一种态度，这种态度在很大程度上决定了教师专业发展的水平和潜力。一般来说，在各种条件都相当的情况下，积极主动工作的教师要比消极被动应付了事的教师发展得好些。积极主动型教师在工作中通常会全身心的投入，尽可能地把工作做得更好，他们还善于向他人学习，并不断反思自己、改进工作，所以用不了多久他们的专业发展水平就会上一个台阶。这种教师的发展潜力往往也是不可估量的，只要他们保持这种态度和信念，就一定能取得很大的成功。相反，消极被动型教师由于对自己的职业并不认可，所以他们的工作往往是应付了事、得过且过，甚至随时等待机会"跳槽"。长此以往，他们的专业发展肯定会受到极大的局限。

因此，自我效能感影响教师的职业认同和工作态度，并进而影响教师的专

<hr>

❶ ［美］班杜拉. 自我效能：控制的实施［M］. 缪小春，等，译. 上海：华东师范大学出版社，2003：3.

❷ ［美］班杜拉. 自我效能：控制的实施［M］. 缪小春，等，译. 上海：华东师范大学出版社，2003：341 - 343.

业成长能力，它是教师专业发展的重要内在动因。

2. 教师自我效能感影响自身的教育教学行为

在实际的教育教学过程中，教师的自我效能感对其教育教学行为有着很大的影响，它具体影响教师教育教学策略的运用，教育教学行为的坚持性、努力程度、积极性和创新性，影响教育教学任务的完成与教育教学效果等，并进而制约教师专业发展水平。

自我效能感高的教师通常在教育教学中表现出积极的态度和情感，他们倾向于认为只要付出特别努力，运用合适技术，困难学生是可以影响、可以教化的。因此，这些教师对学生往往比较宽容，很少批评学生，在教育教学中他们喜欢运用说服方式而非权威控制，他们还愿意支持学生内在兴趣和学业自我指导的发展。而自我效能感低的教师在教育教学中则表现出冷漠消极的态度，他们倾向于把学生能力低作为学生不可教的理由。所以这些教师对待学生往往比较苛刻，他们强调通过严格管制操控班级行为，靠外在诱导和消极处罚让学生学习，换言之，他们喜欢采取纪律约束和处罚模式。吉布森（Gibson）和登博（Dembo，1984）就高、低效能感的教师如何管理班级活动进行的研究发现：教育效能感高的教师，把更多的班级时间投入学业活动，给遭遇困难的学生提供成功所需的引导，表扬他们所取得的学业成就。相反，效能感低的教师，更多时间花费在非学业性娱乐，易于放弃进步不快的学生，批评他们的失败。❶

自我效能感高的教师愿意在教育教学上付出更多的努力。他们通常喜欢为自己设定挑战性目标，并全力以赴。他们视困难为要加以战胜的挑战，而不是视其为威胁而避开它。面对失败或挫折，他们会想方设法，并把失败归因于努力不够。在失败或挫折之后，他们很快能恢复效能感。自我效能感低的教师抱负往往也很低，他们对自己选定的目标并不很投入。他们把困难视为威胁而加以回避，遇到障碍就松懈斗志或很快放弃。在艰难的环境下，他们停留于自己的不足和任务的严峻以及失败的负面后果。在失败或挫折后，他们的效能感恢复得很慢。此外，自我效能感高的教师在教育教学中往往喜欢创新，他们总是热衷于改革教育教学方法，他们"在介绍课程计划、组织学生讨论以及在后继训练过程中管理班级等方面都做得较好"（Saklofske，Michayluk & Randhawa，

---

❶ ［美］班杜拉. 自我效能：控制的实施［M］. 缪小春，等，译. 上海：华东师范大学出版社，2003：340－342.

1988）。❶ 而效能感低的教师通常倾向于墨守成规，他们教育教学革新意愿比较消极，他们通常不愿冒险，在教学、组织学生和管理班级方面往往很被动，所以教育教学效果也较差。

总之，自我效能感的高低影响着教师的教育教学态度和行为，而不同的教育教学态度决定了教师的发展速度，不同的教育教学行为决定了教师的发展水平。因此，自我效能感成为教师专业发展的重要内在动因。

3. 教师自我效能感影响自身的身心健康

班杜拉总结了自己和他人的许多研究成果，指出，自我效能感对人的身心健康也有着重要的影响。效能感能激活各种各样作为人类健康和疾病中介的生物过程。效能信念的许多生物学效应是在应对日常生活中急性和慢性的应激源时产生的。应激是由知觉到的威胁和额外的要求所产生的情绪状态，它是许多躯体机能失调的重要来源（Krantz，Grunberg & Baum，1985）。面临有能力控制的应激源时，个体不会产生有害的躯体效应。而面临相同的应激源却没有能力控制则会激活神经激素、儿茶酚胺和内啡肽系统并对免疫系统的机制造成损伤（Bandura，1991a；Maier，Laudenslager & Ryan，1985；Shavit & Martin，1987）。人类应激的强度和长期性主要由对自己生活要求的控制知觉所支配。流行病学和相关研究表明，对环境要求缺乏行为和知觉控制会增加对细菌性和病毒性感染的敏感度，从而导致躯体失调的发生和加速疾病的发展速率（Peterson & Stunkard，1989；Schneiderman，McCabe & Baum，1992；Steptoe & Appels，1989）。❷

这些研究结果同样符合教师的状况。面对压力源或威胁，自我效能感高的教师总是抱着能控制的信心，这种自信可以促进行为的完成，减少压力和消沉的倾向。而自我效能感低的教师则总是把未完成的目标归咎于能力缺陷，所以并不需太多失败，他们就会失去对自己能力的信念。而且这些教师在面临可能的不利条件时，通常会体验到强烈的应激状态和焦虑唤起，产生紧张和抑郁的情绪，并以各种保护性的退缩行为或防御行为被动地应对环境。这些行为方式既限制了个体人格的发展，又防碍了其主体性在活动中的功能发挥（Bandura，1989）。克瓦里兹（Chwalisz）、奥尔特梅尔（Altmaier）和罗素（Russell，

---

❶ ［美］班杜拉. 自我效能：控制的实施［M］. 缪小春，等，译. 上海：华东师范大学出版社，2003：55-56，341.

❷ ［美］班杜拉. 自我效能：控制的实施［M］. 缪小春，等，译. 上海：华东师范大学出版社，2003：370.

1992）的研究发现，当面对学术压力时，效能感高的教师致力于解决问题，效能感低的教师则尽力逃避应对学术问题，尽力减缓内部情绪痛苦。这种退缩的应对模式加强了情绪疲惫、去个性化和日益增长的无用感。❶

总之，自我效能感是影响教师身心健康的重要因素，而教师的身心健康是教师专业发展的前提条件和物质基础，它直接关系着教师的专业发展状况。一个身心不健康的教师是很难胜任教师职业的，其专业发展肯定会受到极大的局限。因此，自我效能感通过影响教师的身心健康而成为教师专业发展的重要内在动因。

4. 教师自我效能感影响学生的学业活动和自我评价

班杜拉认为，教师对自己教育效能的信念，部分地决定着学生如何组织班级学业活动，塑造学生对自己智能的评价。教师效能信念影响学生的自我概念、抱负和学业学习。阿什顿（Ashton）和韦布（Webb，1986）证明了不同水平的教师效能信念的累加影响。他们研究了经验丰富、专门教授因严重学业缺陷而被安排在基本技能学习班中的学生的教师。控制学生进班时的能力差异后，发现教师的教育效能信念可以预测学生一学年中的数学和语言成绩水平。学生从充满效能感的教师那里，比从受自我怀疑困扰的教师那里能学到更多的东西。❷

班杜拉指出，教师的效能感对幼儿的影响更大。因为幼儿对自己能力的信念仍相对不稳定，同伴结构也相对非正式，并且幼儿在评价自己能力时很少使用社会比较信息。与此预期相一致，安德森（Anderson）、格林（Greene）和洛温（Loewen，1988）报告，教师的教育效能信念对幼儿学业成就的预测力，比对较大儿童更强。受教于低效能感教师的学生，从小学向初中过渡时，会丧失学业效能感并降低成就期望。如果学生正在为学业苦苦挣扎，他们转投的教师又对自己提高学业成就的能力心存疑虑的话，那么学生的自我怀疑就会加重。因此，对自身促进学习的能力有强烈信念的教师，使学生形成掌握经验；而那些对自身教育效能疑虑重重的教师所构建的班级环境，可能削弱学生对自己能力和认知发展的判断。用于学习指导的时间越少，学生的学业进步就越小（Cohn & Rossmiller，1987）。分析表明，无效能感对惩罚式班级管理的影响是

---

❶ ［美］班杜拉. 自我效能：控制的实施［M］. 缪小春，等，译. 上海：华东师范大学出版社，2003：55-56，343. 高申春. 自我效能理论评述［J］. 心理发展与教育，2000（1）：60-63.

❷ ［美］班杜拉. 自我效能：控制的实施［M］. 缪小春，等，译. 上海：华东师范大学出版社，2003：340-342.

以紧张和愤怒为中介的。过分依赖高压手段做事，助长了他们对他人及其能力水平的贬低（Kipnis，1974），这又进一步损害学生的学业兴趣和动机。❶

（三）教师自我效能感的影响因素

自我效能感作为个体对自己与环境发生相互作用的主体自我判断，不是凭空作出的，而要以一定的经验或信息为依据，其形成受到各种因素的影响。对于教师自我效能感的影响因素，国内外学者都做过大量的相关研究。研究表明，教师的教学效能感与学生的成绩（Gibson S，1984）、学生的动机（Newman F M.，1989）、教师教改的欲望（Bandura A.，1977）、校长对教师能力的评价（Woolfolk A E.，1993）以及教师的课堂管理等之间存在显著相关。❷ 我国学者辛涛等（1994）的研究发现，学历因素对教师的自我效能感具有显著的影响，它不但显著地影响教师的一般教育效能感，而且显著地影响其个人教学效能感。❸ 本章从内部因素和外部因素两大方面进行分析。

1. 影响教师自我效能感的内部因素

班杜拉认为，建构自我效能有四个主要的信息来源：作为能力指标的动作性掌握经验；通过能力传递及与他人成就比较而改变效能信念的替代经验；使个体知道自己拥有某些能力的言语说服及其他类似的社会影响；一定程度上人们用于判断自己能力、力量和机能障碍脆弱性的身体（生理）和情绪状态。❹ 我们可以将这四个信息来源理解为影响个体自我效能感的四个主要的内部因素。对于教师而言，这些内部因素主要表现为教师在教育教学中获得的直接经验和间接经验，情绪的唤起水平以及科学的教育观等。❺

第一，教育教学的成败经验。即教师在教育教学中获得的直接经验。它对教师自我效能感的形成影响最大。教师主要是通过亲身的教育教学经历获得关于自身能力的认知与评价。因为人们认为靠自己的亲身经历得到的信息最可靠，所以教师的直接经验是教师自我效能感形成的最强有力的信息源。一般来

---

❶ ［美］班杜拉. 自我效能：控制的实施［M］. 缪小春，等，译. 上海：华东师范大学出版社，2003：340－342，353.

❷ 俞国良，罗晓路. 教师教学效能感及其相关因素研究［J］. 北京师范大学学报：人文社会科学版，2000（1）：72－79.

❸ 辛涛，等. 教师自我效能感与学校因素关系的研究［J］. 教育研究，1994（10）：16－20.

❹ ［美］班杜拉. 自我效能：控制的实施［M］. 缪小春，等，译. 上海：华东师范大学出版社，2003：79.

❺ 参见刘国权，周树军. 试论教师教学效能感［J］. 吉林师范大学学报：人文社会科学版，2003（1）：111－113.

说成功的教育教学经验可以提高教师的自我效能感，而反复的失败则会降低教师的自我效能感。

第二，替代性经验。即教师的间接经验。班杜拉的研究证明，个体能够通过观察他人行为获得有关自我可能性的认识，它对自我效能感的形成也有重大的影响。当一位教师看到或者想象与自己条件相当的人教育教学获得成功时，会增强自己的效能感，确信自己也能成功地完成类似教育教学任务。当看到或想象一个与自己水平相似的教师，虽然付出了很大的努力仍遭到失败时，则会降低自我效能感，认为自己成功的可能性也不大。

第三，情绪的唤起。班杜拉认为，来自情绪和生理状态的信息也影响着自我效能感。在充满紧张、危险和恐惧的场合或那些需要力量与耐力的活动中，情绪易于唤起，高度的情绪和生理的唤起有损于行为操作，降低对成功的预期水准。许多研究表明：焦虑水平高的人往往低估自己的能力，疲劳和烦恼会使人感到难以胜任所承担的任务。所以情绪唤起水平影响着教师的自我效能感。如：有的教师情绪稳定，抗外界干扰的能力强，面对紧张、尴尬的场面从容不迫，相信自己有能力解决当前的问题，能够驾驭局势、摆脱困境。这样的教师自我效能感自然就会高。相反，有的教师紧张、焦虑的情绪易被唤起，在过度的焦虑或恐惧的情绪状态下，他的无能感也会增强，这样的教师必然是自我效能感较低。

第四，科学的教育观。所谓教育观是指人们对教育现象的根本看法。具体地说，教育观就是人们对教育者、受教育者、教育内容、教育方法等教育要素及其属性和相互关系的认识，以及人们对教育与其他事物相互关系和由此派生出的教育的作用、功能、目的等的看法。教育观科学与否影响教师的自我效能感。如果一个教师坚持遗传决定论的观点，认为学生的优劣是先天素质决定的，那他就会轻视教育的力量，缺少教育的耐心和信心，甚至放弃对差生的教育。这样的教师的自我效能感是不会高的。如果一个教师认为教育在人的发展中起决定作用，教育能够促进人的发展，那他就会相信教育的力量，教育中也会表现出较高的耐心和信心。这样的教师往往具有较高的自我效能感。

2. 影响教师自我效能感的外部因素

影响教师自我效能感的外部因素主要来自社会和学校。❶首先是社会环境因素的影响。历史经验证明，如果社会、国家和政府能够尊师重教，教师的社

---

❶ 参见刘国权，周树军. 试论教师教学效能感［J］. 吉林师范大学学报：人文社会科学版，2003（1）：111－113.

会地位和待遇能够得到提高，就会增强教师从事教育、教学工作的热情、自信心和责任感，从而就会促进教师自我效能感的提高。相反，如果社会、国家和政府不能尊师重教，教师的社会地位低、福利待遇差，那么教师就会对自己所从事的教育、教学工作的价值持怀疑态度，丧失工作的热情和信心，缺乏责任感和职业幸福感，这样，教师就不会有很高的自我效能感。其次是学校因素的影响。班杜拉指出，学校是自我效能培养的主体。[1] 国外的研究表明，学校的结构和气氛对教师的自我效能信念，特别是他们的个人教学效能感，有显著的影响，良好的人际关系、强有力的学校管理、高的学习期望是区分教师效能感的重要预测变量。辛涛等人从制度的完整性、工作提供的发展条件、学校风气、学校的支持系统、教师关系和师生关系六个维度考察了学校因素对教师自我效能感的影响。结果表明：制度的完整性、工作提供的发展条件、学校风气、学校的支持系统和师生关系与教师的自我效能感之间均存在显著的正相关。其中，工作提供的发展条件、学校的支持系统和制度的完整性等因素与教师的一般教育效能感之间存在显著的正相关；学校风气、师生关系和工作提供的发展条件等因素对教师的个人教学效能感具有独立的、显著的影响。具体说来，学校的客观条件越好，风气越正，学校的制度越完整合理，师生之间的关系越融洽，工作提供的发展条件越好，教师的自我效能感就越强。[2] 下面主要分析学校风气、师生关系和工作提供的发展条件因素对教师自我效能感的影响。

第一，学校风气的影响。学校风气主要包括教风和学风两个方面，具体是指一所学校教师教学是否认真，是否积极主动地从事教育科学研究、改进教学方法，学生的精神面貌是否积极向上，学生的学习风气是否浓厚等，它对教师的自我效能感产生重要的影响。如果一所学校能够始终坚持以教学为中心，并采取有力措施激励教师从事教学和科研工作，广大教师能够积极主动地投身于教学和科研工作中，那么教师就会产生较高的自我效能感。相反，如果一所学校"重官轻师"，广大教师都不愿到一线从事教学工作，而是削尖脑袋往行政部门钻，并以学校"管理者"身份为荣，这种"本末倒置"的风气只能降低教师的自我效能感。同理，良好的学风也能促进教师自我效能感的提高，不良的学风会降低教师的自我效能感。学生积极向上、乐于学习，会激起教师教学

---

❶ ［美］班杜拉. 自我效能：控制的实施［M］. 缪小春，等，译. 上海：华东师范大学出版社，2003：248.

❷ 辛涛，等. 教师自我效能感与学校因素关系的研究［J］. 教育研究，1994（10）：16－20.

工作的热情，增强教师教育教学的信心，提升教师自我效能感。学生不愿意学习、不喜欢学习，会导致教师的工作热情下降，并逐渐丧失教育教学的信心，进而降低教师的自我效能感。

第二，师生关系的影响。师生关系指在教育教学过程中形成的教师与学生之间的心理关系，是学校中最基本的人际关系。良好的师生关系对教师自我效能感的形成具有积极的强化作用，不和谐的师生关系则会降低教师的自我效能感。霍伊（Hoy）和伍尔福克（Woolfolk，1990）的研究发现，教师对学生的控制信念与其个人教学效能感之间存在密切关系。辛涛等人的《教师自我效能感与学校因素关系的研究》中，师生关系的一个重要方面是教师是否善于控制学生的行为，是否受学生的尊重。这些学者的研究结果表明，那些与学生关系良好、善于控制学生的课堂行为、受学生尊重的教师，其自我效能感往往较强；相反，与学生生关系紧张、控制不住学生的课堂行为、不受学生尊重的教师，其自我效能感往往较低。

第三，工作提供的发展条件的影响。教师的专业发展需要一个好的平台，学校的办学条件能够为教师发展提供物质基础。工作提供的发展条件是指在一个学校中教学是否有利于教师的发展，是否有利于教师实现其自身价值。辛涛等人的研究表明，工作提供的发展条件对教师的自我效能感具有显著的影响，它不仅影响着教师的一般教育效能感，还影响着教师的个人教学效能感。那些认为目前的教学工作有利于自己发展、有利于自身价值实现的教师，有更高的一般教育效能感和更强的个人教学效能信念，他们对教育价值的认识更准确，更相信自己有能力激发学生的学习动机，有能力教好任何学生。反之亦然。

（四）教师自我效能感的提高

从上面的分析中可以看出，教师自我效能感的形成受各种内外部因素的影响。因此，教师自我效能感的提高也需要各方面力量的共同作用。比如：全社会要形成尊师重教的良好风气，学校要创设各种条件，为教师的专业发展提供平台，经常安排一些优秀的教学观摩活动，为教师树立可模仿的榜样，以获得积极的"替代性经验"，等等。而从教师自身的角度考虑，自我效能感的提高可以从如下三个方面加以努力。

1. 进行积极的自我暗示

暗示是指在无对抗条件下，用某种间接的方法对人们的心理和行为产生影响，从而使人们按照一定的方式去行动或接受一定的意见、思想。❶ 自我暗示是指暗示的信息来自本人，是个体在有意无意中促使自身按某种方式行动或思维。人们熟知的"杯弓蛇影""草木皆兵"等成语故事便是自我暗示的结果。自我暗示有积极和消极两种，积极暗示是对人的行动有积极作用的暗示，消极暗示是对人的行为有消极影响的暗示。一个人的自信心就是一种积极的自我暗示。教师要提高自己的自我效能感就必须经常进行积极的自我暗示。比如面对学生时，要暗示自己有能力教好他们；在进行教育教学革新时，要暗示自己一定会做得很好；在教育教学中遇到困难时，要暗示自己能够战胜它们并顺利完成任务；面对工作中的责难和不公平待遇，要暗示自己这些只是暂时的，情况会变得越来越好，等等。

2. 进行恰当的教学反思

如前所述，自我效能感虽不是能力本身，但与能力密切相关，能力是形成自我效能感的重要条件。所以教师要提高自我效能感，可以从提高自己的教育教学水平和科研能力入手，而教学反思便是提高教师能力的重要途径之一。通俗地说，教学反思就是教师对自己教学的各个环节进行严密、反复的思考，以总结经验或查漏补缺，从而不断提高自身的教学水平，促进自身专业发展的过程。教师自我效能感的提高需要教师经常进行恰当的教学反思。教学观念、知识结构、技能技巧和教学风格等都应该成为教师反思的对象。教师既可以在教学活动后进行反思，也可以在教学活动前、教学活动中进行反思。但不管在什么时候反思，也不管反思什么内容，教师始终要记住：反思本身不是目的，反思的目的是提高自身的教育教学水平和能力，进而增强自我效能感。

3. 进行正确的失败归因

归因对人的情绪和行为有重要影响，正确的归因能够帮助人树立信心。如果教师把教育教学失败的原因都归为外部环境和学生不配合，那么他就不会去尝试新的方式方法，因为在他看来自己的努力是无效的，这样很不利于教师自我效能感的形成；如果教师把教育教学失败的原因都归为自己的能力问题并一味地自责，那么他也不会积极想办法，因为在他看来自己能力有限再怎么努力也改变不了现状，这样更不利于自我效能感的形成。因此，面对教育教学的失败和挫折，教师应该冷静地分析客观事实，进行正确的归因，既要看到外部因素的不利影响，也要看到自身的不足。对于自身的原因，教师应尽可能地把失

败归为自己的努力不够，而不是能力不足。然后再配以积极的暗示：只要再加把劲，自己一定会取得成功的。只有这样，教师的自我效能感才能得以提高。

二、教师职业幸福感

幸福是生命的一种存在方式，是人生的终极目标，追求幸福是每个人的基本权利和生活动力。教师作为生命个体，同样也在追求自身的价值和幸福。

（一）教师职业幸福感的含义

1. 幸福是什么

幸福是哲学、伦理学、社会学、经济学、心理学、教育学等众多学科关注和研究的重要问题。对于幸福是什么？不同的学科有不同的回答，不同的专家学者有不同的理解。有学者指出，"幸福是对于人生具有重要意义的需要、欲望、目的得到实现的心理体验"❶。有学者认为，"幸福是人们在社会生活实践过程中，由于感受到人生价值的实现而形成的一种精神上的满足"❷。有学者认为，"幸福是人性得到肯定时的主观感受""幸福感是主客体辩证统一时的'融合感'"❸。还有学者将幸福规定为"各种好事的整体优化和和谐发展"，认为"不幸完全可能由单一的事件形成，但再好的单一事件也构不成完美的生活和全面的幸福。幸福无论在纵向的时间上，还是在横向的内容上都是整体优化和相互协调的。幸福指数是许多快乐指数的总和"❹。

以讲授"幸福课"而出名的哈佛讲师泰勒·本·沙哈尔（Tal Ben Shahar）认为，幸福应该是快乐与意义的结合。他说："一个幸福的人，必须有一个明确的、可以带来快乐和意义的目标，然后努力地去追求。真正快乐的人，会在自己觉得有意义的生活方式里，享受它的点点滴滴。"本·沙哈尔从人们常吃的汉堡里，总结出了四种人生模式。第一种汉堡，口味诱人，但却是标准的"垃圾食品"。吃它等于是享受眼前的快乐，但同时也埋下未来的痛苦。用它比喻人生，就是及时享乐，出卖未来幸福的人生，即"享乐主义型"；第二种汉堡，口味很差，里边全是蔬菜和有机食物，吃了可以使人日后更健康，但会吃得很痛苦。牺牲眼前的幸福，为的是追求未来的目标，他称之为"忙碌奔波型"；第三种汉堡，是最糟糕的，既不美味，吃了还会影响日后的健康。与

❶ 孙英. 幸福论 [M]. 北京：人民出版社，2004：18.
❷ 高兆明. 存在与自由：伦理学引论 [M]. 南京：南京师范大学出版社，2004：255.
❸ 刘次林. 幸福教育论 [M]. 北京：人民教育出版社，2003：32-37.
❹ 郝文武. 教育哲学研究 [M]. 北京：教育科学出版社，2009：146.

此相似的人，对生活丧失了希望和追求，既不享受眼前的事物，也不对未来抱期许，是"虚无主义型"；第四种汉堡，又好吃，又健康，即"幸福型"汉堡。一个幸福的人，是既能享受当下所做的事，又可以获得更美满的未来。不幸的是，据本·沙哈尔观察，现实生活中的大部分人，都属于"忙碌奔波型"。为什么当今社会有那么多"忙碌奔波型"的人呢？本·沙哈尔这样解释：因为人们常常被"幸福的假象"所蒙蔽。我们所处的社会环境和文化背景是这样的：假如孩子成绩全优，家长就会给奖励；如果员工工作出色，老板就会发给奖金。人们习惯性地去关注下一个目标，而常常忽略了眼前的事情，最后，导致终生的盲目追求。然而一旦目标达成后，人们常把放松的心情，解释为幸福。好像事情越难做，成功后的幸福感就越强。不可否认，这种解脱，让我们感到真实的快乐，但它绝不等同于"幸福"。它只是"幸福的假象"。"忙碌奔波型"的人错误地认为成功就是幸福，坚信目标实现后的放松和解脱就是幸福。因此，他们不停地从一个目标奔向另一个目标。在本·沙哈尔看来，寻找真正能让自己快乐而有意义的目标，才是获得幸福的关键。❶

蒂姆的故事❷

蒂姆小时候是个无忧无虑的孩子。但自打上小学那天起，他忙碌奔波的人生就开始了。父母和老师总告诫他，上学的目的就是取得好成绩，这样，长大后才能找到好工作。没人告诉他：学校，可以是个获得快乐的地方，学习，可以是件令人开心的事。因为害怕考试考不好，担心作文写错字，蒂姆背负着焦虑和压力。他天天盼望的就是下课和放学。他的精神寄托就是每年的假期。

渐渐地，蒂姆接受了大人的价值观。虽然他不喜欢学校，但还是努力学习。成绩好时，父母和老师都夸他，同学们也羡慕他。到高中时，蒂姆已对此深信不疑：牺牲现在，是为了换取未来的幸福；没有痛苦，就不会有收获。当压力大到无法承受时，他安慰自己：一旦上了大学，一切就会变好。

收到大学录取通知书时，蒂姆激动地落泪。他长长舒了一口气：现在，可以开心地生活了。但没过几天，那熟悉的焦虑又卷土重来。他担心在和大学同学的竞争中自己不能取胜。如果不能打败他们，自己将来就找不到好工作。

大学四年，蒂姆依旧奔忙着，极力为自己的履历表增光添彩。他成立学生

---

❶　参见董月玲，张开平. 风靡哈佛的"幸福课"[J]. 基础教育，2007（9）：6－9.
❷　选自董月玲，张开平. 风靡哈佛的"幸福课"[J]. 基础教育，2007（9）：6－9.

社团、做义工，参加多种运动项目，小心翼翼地选修课程，但这一切完全不是出于兴趣，而是这些科目，可以保证他获得好成绩。

大四那年，蒂姆被一家著名的公司录用了。他又一次兴奋地告诉自己，这回终于可以享受生活了。可他很快就感觉到，这份每周需要工作84小时的高薪工作充满压力。他又说服自己：没关系，这样干，今后的职位才会更稳固，才能更快地升职。当然，他也有开心的时刻，是在加薪、拿到奖金或升职时。但这些满足感很快就消退了。

经过多年的打拼，蒂姆成了公司合伙人。他曾多么渴望这一天。可是，当这一天真的到来时，他却没觉得多快乐。蒂姆拥有了豪宅、名牌跑车。他的存款一辈子都用不完。

他被身边的人认定为成功的典型。朋友拿他当偶像来教育自己的小孩。可是蒂姆呢，由于无法在盲目的追求中找到幸福，他干脆把注意力集中在了眼下，用酗酒、吸毒来麻醉自己。他尽可能延长假期，在阳光下的海滩一呆就是几个钟头，享受着毫无目的的人生，再也不去担心明天的事。起初，他快活极了，但很快他又感到了厌倦。

做"忙碌奔波型"并不快乐，做"享乐主义型"也不开心，因为找不到出路，蒂姆决定向命运投降，听天由命。但他的孩子们怎么办呢？他该引导他们过怎样的一种人生呢？蒂姆为此深感痛苦。

尽管人们对于幸福的诠释不尽相同，"幸福的概念是如此模糊"，但其基本的含义却是一致的。首先，幸福是一种主观的心理体验。幸福虽然有其客观来源，但它终归还是人的一种主观感受。同样一件事情，对于有的人而言是幸福，对于另一些人就有可能是不幸。比如：对于失学儿童来说，上学是一件多么幸福的事，但对于饱受教育之苦的孩子而言，能够离开学校则是最大的幸福。英国的心理学家和数学家推算出了一个公式来表明"幸福"的组成：Felicidad（幸福指数）$= P + (5 \times E) + (3 \times N)$。其中，P代表人的性格、人生观以及适应能力和耐力；E代表人的健康及财富和友谊的稳定态度；N则是指人的自我评价、对生活抱有的期望值、性情和欲望。❶ 这个公式表明了人的幸福具有很大的主观性，幸福首先是一种主观的心理体验。其次，幸福具有层次性。一个人是否幸福与其需要是否得到满足，目的、价值是否得以实现相联系。人的需要是有层次性的，有高级需要和低级需要之分，因此，人的幸福也

---

❶ 扈中平. 幸福是教育追求的终极价值 [J]. 教育科学论坛，2007 (11)：1.

有高级幸福与低级幸福之别。有人将幸福划分为生理幸福、心理幸福和伦理幸福三个层次。生理幸福是指主要因满足生理需要而体验到的幸福；心理幸福是指因心理需要得到满足时的幸福体验；伦理幸福是指人的社会性需要得到满足时所产生的心理体验。❶ 还有人将幸福区分为物质幸福、社会幸福和精神幸福三个层次。物质幸福是指人的物质生活需要得到满足时而体验到的幸福；社会幸福指人在社会生活中的交往需要得到满足时而体验到的幸福；精神幸福指人的精神发展的需要得到满足时而获得的幸福。❷ 不管是分为高级幸福与低级幸福，或生理幸福、心理幸福和伦理幸福，还是分为物质幸福、社会幸福和精神幸福，人的完整的幸福是不同层次幸福的有机统一。最后，幸福是主观心理体验与客观伦理规范的统一。主观心理体验决定一个人是否有幸福，客观伦理规范则决定一个人的幸福是否正当。幸福首先是人的一种主观体验，但如果这种体验是由不合理需要的满足，甚至是违犯伦理规范的需要的满足而产生的，那这种体验也只是虚假的幸福。真正的幸福应该是"人性得到肯定时的主观感受"，是合理需要的满足所产生的心理体验，是一个人有意义目标的实现和生命价值的凸显时的主观感受。因此，幸福既是心理的，也是伦理的，是主观心理体验与客观伦理规范的有机统一。❸

2. 教师职业幸福感的含义

关于教师的幸福和教师职业幸福感，很多专家学者都进行过诠释。檀传宝认为，教师的幸福就是教师在自己的教育工作中自由实现自己的职业理想的一种教育主体生存状态。对自己生存状态的意义的体味构成教师的幸福感。教师的幸福和幸福感具有精神性、关系性、集体性和无限性等特点。❹ 陈艳华认为，教师的幸福就是教师在自己的教育工作中，基于对幸福的正确认识，通过自己不懈的努力，自由实现自己的职业理想、实现自身和谐发展而产生的一种自我满足、自我愉悦的生存状态。教师的幸福是物质和精神的统一，享受和劳动创造的统一，自我实现和真诚奉献的统一。❺ 曹俊军认为，教师幸福既是个人需要与社会需要的统一，又是个人价值和社会价值的有机结合，它具有四个方面的内涵：教师幸福是个人需要满足与潜能实现而获得的体验，教师幸福是个人主观努力与客观机会及条件契合的结果，教师幸福是个体对其生存状况与

❶ 刘次林. 幸福教育论［M］. 北京：人民教育出版社，2003：20－21.
❷ 冯建军. 教师的幸福与幸福的教师［J］. 中国德育，2008，3（1）：24－29.
❸ 刘次林. 幸福教育论［M］. 北京：人民教育出版社，2003：36－37.
❹ 檀传宝. 论教师的幸福［J］. 教育科学，2002，18（1）：39－43.
❺ 陈艳华. 谈教师的幸福［J］. 济南大学学报，2003，13（1）：78－81.

职场环境肯定的价值评判，教师幸福是具有教育动力源性质的精神力量。❶ 冯建军认为，教师的幸福是教师作为一般意义上的社会人、职业工作者和教育活动主体的完整的幸福，是物质幸福、社会幸福和精神幸福的统一，其构成要素包括中等财富、身心健康、人际和谐、高尚德性和发展完满。教师的专业幸福是教师作为教育活动主体的幸福，是教师幸福的重要构成，具有精神性、内生性、关系性、理解性和创造性。拥有专业幸福的教师是关怀生命的教师，是具有阳光心态的教师，是以教育为事业的教师，是具有专业自由的教师，是富有创造的教师，也是追求专业持续发展和自我超越的教师。❷ 刘次林认为，对于幸福教育的教师来说，教育不是牺牲而是享受，不是重复而是创造，不是谋生的手段而是生活本身。❸ 熊川武认为，教师的幸福感主要由学生的爱戴感、教学的胜任感、探究的新鲜感、成功的愉悦感等组成。❹

综合专家学者们的观点，本书认为，教师的幸福是指教师作为具体而完整的人的幸福，既包括作为一般人的幸福，也包括作为职业人的幸福。这种完整的幸福涉及教师全部的生活和生命活动，既有物质幸福又有精神幸福，既有利他幸福又有利己幸福，既有社会工具价值的幸福又有内在价值的幸福。在教育学领域，学者们更多地是从教师作为职业人的角度解读教师的幸福，在不作特别说明的情况下，大家所探讨的教师幸福好像已经约定俗成，主要是指教师的职业幸福或专业幸福。本书也主要在教师职业或专业领域讨论教师的幸福和幸福感。基于专家学者们的观点和笔者个人的理解，这里将教师职业幸福感界定为：教师在教育工作中需要获得满足、自由实现自己的职业理想、充分发挥自己的潜能、实现自身社会价值和内在价值的一种持续的快乐体验。教师职业幸福感主要具有精神性、关系性、创造性和内生性的特点。

（1）精神性。一方面，教育活动主要是一种精神活动，教育过程是师生生命的碰撞、精神交流、情感融通的过程。在这个过程中，教师对学生的影响主要是通过自己的思想、学识和人格魅力，而思想、学识和人格魅力都是精神层面的东西，这说明教师劳动本身具有精神性。教师的职业幸福感自然与自身的劳动有关，所以也具有一定的精神性。另一方面，教师劳动的结果和报酬也具有很大的精神性，这种精神性主要表现为学生的成长和进步。虽然教师的幸

❶ 曹俊军. 论教师幸福的追寻 [J]. 教师教育研究, 2006, 18 (5)：35 - 39.
❷ 冯建军. 教师的幸福与幸福的教师 [J]. 中国德育, 2008, 3 (1)：24 - 29.
❸ 刘次林. 幸福教育论 [M]. 北京：人民教育出版社, 2003：213.
❹ 熊川武. 教研是教师幸福之源 [J]. 上海教育科研, 2004 (5)：1.

福也离不开一定物质条件的保证，但在物质待遇既定的情况下，教师的职业幸福感则与学生的学业成绩、道德成长和身心健康等方面密切相关。换句话说，教师作为学生"灵魂的工程师"，其职业幸福感主要建立在学生成长和进步的基础上，具有很大的精神性。如果学生的品德、人格得到健康发展，学业不断进步，那么即便是生活清贫的教师也能够从学生的进步中获得幸福感；反之，如果学生品德败坏、不思进取、学业达不到要求，那么即便是经济待遇有了改善，教师也很难从职业活动中获得幸福感。孟子将"得天下英才而教育之"当作人生的三大乐趣之一，也很好地诠释了学生的进步和发展是教师快乐和幸福的源泉。

（2）关系性。教师职业幸福感虽然是教师自身的一种内在体验，但其产生并不是教师单方面因素的结果，而是各种主体间关系的相互影响的产物。首先，教师职业幸福感具有师生主体间的关系性。师生关系不仅仅是教育过程中的知识授受关系，而是全部的情感关系、人格关系，是完整的人与人之间的双向交往关系。教师的劳动必须建立在师生交流的基础上，其劳动成果和价值也主要是在学生身上展现出来的。学生的进步能给教师带来幸福感，良好的师生关系能引发教师的幸福感，反之亦然。其次，教师的职业幸福感也与领导的支持、同事的配合以及学生家长的理解分不开。在学校环境下，教师与领导的关系、教师与同事的关系、教师与学生家长的关系是除了师生关系之外的几种主体间关系，教师的幸福感与这些关系的和谐与否直接相关。如果工作能够得到领导的大力支持，同事之间能够团结协作，学生家长也非常理解和支持工作，那么，即便是待遇稍低一点，教师也能在工作中体验到职业的幸福。相反，如果领导不支持工作，同事不配合，学生家长不理解，那么，工资再高，教师也很难产生幸福感。因此，教师的职业幸福感与学校中的几对主体间关系密切相关，具有一定的关系性。

（3）创造性。教师的劳动具有创造性，教师的职业幸福感源于自身创造性的劳动。教师的劳动是以知识、思想和人格孕育鲜活生命的过程，学生生命个体的差异性要求教师的劳动无论是在教材内容重组上，还是在教育过程的动态生成上，尤其是在复杂的教育情境中处理各种教育问题时，都必须表现出创造性。创造的过程是实现自身生命价值的过程，也是体验职业内在尊严和欢乐的过程。教师只有在创造性的劳动中才能获得存在感、满足感和成就感，进而转化为幸福感。如果教师在教育过程中只是机械地、简单地重复，那么日复一日年复一年，教师的生命活力就会逐渐被消解，对工作产生倦怠，对自身的价值产生质疑，也就很难形成职业的幸福感。所以从这个意义上说，教师职业幸福感源自创造性的劳动，具有很强的创造性。正如学者们所指出的那样，具有专业幸福的教师是富有创造的教师，对于幸福教育的教师来说，教育不是重复而是创造。

（4）内生性。在教育过程中，不但学生在不断成长，而且教师也在不断发展，教育活动是师生生命碰撞、共同成长的过程。教师既可以从学生的成长中获得满足感和幸福感，也可以从自身的专业发展中体验成就感和幸福感。专业发展是教师从事教育活动的内在追求，当这种内在追求的目标得以实现，教师的主观幸福感就会增强。每当成功地上完了一节课，顺利地发表了一篇教育研究论文或者完成了一项课题研究任务时，教师都会感到无比的快乐和满足。专业发展意味着教师教育教学能力的增强，意味着教师职业素养的提升，而发展本身就能给人带来快乐和幸福感。如果说学生的学业进步和健康成长是教师职业社会价值的显现的话，那么教师自身的专业发展就是教师职业内在价值的体现。从这种内在价值的实现中获得的幸福感就是一种内生性的幸福感。

总之，幸福感是在主观与客观的关系中生成的，但最终是靠主观去把握，是一种主观体验。教师的职业幸福感则是教师主体的一种精神生存状态，是教师的主观感受。而这种主观感受既与教师个人的主观因素有关，也与客观环境因素有关。教师职业幸福感来自于学生的健康成长，来自各种和谐的主体间关系，来自于教师的创造性劳动，更来自于教师自身的专业发展。

（二）教师职业幸福感的意义

心理学研究表明，拥有幸福感的人比心情压抑、郁闷的人更容易取得成功。教师是否具有职业幸福感直接关系到教育事业的成败。如前所述，职业幸福感作为教师的精神生存状态，它源自学生的成长和进步、源自教师创造性的劳动以及教师自身的专业发展。反过来，教师职业幸福感一旦产生，又对教师的教育教学工作、学生的健康成长和教师的专业发展具有积极的促进作用。因此，关注教师主体生存状态，关注教师职业幸福感，对提高教育教学工作质量、促进师生共同成长具有重要的现实意义。

1. 教师职业幸福感是做好教育工作的精神力量

有学者将教师分为生存型教师和事业型（生命型）教师两类。生存型教师将教师职业当成无可奈何的选择，他们只是为了生存而当教师，教师职业对于他们而言只是谋生的工具和手段，这类教师很难在教育活动中产生幸福感。没有职业幸福感的教师不可能将教育工作当成自己人生价值的追求，在教育工作中，他们一般不会有太多的热情和投入，很多时候他们只是得过且过、敷衍了事，更加谈不上创造性地开展教育教学工作了。而事业型（生命型）教师则将教育工作当成自己毕生追求的事业，当成自己生命的一个部分，这类教师往往对教育活动充满了热情，他们认真钻研业务、创造性地解决各种问题、积极寻求提高教育质量的方法和措施，对他们来说，充实的教育活动本身就是一种幸福，学生的点滴进步、工作的稍许成效都能给他们带来快乐和幸福的体验，并进而激发他们更加努力地工作。所以从这个意义上说，职业幸福感是教师做好教育工作的精神力量。

2. 教师职业幸福感是学生幸福成长的重要基石

苏霍姆林斯基曾指出，要使孩子成为有教养的人，首先就要使他们有欢乐、幸福和对世界的乐观感受。在某种意义上，教育的目的就是要促进个体获得幸福的体验和发展幸福的能力，而教师如果没有职业幸福感，就很难引导学生去感受幸福。心理学研究表明，具有幸福感的人多是乐观、自信、自尊、积极向上的人。同理，具有职业幸福感的教师也多是乐观、自信、自尊、积极进取的教师。这些积极、阳光的心理品质不仅能使教师以最大的热情投入教育教学工作，而且对学生能起到潜移默化的影响。"教师以阳光沐浴学生，以生命激情点燃学生，以创造激发学生，以个性感染学生"❶。所以，我们可以说，只有幸福的教师才能教出幸福的学生，具有职业幸福感的教师比没有职业幸福感的教师能够带给学生更多的快乐和成功，教师的职业幸福感是学生幸福成长的重要基石。

3. 教师职业幸福感是教师专业发展的内在动力

教师职业幸福感与教师专业发展是相辅相成的，教师职业幸福感源自教师专业发展，又反过来促进教师专业发展，成为教师专业发展的内在动力。具有职业幸福感的教师比没有职业幸福感的教师能够得到更好的发展，职业幸福感强的教师比职业幸福感低的教师能够得到更快的进步。因为个体的发展和进步需要自信、积极、乐观向上的心理品质，而具有职业幸福感的教师通常就具有这些心理品质，他们在工作中能够表现出强烈的进取精神和做好教育教学工作的信心和毅力。具有职业幸福感的教师视教育为生命，生命不息，教育不止，他们不断地学习和反思，不停地摸索和创造。教师的专业水平就在这不断的学习、反思和创造中得到提升。教师又可以从专业发展和进步中获得更大的满足

---

❶　冯建军. 教师的幸福与幸福的教师 [J]. 中国德育，2008，3（1）：24－29.

感和幸福感，从而形成一种良性循环，激起更大的工作热情和信心，进一步推动教师专业发展。

（三）教师职业幸福感的缺失

随着社会发展和物质生活的日益富裕，人们对职业领域中的精神愉悦和幸福感的诉求不断提高。越来越多的人意识到，教师的职业幸福感对于学校、教育工作、学生以及教师自身都具有极其重要的意义和价值。然而审视当前教师的生存现状可以发现，我国教师中真正体验到职业幸福的教师并不多见，教师职业幸福感的缺失已是一个不争的事实。具体来说，教师职业幸福感缺失的表现及原因主要有如下四个方面。

1. 收入与付出之间的失衡消解了教师的职业幸福感

按照马斯洛的需要层次理论，人只有在最基本的生理需要得到满足后，才会出现更高级别的精神追求。当人的生活处于窘迫状态时，恐怕很难产生持久的快乐体验，即使是获得了暂时的幸福感，那种幸福感也只能是残缺不全的。虽然我们说教师的职业幸福感具有精神性的特点，但那也需要以一定的物质条件作为基础。换言之，教师作为一个生命个体，首先也是一般意义上的社会人，物质条件虽不是教师幸福的全部，但是教师幸福的重要保障，是影响教师职业幸福感的基础性因素。

尽管近年来我国教师的工资收入确实得到了很大的提高，但与其他职业相比，教师职业的社会认可程度与社会回报并不高，教师的实际收入仍然低于他们的劳动付出。而在经济相对落后的民族地区，中小学教师工资更低，福利和住房条件更差。尤其是农村中小学教师，他们除了国家拨款的那部分工资外，几乎无任何福利。虽然国家对民族地区和农村中小学教师制定了一些优惠政策，给予了一定的特殊补贴，但优惠政策的落实何其艰难。很多时候，教师涨工资的文件和政策还没有得到落实，别的行业就已经率先享受增加的福利了，市场的物价也先于工资疯涨。相对于低工资，教师的劳动付出却又比其他许多职业都多，根本不能用8小时制来计算。很多调查显示，教师每天的工作时间平均在10小时以上，高中教师平均每天用于备课、上课、批改作业和个别辅导的时间普遍超过12小时。收入与付出之间的失衡状态极易挫伤教师工作的积极性。如果再与自己在机关工作或经商的同学相比，教师的心理落差就更大。内心的失落感使得教师难以体验到当教师的幸福。与编制内教师相比，代课教师的工资更是少得可怜：城镇大约是800元，农村则只有300元左右。而他们所要完成的工作任务比编制内教师只多不少。尽管国家已颁布取消代课教师的政策，但由于各种原因，在偏僻的民族地区代课教师可能还会在相当长的时期内存在，他们的收入与劳动付出更是严重失衡。在物价飞速上涨的今天，拿着几百元工资的代课教师，连自己的生活都难以保障，又怎么奢谈职业幸福感？

2. 较多的心理问题抑制了教师的职业幸福感

幸福感作为人的一种主观感受，与人的心理健康状况有着密切的联系。一个心理不健康或者心理存在太多疑惑的人，恐怕很难体验到幸福。可以说，在物质条件既定的情况下，心理健康状况是决定教师在教育工作中有无幸福感的最重要的因素之一。英国教育家 Elizabeth Holmes 在《教师的幸福感》一书中指出，幸福感（Well－being）是一种源自内心的主观感受，它要求身心之间的和谐，意味着生活中各个维度所具有的平衡感和舒适感，当没有不良刺激烦扰，也没有重压侵袭的时候，我们就会拥有幸福感，会对工作甚至命运有一种掌控的感觉。❶

本书第四章列举了一系列有关教师生存现状的数据，种种数据显示，我国教师的心理健康状况令人担忧，相当一部分教师存在不同程度的心理问题。这些心理问题严重抑制了教师的职业幸福感。

首先，较大的职业压力冻结了教师的职业幸福感。我们知道，适度的压力能发挥教师的内在潜力，提高教师的工作效率，促进教师专业发展。但过强、持续时间过长的压力会导致教师身心失调、免疫力下降、加速衰老，威胁教师的身心健康，降低教师从工作中获得的满足感。压力经常和焦虑、紧张、恐惧和愤怒等相伴而生，这些消极情绪状态是教师职业幸福感的最大破坏力量。许多调查表明，我国教师的职业压力普遍比较大，有升学的压力、新课改的压力、职称评聘的压力、学历学位的压力、教师角色的压力以及家庭生活的压力等。"大多数教师或多或少模糊地感觉到他们的工作是一个无底洞。比起律师或医生来，教师感到自己的工作要更多地耗费心力……因为他的工作似乎永远不会了结，永远看不到尽头"❷。重重压力使得教师喘不过气来，长时间的重压之下，教师何谈职业幸福感？

其次，较强的职业倦怠消退了教师的职业幸福感。如前所述，职业倦怠的

---

❶ 转引自何茂勋，等. 教师幸福感的制约因素及对策探究［C］//教育与幸福论文集. 全国教育基本理论专业委员会第十一届学术年会，2007：328－331.

❷ 转引自余欣欣，李山. 积极心理品质：教师职业幸福感的基石［J］. 广西师范大学学报：哲学社会科学版，2012，48（2）：88－95.

最初提出是用来描述那些服务于助人行业的人们因工作时间过长、工作量过大、工作强度过高所经历的一种疲惫不堪的状态，它主要包括情绪衰竭、非人性化和低个人成就感三种成分。情绪衰竭是指个体情绪情感处于极度疲劳状态，工作热情完全丧失；非人性化指个体以消极、否定或麻木不仁的态度对待来访者；低个人成就感指个体评价自我的意义与价值的倾向降低。后来这一概念扩大到教育领域，且越来越多的教育学者开始关注和研究教师的职业倦怠。研究表明，我国教师是职业倦怠的高发群体。比如，笔者在2006年对594名中小学教师的调查显示，有72.4%的教师存在一定程度的工作倦怠，其中超过30%的教师存在严重的工作倦怠。且中度以上情绪衰竭的教师占75.4%；有51.6%的教师表现出一定程度的玩世不恭（即非人性化），对工作缺乏热情，只是被动地完成自己分内的工作；有90.1%的教师对工作没有什么成就感。我们很难想象，一个对职业产生倦怠感的教师能够很快乐和幸福地感受生活和工作，并把快乐和幸福传递给学生；也难以想象，一个玩世不恭并对自己的职业没有成就感的教师能够主动地、富有热情地投入到工作中去，把教书育人作为终身的事业去热爱和追求；更难以想象，一个情绪衰竭的教师能够把教育工作视为自己的生活方式，并发自内心地去体验和感受做教师的幸福。

再次，较低的职业认同感和工作满意度挫败了教师的职业幸福感。职业幸福感与职业认同感和工作满意度密切相关，教师只有认识到其所从事的职业的崇高地位与重要价值，并对自己现有的物质环境和精神环境满意时，才会体验到自尊和职业生活的幸福。然而，许多研究表明，我国教师的职业认同感和工作满意度普遍偏低，多数教师仅仅将教育视为谋生的手段和工具。比如在第四章中所提及的一些数据：新浪网发布的调查数据显示，超过60%的教师对工作不满意，部分甚至有跳槽的意向；笔者自己的调查也显示，68.9%的中小学教师是因为"教师工作比较稳定和找不到其他合适的工作"才选择当教师的，30.4%的教师对工作不太满意或不满意，49.2%的教师有离职意向；杭州市一项调查显示，50.8%的教师表示如果有机会就会考虑调换工作；《教师博览》上曾刊登的一份调查显示，对于"如果有相同待遇的其他工作可做，你是否愿意改行"的问题，有85%左右的教师回答"愿意"和"非常愿意"。这些数据足以说明我国教师的职业认同感和工作满意度不高。较低的工作满意度和职业认同感，致使教师对工作失去热情、不能全身心地投入，因而也难以在工作中体验到幸福。

3. 较差的身体健康状况削弱了教师的职业幸福感

健康的身体是人们享受生活的物质基础，是干好工作的重要保证，也是增强幸福感的关键因素。对于经常生病的人来说，健康就是最大的幸福。然而，由于长时间的超负荷劳动，我国教师的身体健康状况每况愈下。来自一项中小学教师的体检结果显示，教师职业病总患病率高达70%左右。45岁以上的男教师患高血压、心脏病的占60%左右；女教师患妇科病的占70%左右；口腔及咽喉类疾病排在首位，患病率高达70%以上；30%左右的教师患胃肠道疾病；患有颈椎及腰椎类疾病的教师占20%以上。❶ 本书第四章里也呈现过一组有关教师身体健康状况的数据，比如：新浪网的调查显示，20%的教师生理健康状况不佳；笔者自己的调查显示，41.2%的教师生理健康状况较差；北京市一所中学的调查显示，50%的教师身患各种疾病；广州市的一项调查显示，40%的教师患有不同程度的咽喉炎、脊椎病、植物神经紊乱等亚健康病症；一项湖南省高校的调查显示，76.8%的教师具有多年的职业病（如颈椎病、咽喉炎、肩周炎等），近70%的教师身体处于亚健康状态；等等。这些数据足以说明我国教师的身体健康状况较差。较差的身体健康状况不仅造成教师肉体和精神的痛苦，也削弱了教师的职业幸福感。

4. 教育的功利化使教师丧失了职业幸福感的生长点

在很多学校，教育已经背离了以人为本的初衷，演变成了追名逐利的工具。学校以升学率的高低评价教师，教师以考试分数的多少评价学生。升学率和学生的考试分数成了教师晋级、评优、奖金的唯一标准。为了促使教师最大限度地提高升学率，一些学校还采取了"末位淘汰制"。为了最大限度地促使学生提高考试分数，很多教师采取了补课、题海战术等各种措施。这种功利化教育导致了教师逐渐丧失职业内在幸福的生长点。首先，功利化教育使学校人际关系日趋紧张。教师职业幸福感来源于学校中各种和谐的人际关系，具有关系性的特点。然而在片面追求升学率的理念指导下，除了练习题和分数这个纽带，师生之间没有了灵魂的碰撞和情感的交融，他们的关系变得越来越冷漠。而不合理的评价机制，使得教师与教师之间产生了竞争，这不可避免地会发生摩擦、排斥，甚至相互攻击的现象，同事便很自然地成了对手和潜在的"敌人"。学校领导在评定教师的奖金、决定教师的晋级时稍有不慎也会导致彼此间关系的恶化。而学校中异化了的人际关系最终使得教师失去了职业幸福感的生长点。其次，教育的功利化使教师工作失去了个性和创造性。如前所述，教师职业幸福感源于自身的创造性劳动和专业发展，具有创造性和内生性的特

---

❶ 张道理，等. 教师职业幸福感的缺失与重建 [J]. 黑龙江高教研究，2010（12）：108-111.

点。然而为了升学率，教师不得不循规蹈矩，"教什么"和"怎么教"都得从提高学生的分数点入手。教师成了分数的"奴隶"，没有了个性，失去了专业自由，更谈不上创造性的劳动了。长此以往，教师的工作完全变成了简单的重复，这种日复一日、年复一年的重复劳动，使得教师失去了职业的内在尊严和产生职业幸福感的源泉。

（四）教师职业幸福感的提升

从以上的分析中可以看出，教师职业幸福感与其身心健康、职业压力、职业倦怠等密切相关，而教师身心健康的维护，职业压力的缓解和职业倦怠的克服等，都离不开社会、学校和教师自身的共同努力。因此，教师职业幸福感的提升也需要社会、学校和教师自身的共同努力。就社会而言，要关注和正视教师的生存现状，稳步提高教师的福利待遇，提升他们的生命质量，为教师的生存和发展构建良好的环境，为教师体验和感受职业幸福营造外部氛围和提供条件支持。就学校而言，要贯彻以人为本的管理理念，建立科学合理的评价机制，创设和谐的教育环境，搭建教师专业发展的平台。就教师自身而言，要努力提升自己的人格素养，提高专业发展水平，增强幸福的能力。下面从教师自身的层面强调教师职业幸福感的提升策略。

1. 发展积极心理品质

幸福的获得要以一定的外界条件为基础，但在人的基本生存需要得到满足以后，外在的物质条件对人的幸福感便没有了决定意义。[1] 英国哲学家伯特兰·罗素（Bertrand Russell）曾在《走向幸福》一书中指出，"种种不幸的根源，部分在于社会制度，部分在于个人心理"，个人的不幸"很大程度上由对世界的错误看法、错误伦理观、错误的生活习惯所引起，结果导致了对那些可能获得的事物的天然热情和追求欲望的丧失"。[2] 可见，幸福感作为人的一种主观感受，其产生关键取决于人自身的心理状态。在同样的教育环境下，有的教师感到幸福，有的教师感到不幸，这与教师的心理品质有关。因此，要提升职业幸福感，教师应该努力发展自身的积极心理品质。

积极心理品质是指个体在先天潜能和环境教育交互作用的基础上形成的相对稳定的正向心理特质，这些心理特质影响或决定着个体思想、情感和行为方式的积极取向，继而为个体拥有幸福有成的人生奠定基础。塞利格曼（Selig-

---

❶ 刘次林. 幸福教育论［M］. 北京：人民教育出版社，2003：33.

❷ 转引自檀传宝. 论教师的幸福［J］. 教育科学，2002，18（1）：39–43.

man）和彼德森（Peterson）总结出 24 种主要的积极心理品质：好奇和兴趣、爱学习、创造性、批判性思维、情感性智力、勇敢、勤奋、正直和诚恳、慈祥、慷慨、爱、忠诚、公正、自我控制和自我调节、审慎、适度和谦虚、对优秀和美丽的敬畏与欣赏、感激、希望、乐观、信念与信仰、宽恕与仁慈、风趣与幽默、热情，并把它们归纳为智慧、勇气、人性、正义、节制和超越六大美德力量。❶ 这些积极的心理品质有利于教师职业幸福感的形成。首先，积极心理品质能减少教师身心健康问题。如：广泛的兴趣、乐观的性格可以使教师放松心情，及时缓解职业压力，消除职业倦怠；勇敢、自信、坚韧、善于自我控制和自我调节的性格可以帮助教师在困难和挫折中重新振作；正直与诚恳、宽恕与仁慈、风趣与幽默、热情等特质可以帮助教师及时化解人际冲突，获得各种力量的支持，等等。总之，积极的心理品质是教师身心健康的润滑剂，而只有身心健康的教师才容易体验幸福。其次，积极心理品质能够提升教师的人格魅力。一方面，勤奋、正直、慈祥、乐观、开朗、风趣幽默、宽容大度的教师容易获得学生的尊敬和爱戴；另一方面，教师积极的心理品质本身就是一种教育力量在潜移默化地影响着学生，激励着学生健康成长和发展。而学生的爱戴感、学生的成长与发展都是教师职业幸福感的重要源泉。

2. 提高专业发展水平

如前所述，教师职业幸福感源于教师专业发展，具有内生性的特点。专业发展水平的提高能减少教师因缺乏有效的教育手段而产生的烦恼，使教师增添教育教学工作的胜任感和成就感；专业发展水平的提高能使教师获得领导、同事的肯定和赞赏，从而获得满足感；专业发展水平的提高也能使教师获得学生的敬重和爱戴。而工作的胜任感、成就感、满足感以及学生的爱戴感，都是教师职业幸福感的重要来源。专业信念是教师专业发展的重要组成部分，它是教师工作的精神支撑。具有坚定专业信念的教师通常把教育工作当作自己终身奋斗的事业，而不仅仅是一种谋生的手段，教育对于他们来说已经成了一种"生活方式"，成了生命的重要组成部分。幸福的教师就是将教育当事业的教师。具有坚定专业信念的教师往往具有强烈的职业认同感，他们认为自己所从事的工作非常有意义、有价值，虽然从中不能得到多少物质享受，但可以获得较大的精神愉悦感，这种精神愉悦感就是幸福的重要成分。因此，要提升职业幸福感，教师必须努力从专业知识、专业能力、专业信念等方面不断提高自己

---

❶ 余欣欣，李山. 积极心理品质：教师职业幸福感的基石［J］. 广西师范大学学报：哲学社会科学版，2012，48（2）：88 - 95.

的专业发展水平。值得注意的是，教师专业发展有一个漫长的过程，这个过程可能很艰辛，它需要耗费教师很多精力，甚至牺牲很多休息和娱乐的时间，所以从教师专业发展中所生成的幸福感是一种"先苦后甜"的幸福感，但这种幸福感是一种内生性或内源性的幸福感，它一旦产生往往比较持久。

3. 增强职业幸福能力

赵汀阳认为，"是否能够获得幸福很大程度上取决于是否能够敏感到幸福之所在，在这种意义上，幸福是一种能力。这一点是残酷的，如果不能知道如何获得幸福，那么无论多么好的条件也是废的"❶。檀传宝认为，"由于幸福的价值性质，并不是所有人都能够创造和感受幸福。所以，幸福是一种能力，是一种有关幸福实现的主体条件或能力"❷。是的，幸福是一种能力，笔者很赞同这个观点。一个人如果没有创造和感受幸福的能力，即使有了优越的物质生活，他也体验不到幸福；相反，一个人如果有了较强的创造和感受幸福的能力，即便是条件艰苦一些，他也能获得幸福感。那么，幸福到底是一种什么样的能力呢？檀传宝认为，幸福能力首先是一种价值生活的能力，它至少包含三个方面：（1）主体必须有一个合乎人本质的人生目的；（2）主体必须有一种走向最终目标的创造性活动；（3）主体的合目的的创造性活动本身必须合乎人之为人的道德法则。❸

同理，教师职业幸福能力是指教师在教育工作中创造和感受幸福的能力，它主要也是一种价值生活的能力。这种能力的增强有助于提升教师的职业幸福感。那么，如何发展和增强教师职业幸福能力呢？檀传宝教授对此做过论述，在这里我也加以借用。檀教授指出，教师职业幸福能力的发展主要应该符合三条基本要求：（1）教师要充分认识自己的职业意义，并将自己的生命意义与之联系起来；（2）教师必须有较高的德性水平和人生境界；（3）教师要有自己对教育活动的主体实践能力。❹ 前两条基本要求主要属于精神层面的东西，类似于教师专业发展中的专业信念和专业伦理两个内容，后一条基本要求主要属于操作层面的东西，类似于教师专业发展中的专业知识和专业能力两个内容。由此可见，教师职业幸福能力与教师专业发展水平紧密相连。

事实上，本章所强调的提升教师职业幸福感的三大策略是融合在一起的，

---

❶ 赵汀阳. 论可能生活：一种关于幸福和公正的理论 [M]. 北京：中国人民大学出版社，2004：152.

❷ 檀传宝. 论教师的幸福 [J]. 教育科学，2002，18（1）：39－43.

❸ 檀传宝. 论教师的幸福 [J]. 教育科学，2002，18（1）：39－43.

❹ 檀传宝. 论教师的幸福 [J]. 教育科学，2002，18（1）：39－43.

不能截然分割开来。发展积极的心理品质是起点，提高专业发展水平是过程，增强职业幸福能力是桥梁，最终目的是要实现教师职业幸福感的提升。

幸福小贴士●

1. 遵从你内心的热情。选择对你有意义并且能让你快乐的课，不要只是为了轻松地拿一个 A 而选课，或选你朋友上的课，或是别人认为你应该上的课。

2. 多和朋友们在一起。不要被日常工作缠身，亲密的人际关系是你幸福感的信号，最有可能为你带来幸福。

3. 学会失败。成功没有捷径，历史上有成就的人，总是敢于行动，也会经常失败。不要让对失败的恐惧，绊住你尝试新事物的脚步。

4. 接受自己的负面情绪。失望、烦乱、悲伤是人性的一部分。接纳这些，并把它们当成自然之事，允许自己偶尔的失落和伤感。然后问问自己，能做些什么来让自己感觉好过一点。

5. 简化生活。更多并不总代表更好，好事多了也不一定有利。你选了太多的课吗？参加了太多的活动吗？应求精而不在多。

6. 有规律地锻炼。体育运动是你生活中最重要的事情之一。每周只要 3 次，每次只要 30 分钟，就能大大改善你的身心健康。

7. 睡眠。虽然有时"熬通宵"是不可避免的，但每天 7 到 9 小时的睡眠是一笔非常棒的投资。这样，在醒着的时候，你会更有效率、更有创造力，也会更开心。

8. 慷慨。现在，你的钱包里可能没有太多钱，你也没有太多时间。但这并不意味着你无法助人。"给予"和"接受"是一件事的两个面。当我们帮助别人时，我们也在帮助自己；当我们帮助自己时，也是在间接地帮助他人。

9. 勇敢。勇气并不是不恐惧，而是心怀恐惧仍依然向前。

10. 表达感激。生活中，不要把你的家人、朋友、健康、教育等这一切当成理所当然的。他们都是你回味无穷的礼物。记录他人的点滴恩惠，始终保持感恩之心。每天或至少每周一次，请你把它们记下来。

● 选自董月玲，张开平. 风靡哈佛的"幸福课"[J]. 基础教育，2007（9）：6-9. 这些幸福小贴士虽然是对学生提出的，但其基本思想同样适合于包括教师在内的其他人群。

三、教师道德智慧

大量的研究表明，越来越多的教师的主体生存状态不佳，工作激情正在逐渐衰退，表现为职业压力大、职业倦怠感强、工作成就感低落、职业幸福感缺失等。究其原因，有教师的社会地位低、福利待遇差、学校的管理不尽如人意等客观方面的因素，也有教师个人的性格、能力等主观方面的因素；既有时代和文化对教师劳动价值的局限，也有现代人缺少了"内修"功夫的原因。在笔者看来，教师工作激情衰退最主要的原因恐怕还是"内修"功夫不到家，而这种"内修"功夫主要表现在教师的道德智慧上。下面尝试从道德智慧的内涵、教师道德智慧的特性、道德智慧对教师专业发展的意义以及教师道德智慧的生成等方面对教师道德智慧加以思考和分析。

（一）智慧和道德智慧的内涵

什么是智慧？人们从不同的角度进行了描述。有人认为，智慧是主体自身一种圆融贯通、灵活巧妙、发明创造的能力。具体地说，智慧作为知、情、意的统一，是对人的最高规定，它对人的生存具有恒久的价值。一个缺乏智慧的灵魂，是僵死的灵魂。❶ 还有人认为，智慧是无立场的，它是一种思想方式，是一种能够尊重各种道理的思想方式，而不是观点。❷ 美国心理学家和教育学家霍华德·加德纳（Howard Gardner）所定义的"智慧"是指在实际生活中解决所遭遇问题的能力，提出新问题并解决的能力和对自己所属文化做有价值的创造及服务的能力。在此基础上，他提出了人类所具有的多元智慧（multiple - intelligence，我国学者多将其翻译为多元智能或多元智力）：语言智慧、逻辑—数学智慧、空间智慧、肢体—动觉智慧、音乐智慧、人际智慧、内省智慧、自然观察者智慧及存在智慧。❸ 而《辞海》的解释是：智慧乃"对事物能认识、辨析、判断处理和发明创造的能力"❹。

事实上，智慧有着极为广泛的内涵，我们可以从文化学、伦理学、法学、心理学、教育学和哲学等不同学科对其加以理解。从文化学角度上讲，智慧是人类文化的精华，是人类文明的精髓，是文化品格和质量的尺度，是人类文化

❶ 卞敏. 哲学与道德智慧 [M]. 南京：江苏古籍出版社，2002：3-4.
❷ 赵汀阳. 论可能生活：一种关于幸福和公正的理论 [M]. 北京：中国人民大学出版社，2004：303.
❸ 叼培尊，吴也显等. 智慧型教师素质探新 [M]. 北京：教育科学出版社，2005：37.
❹ 辞海（缩印本）[M]. 上海：上海辞书出版社，2002：2202.

进步发展和人成为人的动力因素；从伦理学的角度讲，智慧是一种内在的，具有战略价值的积极的人生态度和生存能力，是一种真善美的人生追求；从法学的角度讲，智慧是确保和促进人类和平，调节个人利益与集体利益之间的矛盾冲突的能力；从心理学和教育学的角度讲，智慧是一种悟性，是一种心理认知、获取知识、运用知识和升华知识的主体性能力；从哲学的角度讲，智慧就是一种最深层面的叩问宇宙奥秘、把握社会本质、领悟人生真谛的理解能力。❶ 总之，智慧既是人生存的一种综合能力，也是人把握世界的一种方式，是人的精神的净化和精华。智慧既表现为理性智慧和实践智慧，也表现为道德智慧。

道德智慧作为智慧的一种表现形式或类型，学者们也从不同的角度对它进行了阐释。有学者认为，道德智慧对"善"进行哲学追问，是对人生之道、人际之和、人格理想与人生境界等人生哲学问题的思索。❷ 有学者认为，道德智慧是一种恰当地处理人与自然、人与社会、人与自己之间关系的意识和能力。概括地说，道德智慧是一种知物、知人、知己的综合意识和能力。❸ 有学者认为，道德智慧就是"善于善"。"善于善"中后一个"善"字属于道德的范畴、伦理的范畴，前一个"善"字属于智力的范畴、智慧的范畴。作为一个整体，这便是道德智慧。❹ 有学者认为，道德智慧实际上是人在长期的道德活动中逐步形成的分辨善恶的"是非之心"，是人作为道德主体所具有的判断善恶是非的智力。道德智慧是一种"由己及人""由人及己"的理解力。❺ 还有学者认为，道德智慧就是人们运用道德知识、道德经验和能力对自己和他人、社会、自然关系的积极的道德审视、道德觉解、道德洞见，并对他人、社会、自然给予历史的、未来的多种可能性关系的明智、果敢的判断和选择。❻ 综合学者们的观点，本书认为，道德智慧就是人们按照社会的是非善恶评判标准，正确把握人生、洞悉社会，妥善处理各种关系的综合意识和能力。它既是一种最高境界的道德，也是一种最高境界的智慧，是人的德性与智慧的高度融合与统一。

---

❶ 曹兴. 哲学净化：与绝对的合理对话 [M]. 北京：民族出版社，2005：299-302.
❷ 卞敏. 哲学与道德智慧 [M]. 南京：江苏古籍出版社，2002：25.
❸ 吴安春. 论道德智慧的四重形态 [J]. 教育科学，2005，21（2）：22-25.
❹ 张楚廷. 论道德智慧 [J]. 当代教育论坛，2004（11）：20-22.
❺ 龙兴海. 论道德智慧 [J]. 湖南师范大学社会科学学报，1994（4）：36-40.
❻ 张茂聪. 道德智慧：生命的激扬与飞跃 [J]. 教育研究，2005（11）：28-31.

（二）教师道德智慧的特性

教师道德智慧是指教师作为专业人员，正确把握教育人生、洞悉教育问题，妥善处理各种教育关系的综合意识和能力。它是教师在职业生涯中的一种生存能力和素养。具有较高道德智慧的教师通常表现为以下四个方面的特性。

1. 具有人文关怀精神

人文关怀精神是人文精神的核心内涵，是人之为人的根本精神。其实质就是"以人为本"，就是充分地尊重人、关心人、理解人、肯定人、丰富人、发展人和完善人，就是充分地发挥人的潜力、实现人的价值。人文关怀精神既是人的一种价值取向，也是人的一种合乎人性、道德与审美理想、情感意向的品质。

道德智慧型教师一般具有强烈的人文关怀精神。教师的这种人文关怀首先表现为对自己的关怀，即尊重自己、关心自己、充分发挥自己的潜能、努力实现自己的人生价值。关怀自己并不意味着自私，对自己的关怀是关怀他人的前提和基础。一个人只有先尊重自己、关心自己和发展自己，然后才能推己及人，才会尊重他人、关心他人和发展他人。当然，教师的人文关怀更主要的还是表现为对学生的关怀，即"以学生为本"，一切为了学生，为了一切学生，为了学生的一切。"以学生为本"不但建筑于教师的理性认识基础上，更重要的是扎根于教师的教育教学实践和师生的情感关系之中。美国著名的道德哲学家和教育家内尔·诺丁斯（Nel Noddings）所倡导的关怀理论认为，教师对学生的关怀由四个重要的部分组成：一是以身作则，即以自身的行为让学生了解什么是关怀；二是对话，即经由对话更深入地了解对方，并借助这种了解，进一步去学习做个更好的关怀者；三是实践，因为经验会改变人们对事物的看法，因此应该多由学生参与学习及反省如何关怀他人的实践；四是肯定，即一种对他人的确认和鼓励，意指确认别人一份好的本质，并鼓励这一本质继续发展。❶ 这四个组成部分实际上给我们指明了教师关怀学生的基本策略，即以身作则、对话、实践与肯定。

一般来说，道德智慧型教师对学生的关怀通常是公正的、无私的。不论学生的学习成绩是优还是劣，行为习惯是好还是坏，长相是俊还是丑，家庭是富有还是贫困，父母是当官的还是平民百姓，教师都一视同仁地给予他们平等的关爱。这种关爱既表现为对学生个性的尊重和宽容，也表现为能针对每一个学

---

❶ 王东莉. 德育人文关怀论［M］. 北京：中国社会科学出版社，2005：311-312.

生先天的和后天的差异施教，尽一切可能发展他们各自的天资禀赋和兴趣爱好。

2. 具有合作意识

人不是孤立存在的，而是生活在共同交往的社会环境之中，社会性是人的本质属性。因此，合作是不可避免的，它对于人的重要意义是毋庸置疑的。诺丁斯在她的《学会关心——教育的另一种模式》一书中写道：道德生活更重要的内容是如何与别人和睦相处，互相支持，特别是在意见分歧的时候。❶ 显然，这段话强调的是合作在人的道德生活中的重要性。联合国教科文组织在《教育——财富蕴藏其中》一书中将学会认知、学会做事、学会共同生活、学会生存当作 21 世纪教育的四大支柱，其中，学会共同生活就是为了能够"与他人一道参加人的所有活动并在这些活动中进行合作"❷。可见，21 世纪教育的一个重要任务就是教学生认识他人，使学生学会与他人一起生活、共同合作。而这一重要任务的完成首先要求教师必须具有合作的意识和能力。同时，教师个体在与其他教师合作的过程中，会时时以自己的所作所为给学生带来影响，因此，学会与人合作越来越成为教师专业能力的重要组成部分。

道德智慧型教师通常具有强烈的合作意识。他们清醒地意识到合作对于完成教育教学任务、提高教育教学质量的重要性，也充分地认识到合作对于自身发展的重要意义，所以，在工作中他们一般不会"单打独斗"，而是自觉地与其他教师合作，并在合作中不断地提升自己。他们一般也乐于同其他教师共同分享自己在教育教学中的酸甜苦辣，并在分享中不断地完善自己。有研究表明，宽容、接纳、欣赏、合作、尊重、同理、同情、分享、移情、圆融、随缘、感恩等是有共处能力的教师的共同品质。❸

3. 具有反思能力

反思是一种批判分析的思维过程，属于人的高级认知活动。通俗地说，反思就是个体在头脑中对问题进行主动、持久、反复地思考过程。教师的反思一般包括教学反思和道德反思两种。教学反思通常也叫反思性教学，指教师对自己教学的各个环节进行严密、反复地思考，以总结经验或查漏补缺，从而不断提高自身的教学水平，促进自身专业发展的过程。对于教师的教学反思，本书

---

❶ ［美］内尔·诺丁斯. 学会关心——教育的另一种模式［M］. 于天龙，译. 北京：教育科学出版社，2003：130.

❷ 国际 21 世纪教育委员会. 教育——财富蕴藏其中［M］. 联合国科教文组织总部中文科，译. 北京：教育科学出版社，1996：75.

❸ 吴安春. 回归道德智慧：转型期的道德教育与教师［M］. 北京：教育科学出版社，2004：142.

第二章已经作过详细的分析，这里不再赘述。道德智慧型教师首先具有较强的教学反思能力，他们往往能从自己的教学实践和周围发生的教育现象中发现问题，对日常教学工作保持一种经常、反复思索的习惯，由此不断改进自己的教学，提高自己主动适应的能力。

道德反思就是通常人们所说的反省或自省，就是自己反过来察看、审视和检查自己，就是自己察看自己、自己审视自己、自己检查自己，就是自我察看、自我审视、自我检查。它乃是一个人的品德形成和修养的依据与基础，是培养个人道德认识、个人道德感情和个人道德意志的综合道德修养方法。道德智慧是一个人进行道德自省的根本原因和直接原因。一个人越富有道德智慧，他便越勤于进行道德自省；一个人越缺乏道德智慧，他便越懒于进行自省；如果一个人的道德智慧极端贫乏而接近于零，他就失去了进行道德自省的动力，他就可能不知道道德自省究为何物了。❶ 道德智慧型教师通常是善于自省的教师。

总之，无论是教学反思还是道德反思，具有较高道德智慧的教师通常善于反思，且具有较强的反思能力。

4. 具有职业幸福感

幸福是生命的一种存在样态，是人生的终极目标。追求幸福是每个人的基本权利和生活动力。对于幸福和幸福感的含义，前文也刚刚讨论过，所以这里只想强调幸福和道德之间的内在联系。亚里士多德认为，幸福就是合乎德性的实现活动。有德性就有幸福，德福是一致的。"一个幸福的人几乎不可能是个缺德的人，幸福意味着他活得很愉快，而生活总是与人共有的生活，因此他必定对人不坏；而从反过来的道理去看，一个缺德的人几乎不可能是个幸福的人"；"获得幸福的生活方式是得道而不是得利，或者说，幸福不是由利而是由道而德（得）"❷。可见，幸福和道德有着极其密切的关系。

幸福感是教师在职业生涯中产生的最美好的心灵感受，是教师道德智慧最集中的表征，具有较高道德智慧的教师通常也具有职业幸福感。教师首先是一个社会的人，他们也渴望享受优厚的物质生活，但物质条件并不是他们幸福的唯一标准。当今社会，很多教师已经生活在优越的环境中，却仍然体验不到职业幸福感。这与其说是职业幸福感的缺失，倒不如说是道德智慧的缺失。因

---

❶ 王海明. 论自省 [J]. 伦理学研究，2008（1）：37-40.

❷ 赵汀阳. 论可能生活：一种关于幸福和公正的理论 [M]. 北京：中国人民大学出版社，2004：149-150, 17.

此，"在某种意义上说，幸福的动力是一种精神本能"❶，而这种精神本能在一定程度上就来自人的道德智慧。

（三）道德智慧对教师发展的意义

通过以上分析我们知道，道德智慧型教师一般具有人文关怀精神、合作意识和反思能力，并能在工作中获得幸福感。而正是由于教师的道德智慧具有这些方面的特性，所以其一旦生成就又反过来对教师自身的发展产生重要的影响，这种影响概括起来主要有以下两个方面。

1. 道德智慧有利于教师专业发展

道德智慧作为教师在职业生涯中的一种恰当处理各种教育关系的综合意识和能力，其中就包含了专业信念、专业伦理和专业能力等内容。所以从这个意义上说，道德智慧既是教师专业发展的内容之一，也是教师专业发展所追求的最高境界。反过来，这种境界的高低又决定了教师专业发展水平的高低。当然，道德智慧对于教师专业发展的促进作用主要还是通过其四个基本特性加以实现的。首先，道德智慧具有人文关怀精神的特性。这种特性一方面可以促进教师自尊、自强、自信，并关心自己职业的内在尊严，努力实现自己的人生价值；另一方面促使教师尊重学生、关心学生的成长和发展，构建和谐的师生关系，从而实现教学相长。其次，从道德智慧的合作意识和反思能力的特性来看。合作意识和反思意识是现代社会教师必须具备的重要教育理念，合作能力和反思能力更是现代社会教师必不可少的重要专业能力。同时，专业合作与教学反思还是现代教师最基本的专业发展途径（第二章已作详细论述）。专业发展离不开教师与他人的合作，更离不开教师对自我和他人的教育教学实践的经验总结和成败反思。就教师的道德反思而言，它也是教师专业伦理发展的基本途径。教师只有在教育工作中不断地对自己的思想和行为加以反思，才能不断提高自己的伦理修养。最后，职业幸福感作为教师道德智慧的特性之一，其对教师专业发展的作用就不言而喻了。如前所述，具有职业幸福感的教师往往将教育工作当成自己毕生追求的事业，他们对物质的要求并不高，学生的点滴进步就可以激起他们巨大的工作热情和积极性，自己的每一个小小的成功就能够使他们获得更大的自信和满足感。具有职业幸福感的教师一般都积极、自信、乐观向上，这些积极的心理品质使得他们能够在教育工作中不断地学习和反

---

❶ 赵汀阳. 论可能生活：一种关于幸福和公正的理论 [M]. 北京：中国人民大学出版社，2004：160.

思，不停地摸索和创造。所以我们可以说，职业幸福感是教师专业发展的内在动力。

2. 道德智慧有利于改善教师主体生存状态

在第四章教师生存现状透视中，笔者列举的大量调查研究数据（包括自己的和许多其他学者的）说明了我国教师的主体生存状态不容乐观，主要表现为心理问题多、职业压力大、职业倦怠感强、工作满意度低、身体健康状况差等。造成这种状况的原因不是单一的，有来自社会和学校的外部因素，也有来自教师自身的内部因素。教师不知道自己职业的根基到底在哪儿。中小学教师整天为分数和升学率而忙碌，大学教师常年为课题、论文、专著所苦。那种所谓的为他人牺牲的"蜡烛"精神虽然显现了教师职业的崇高，但也带给了教师巨大的困惑与迷茫。教师可谓是"内忧外患""身心俱疲"。而要改善教师的这种生存现状虽然需要社会、学校和教师自身的共同努力，但社会和学校的力量毕竟只是外部力量，外部力量要发挥作用关键还是取决于教师的内部因素。教师自身的努力方向除了第四章中所提及的树立正确的教育观、培养良好的个性以及学会自我调适等方面之外，生成和发展自己的道德智慧也不失为一个重要的综合性的努力方向。道德智慧是道德与智慧的高度融合，它既是教师道德发展的最高境界，也是教师智慧发展的最高层次，它本身就是教师的一种生存能力。道德智慧中所包含的人文关怀精神、合作意识、反思能力以及职业幸福感，都能够帮助教师寻找到职业生涯中的最佳平衡点，使教师摆脱功利的诱惑、教书匠的困惑、漂浮无根的惶惑，使自己平凡的工作得以升华，并在升华中得以豁然，从而改善不良的生存现状。

（四）教师道德智慧的生成与发展

按照海德格尔的观点，人的成长与发展是靠自己的"设计与选择"，也就是说人是自己造就自己，自己依靠自身的力量生成和发展。❶ 因此，教师的道德智慧不是由别人赋予的，也不是由外部强加的，而是在自塑、自律中成就的。

1. 在学习中获得自主存在的意义

人是一种"未完成的动物"，人的一生始终处于发展的过程之中。人们以为知识是需要"活到老、学到老"的，其实道德智慧也绝对是需要"活到老、

---

❶ 张茂聪. 道德智慧：生命的激扬与飞跃［J］. 教育研究，2005（11）：28-31.

学到老"的。❶ 人生就是不断地学习、不断地接受教育，从不成熟走向成熟，从生命的物质状态走向生命的精神状态的过程。因此，教师要想生成和发展自己的道德智慧就需要不断地学习，学习创造，学习关心，学习宽容和尊重，学习与人相处，学习舍弃，学习体验幸福，学习如何学习，等等。通过学习获得强大的精神力量，在学习中追求生命的价值，获得存在的意义，焕发生命的光彩。正如孙正聿在他的《属人的世界》一书中所写到的那样：人是寻求意义的存在。意义大于人的存在。人总是为寻求意义而生活，人总是为失落意义而焦虑。人只有在自己的"存在"中创造"意义"，才能获得人的"本质"，否则就是人的"存在的空虚"。❷ 教师只有在学习中获得自主存在的意义，才能正确地把握人生，妥善地处理各种关系，从而不断生成和发展自己的道德智慧。

2. 在反思中升华自身的精神境界

如前所述，我国哲学家冯友兰先生提出了人生的四种境界：自然境界、功利境界、道德境界和天地境界。自然境界是最低层次的境界，是人对自己的行为没有自觉的境界；功利境界是较低层次的境界，是人自觉求利的境界，这个利是自己的私利；道德境界是较高层次的境界，是自觉行义的境界，这个义是指社会的道德公义；天地境界是最高层次的境界，是人自觉到与整个宇宙合为一体的境界，是自觉地达到人与自然的统一的境界。自然境界和功利境界是自然的产物，是人不必努力即可以得到的，是人现在就是的人；道德境界和天地境界是精神的创造，需要人的努力才可以达到，是人应该成为的人。反思是对思想的思想，是对认识的认识。教师需要不断地学习，同样也需要不断地反思，通过反思明确自己的问题、了解自己的不足，通过反思找到更为合理的处理问题的办法，通过反思使自己的精神境界逐渐达到较高层次的道德境界，最终达到最高层次的天地境界。教师只有提升自己的精神境界，才能走出纯功利的世俗世界，从而能够坦然地面对一切，其道德智慧便在这"坦然"的人生态度中得以增强。

3. 在教育实践中实现"自我超越"

教育实践是教师生成和发展道德智慧的场域。教师道德智慧的品质只有在教育实践中才能得以发展，教师道德智慧的基本特性只有在教育实践中才能得以显现。首先，教师需要在实施关怀行动中发展自己的关怀能力。教师在关心

---

❶ 张楚廷. 论道德智慧 [J]. 当代教育论坛, 2004 (11)：20 – 22.

❷ 孙正聿. 属人的世界 [M]. 长春：吉林人民出版社, 2007：143.

学生的道德需要，关心学生的学习，关心学生的生活，关心学生成长的同时，自己的关怀品质和关怀能力也得到长足的发展。其次，教师需要在与同事的交往与互助中发展自己的合作意识和能力。教师的劳动具有集体性的特点，教育成效的取得需要教师们的共同努力，教师只有在与同事的合作中才能提高自己的合作能力。再次，教师也只有在现实的教育情景中才能体验到职业的幸福。教师职业幸福感不会无缘无故地产生，更不会"从天而降"，它需要教师在教育教学活动中脚踏实地地播种和耕耘。最后，也是最为重要的一点，教师只有在教育实践中才能坚定自己的教育信念，完成"自我超越"。教师作为知识分子，注定是处于社会边缘的物质生活的清贫者。既然选择了这一角色，教师就得甘于清贫，就得练习着舍弃，不仅不应属于自己的不归入自己，有时，应该属于自己的也还需要舍弃。教师虽然也是一个平凡的人，也希望自己有幸福的人生，然而教师的幸福主要不在于物质的享受，而应该是精神的追求。超越性是人的本质特性之一。教师应该在自己独特的实践领域中实现"自我超越"，超越"自我的失落"、超越"存在的空虚"、超越"喧嚣的孤独"……唯有这样，教师才能获得在职业生涯中所需要的圆融各种人与事的道德智慧，"诗意"地栖居在大地上。

四、教师生命道德

在思考了教师道德智慧的基础上，本书将进一步探讨一下教师生命道德问题。在一定意义上，生命道德属于道德智慧的范畴，这里单独加以讨论主要是为了强调"生命"在教师发展中的重要意义以及在教师职业生涯中的独特表现。

（一）生命道德与教师生命道德的内涵

1. 生命道德的含义

生命道德最初是医学伦理学的重要术语，指人们对生命问题的基本认识和态度，是人们处理有关生命问题时所遵循的道德准则和规范。[1] 这种准则和规范主要用于处理医务人员和病人生命之间的关系问题，它是医务工作者的职业道德之一。近年来生命道德逐渐在学校道德教育研究中被普遍关注，并成为学校德育的重要内容。生命道德作为学校德育的重要内容，人们对它的认识有一个逐渐演进的过程。20 世纪 60 年代末，在毒品泛滥、暴力频繁、性关系紊乱

---

[1] 蒋利国，刘雪立. 略论生命道德的实质 [J]. 中国医学伦理学，2001（2）：62－63.

的社会背景下，美国最早使用"生命教育"一词，旨在通过生命教育唤起人们对生命的热爱，消解生命的威胁。这一概念得到了世界各国的认同。20世纪末，我国台湾地区为了应对青少年暴力问题，引入了"生命教育"，并不断在学校中推广实施。我国大陆强调生命教育一方面是基于吸毒和自杀问题对生命造成的威胁，目的在于唤醒人们珍爱生命；另一方面是针对传统教育中生命的"缺席"和"人的空场"，呼吁要加强教育的"生命性"，强调要在传授学生知识、培养学生能力的同时，加强对学生进行生命教育，并在教育中展现生命的活力。随着人们认识的深入，在"生命教育"一词的基础上又逐渐出现了"生命道德教育"这一术语。对生命道德教育的理解主要有两个层面，一是生命的道德教育，强调的是道德教育的生命性。如冯建军认为，生命道德教育是"以人为目的"的道德教育，是"有我"的道德教育，是主体的道德教育，是情感的道德教育，是生活的道德教育。总之，道德教育应该是生命的教育。❶ 二是生命道德的教育，指"人们对生命意识和生命状态的关注，对生命力和生命之美的关注，对生命的艺术境界和哲学境界的认识达到更高的层次"❷，是"回到生命之中、遵循生命之道、关爱生命、生命有爱的教育"❸。在这一层面上，人们开始使用"生命道德"这一概念。

　　虽然生命道德的概念在教育界已经不断有人使用，但却很少有人对它作出明确的界定。目前，比较系统地阐述生命道德的是刘慧，她在2005年出版了《生命德育论》一书，书中对生命道德教育和生命道德的内涵进行了详细的解读。刘慧将"人与生命之间的道德关系"称为生命道德，而生命包括自己生命、他人生命和他类生命，所以概括地说，生命道德就是调整人与自己生命、他人生命以及他类生命之间关系的道德。生命道德既是一个独立的范畴，又与其他道德范畴相关，它主要包含关爱生命、感恩自然和追求生命意义三层含义。❹ 本书很认同刘慧教授对于生命道德内涵的解读，并且在本书中特别强调关爱生命和追求生命意义这两层含义。

　　关爱生命是生命道德的核心内涵，而关爱的内容又极其丰富，它主要包含了珍惜、关心、尊重和责任，所以关爱生命具有珍惜生命、关心生命、尊重生命和责任生命等不同层次的内容，而这些内容又具体表现在关爱自己和关爱他

---

❶　冯建军. 生命道德教育的提出及其内涵 [J]. 现代教育论丛，2003（6）：8-11.
❷　汪永清. 新教育之梦 [M]. 北京：人民教育出版社，2003：94.
❸　刘慧. 生命德育论 [M]. 北京：人民教育出版社，2005：1.
❹　刘慧. 生命德育论 [M]. 北京：人民教育出版社，2005：36-38.

人之中。马克思指出，"在任何情况下，个人总是从自己出发的"❶。卡罗尔·吉利根（Gilligan, C.）的关怀伦理学认为，"为了能够关怀另一个人，一个人必须首先负起关怀自己的责任"❷。所以，人首先得关爱自己，然后才有资格去关爱他人。一个人如果连自己都不关爱，就很难更好地关爱他人。正如法国哲学家、教育家让·雅克·卢梭（Jean Jacques Rousseau）把自爱看作道德的源头，认为"只要把自爱之心扩大到爱别人，我们就可以把自爱变成美德，这种美德，在任何一个人心中都是可以找到它的根底"❸。当然，一个人如果只一味地关心自己而不顾他人，那便成了自私。生命道德既强调关爱自己的生命，也强调关爱他人的生命。苏格拉底曾说过，真正有意义、有价值的生命在于道德上的"善"。吉利根的关怀伦理学将"善等同于关怀他人"，指出"自我与他人是相互依赖的""关怀行为最终也增强了自我与他人的力量"❹。

众所周知，人与动物的本质区别主要在于，人不仅具有自然生命，还具有社会生命、精神生命和超越生命。人的生命存在方式是"生活"，动物的生命存在则仅仅是"生存"。生活是有意识的生命创造活动，而生存则是无意识的生命适应活动。❺换言之，人不仅为了活着而活着，而且还要活出意义、活出价值来。生命哲学家狄尔泰认为，意义就是生命的体验。张曙光教授指出，意义应当是生命充盈、发挥和表现自身的自足感和自由感，是生命向死亡、痛苦和一切摧残伤害自己的力量抗争的不屈感悲壮感，是生命的本质力量在克服一切障碍、创造属人世界中的自我肯定、自我确证。人的生命及其意义要靠人自己寻找和发现；而人寻找和发现自己生命及其意义的过程，也正是人的生命及其意义得以生成和觉解的过程。❻生命道德强调在关爱生命的基础上，追寻生命的意义、展现生命的价值。

总之，关爱生命和追求生命意义是生命道德的主要内涵。人们在各种活动中，始终应该立足于生命，以生命及其意义的展现作为出发点和归宿。在传统意义上，人们通常把道德理解为"调节人与人之间关系的行为规范和准则"。然而，广义的道德可以分为两个层面，它既包含行为规范和准则方面的内容，

---

❶ 中共中央马克思恩格斯列宁斯大林著作编译局. 马克思恩格斯全集（第3卷）[M]. 北京：人民出版社，1960：514.

❷ [美] 卡罗尔·吉利根. 不同的声音 [M]. 肖巍，译. 北京：中央编译出版社，1998：79.

❸ [法] 卢梭. 爱弥儿（上）[M]. 李平沤，译. 北京：商务印书馆，1999：356.

❹ [美] 卡罗尔·吉利根. 不同的声音 [M]. 肖巍，译. 北京：中央编译出版社，1998：77-78.

❺ 孙正聿. 哲学通论（修订版）[M]. 上海：复旦大学出版社，2005：193.

❻ 张曙光. 生命及其意义——人的自我寻找与发现 [J]. 学习与探索，1999（5）：49-56.

也包含价值欲求方面的内容。据此，本书认为，生命道德不仅是处理人与生命之间关系的行为规范和准则，更是人们的一种价值追求。

2. 教师生命道德及其特性

教师的生命道德，简言之，就是教师将"生命"作为处理与自我的关系、与他人（主要是学生）的关系的行为规范、准则和核心价值追求。具体说来，就是教师的教育教学工作和自身的专业发展应立足于生命，把珍惜生命、关心生命、尊重生命和责任生命当成工作的终极目标。作为一个特定的社会角色，教师的生命道德既具有人共同的生命道德的内涵，又具有其自身的独特性。在某种意义上，教师生命道德的特性与其职业特性是融合在一起的。归纳起来，我认为，教师生命道德的特性主要表现为以下四个方面的辩证统一。

其一，为"师"性与为"我"性的统一。这一特性主要可以从生命道德中"关爱生命"的层面加以理解。为"师"性强调关爱他人（这里主要指学生），为"我"性强调关爱自己。教师总体上扮演着两种角色，一是作为"教师"的人，二是作为"人"的教师。作为"教师"的人，自然跟别的人不一样，他得对自己的劳动对象——学生全面负责，不仅要关心学生的学习，还要关心学生的生活，更应关爱学生的生命，对学生一生的生命质量负责，为学生的幸福人生奠基，这便是为"师"性。教师是"人"而不是"神"。教师首先是"人"，然后才是"教师"。作为"人"的教师，自然也有维持自身生命存在的需要，有自身生活的需要，这便是为"我"性。教师首先得关爱自己的生命，让自己活出精彩、活出意义、活出价值来，这样才具有关爱他人的资格。传统的道德只强调教师的社会价值，忽视教师的个体需要，这是不合理的，也是不人道的。教师虽然不能"自私自利"，但也不能"毫不利己，专门利人"。所以，在教育教学过程中，教师既要关爱学生，也要关爱自己。教师的生命道德应该是为"师"性与为"我"性的辩证统一，缺失哪个方面生命道德都是不完整的。

其二，传承性与创造性的统一。这一特性主要体现了生命道德中"追求生命意义"这一内涵。毫无疑问，教师的职责之一就是传授知识、传承文化，就是"传道、授业、解惑"，但这并不意味着教师只是知识的"传声器"，只是国家、社会、学校的"代言人"。德国教育哲学家博尔诺（Otto Friedrich Bollnow）指出，生命的基本特点就是创造性，各个人的生活态度就是由此而形成的，它要求投入这种伟大的创造性生活，发挥自己的种种创造力。❶ 教育

---

❶ ［德］博尔诺夫. 文化人类学［M］. 李其龙，译. 上海：华东师范大学出版社，1999：3.

是造就人的活动，教师的劳动具有很大的创造性，一切教育活动最终要通过教师发自内心的主动参与才能产生最大的效果。可以说，创造性是教师职业生命的灵魂所在。教师只有在创造性的劳动中才能彰显生命的意义，才能体验到教师职业内在的尊严与快乐。如果教师只是被动地、机械式地做着知识搬运工的工作，那么，教师职业便仅仅成为教师谋生的一种手段而已，教师的生命便会失去其本真意义。因此，教师的生命道德应该是传承性与创造性的辩证统一。

其三，奉献性与发展性的统一。这一特性既体现了生命道德中"关爱生命"的内涵，也体现了"追求生命意义"的内涵。众所周知，教师职业是一个艰辛而清贫的职业，教师的工作量根本不能用8小时制来衡量，备课、上课、批改作业、个别辅导等常规工作已经够繁重的了，还得承受升学、课改、学历、科研、职称等来自各方面的压力，即便如此，教师的社会地位和福利待遇仍然处于社会的较低层。与其他职业相比，教师职业确实更需要奉献精神。但奉献不等于牺牲。关怀伦理学强调，"有道德的人是帮助他人的人；美德就是服务，在有可能不牺牲自己的情况下履行对他人的义务和责任"❶。因此，教师一方面要关爱学生，为教育事业奉献自己的光和热；另一方面也要关爱自己、发展自己。事实上，尊重自己的生命、爱惜自己的生命也是为了更好更多地作出奉献。教师切忌一味地牺牲。教师的生命意义也不应该只是"燃烧自己，照亮别人"，而应该在照亮别人的同时，自己也光彩照人，显现生命的辉煌。也就是说，教师的生命意义不应该只是"单向"的付出，而应该是一个"双向"的发展过程，它不仅表现在"育人"上，还表现在"达己"上。教师应该与学生共同成长和发展，这样教师生命意义才是完整的。所以，教师的生命道德应该是奉献性与发展性的统一。

其四，物质性与精神性的统一。这一特性可以说是以上几个特性的综合反映。跟所有人一样，教师也希望自己的劳动能获得丰厚的物质待遇，也愿意享受优越的物质生活，这应该是人生存本能的需要。教师也是普通人，他首先得生活，而且也想生活得更好一些。这是无可厚非的。但职业特性决定了教师的生命意义更多地显现了一定的精神性，物质追求不应该是教师职业的核心，其生命的意义和价值也无法用职位高低和金钱数量来衡量。狄尔泰认为，教育从本质上讲，是一种完美地理解生命意义的精神活动，是通过心灵体验而达到人

---

❶ ［美］卡罗尔·吉利根. 不同的声音 ［M］. 肖巍，译. 北京：中央编译出版社，1998：68.

的心灵的相通，精神的相遇。雅斯贝尔斯认为，"教育的过程首先是一个精神成长过程，然后才成为科学获知的一部分"❶。这些都说明了教育具有精神性。教师作为教育的主要承担者，其生命价值和意义自然就具有较大的精神性。如前所述，人不仅有自然生命，而且有精神生命。如果说优越的物质条件主要有利于人的自然生命的保全和享受的话，那么精神营养才是一个人生命的灵魂。在某种意义上，人的生活更多的是依赖于人的精神支柱。所以，在教育教学过程中，教师无论是对待自己，还是对待学生，都应该关注生命的各个层面，尤其要注重精神层面的表现。总之，教师的生命道德应该是物质性与精神性的统一。

（二）校园生命漠视现象呼唤教师生命道德

近些年来，校园生命漠视现象时有发生，且大有愈演愈烈的趋势。校园生命漠视现象既发生在学生身上，也发生在教师身上，既表现为漠视自己的生命（如自杀），也表现为漠视他人的生命（如侵犯或杀害他人）。从学生来看，自杀已成为他们非正常死亡的第一原因。各种媒体每年都有一些关于学生自杀的报道，自杀的学生既有大学生、研究生，也有中学生，甚至小学生。我们随便在网上一搜，就可以看到很多学生自杀的案例以及一些"有心人"对自杀案例的统计数据。如：2007 年 5 月安徽 5 名小学生集体跳河自杀；2010 年 12 月福建厦门一小学生因考试作弊被老师撕毁试卷而跳楼自杀；2009 年 12 月广东东莞一个 11 岁男生在老师来家访时用红领巾上吊自杀；2008 年教育部直属高校就发生 63 起大学生自杀事件，其中北京、上海各 23 起；2009 年，学生自杀趋势有增无减，仅上半年，北京就有 14 名大学生自杀身亡；有人点名道姓地列举了 2011 年 1 ~ 9 月发生的 57 起大学生自杀事件；还有以"中国人民大学两年内（指 2014 年和 2015 年）有 3 名大学生跳楼自杀"为题的报道，等等。比较而言，大学生自杀问题更为频发，甚至呈现逐年上升的趋势。据统计，2002 年大学生自杀案有 27 起，2004 年 68 起，2005 年 116 起，2006 年 130 起。2007 年上半年广东高校累计有 10 多名学生自杀身亡。2007 年仅 5 月的某一周，北京师范大学、清华大学、人民大学、北京农业大学四所高校的学生接连自杀，这一周在北京又被称为"自杀周"。媒体点名报道发生大学生自杀事件的高校就有 90 多所。与此同时，学生侵害他人或他类生命的现象也时常见诸报端和网络。如：2002 年清华大学刘海洋硫酸伤熊事件；2004 年云南大学马加爵宿舍杀人事件；2010 年西安音乐学院药家鑫驾车撞伤人后故意杀人事件；

---

❶　［德］雅斯贝尔斯. 什么是教育［M］. 邹进，译. 北京：生活·读书·新知三联书店，1991：30.

2013 年复旦大学研究生林森浩宿舍投毒案；2015 年 5 月安徽怀远县小学生被副班长逼吃屎喝尿事件，等等。学生自杀和侵害他人或他类生命现象折射出了当今青少年对生命的漠视和践踏。面对越来越多的学生自杀现象和伤害他人生命的行为，我们不禁要问：我们的教育该承担什么样的责任？我们的教师该如何扮演好自己的角色？

教师自杀的事件也频频见诸报端和网络，他们中不乏高学历、高职称的大学教师。如：2005 年中国科学院一 36 岁博士生导师、2006 年北京师范大学一 53 岁博士生导师、2007 年中国人民大学一 50 岁博士生导师、2007 年中山大学一 45 岁硕士生导师、2009 年湖南大学一 39 岁海归博士/教授、2009 年浙江大学一 32 岁海归博士等多名高学历、高职称的教师自杀身亡。虽然教师自杀只是特例，但这足以使神圣的教育殿堂蒙上一层阴影。与此同时，教师过度体罚学生的现象也屡禁不止，我们时常可以在网上看到这样的新闻：某某老师用电烫斗烫伤上课讲话学生的脸，某某老师用订书机订不听话学生的耳垂，某某老师用缝衣针刺伤学生的身体，某某教师又猥亵、性侵多名女学生，等等。虽然教师伤害学生的现象也只是特例，但也折射出一些教师生命道德的缺失。此外，教师中还存在着严重的"过劳死"现象。据报道，在 5 年内北京大学、中国科学研究院就有 135 名专家、教授早逝，平均年龄仅为 53.3 岁。❶ 在近年来所报道的中小学教师猝死讲台的案例中，相关教师的年龄竟然都在 40 岁上下，如：2003 年岳阳市一 40 多岁小学教师、2005 年宁陵县一 36 岁高中教师、2005 年长沙县一 40 多岁中学校长、2008 年榆中县一 44 岁中学教师，等等。我们不禁想：这么多教师死于非正常情况，这么多教师如此虐伤自己的学生，到底是谁的错？教师该如何对待自己的生命，又该怎样尊重学生的生命呢？

青少年学生正处于生命力最旺盛的时期，他们本应充满活力，对未来有着美好的向往和憧憬。然而在现实中，很多学生却对自己的人生感到迷惘与困惑，他们感受不到自己存在的意义，体验不到生命存在的价值，稍有不顺就轻易放弃自己年轻的生命，稍有矛盾和冲突就肆意践踏他人的生命。这无疑是对现今教育的一种质疑，说明了我们的学校在生命道德教育方面严重欠缺。因此，学校需要加强对学生进行生命道德教育，帮助他们理解生命的意义，确立起生命质量和生命尊严的意识，使他们懂得尊重生命、爱惜生命，明白人活着还意味着一定的责任和义务这个道理。生命道德教育的主要实施者当然是教

---

❶ 张等菊. 论教育中的安全问题与人的生命价值 [J]. 教学与管理，2009（15）：6 - 8.

师，教师作为生命道德教育的实施者，自己首先必须尊重生命、爱惜生命，并通过自己的言传身教来影响学生。一个对自己生命都不负责任的教师，是不可能教出关爱生命、尊重生命的学生的。教师的自杀现象充分说明了，教师生命道德的缺失是学校生命道德教育薄弱的重要原因。在某种意义上，生命道德教育的对象首先应该是教师。对于教师的"过劳死"现象，虽然不单纯是教师自身的因素造成的，整个社会和学校也都有责任，但如果教师对自己能够"好"一点，这种现象是不是就可以少一些呢？所以教师自己首先应该懂得如何关爱自己，懂得究竟该怎样生活才能彰显生命的意义和价值。

总之，无论是教师还是学生，无论是自杀还是侵害他人，都充分说明了我们的学校教育在某种程度上偏离了"生命"的轨道，我们的教师缺失了生命道德。生命的漠视和丧失现象呼唤教师生命道德的回归。

（三）教师生命意义的迷失呼唤教师生命道德

纵观我国教师的生存现状可以发现，越来越多的教师，尤其是中小学教师，他们体验不到职业的幸福，感受不到自身的生命价值，其生命意义在日复一日、年复一年的繁重的单调的工作中逐渐被消解和遮蔽。有学者将教师生存现状描述为"无爱的生存——生命不可承受之重"，认为教师是"道德囚笼中的迷惘者""过度超负之下的苦行者""带着镣铐的舞者"和"情感交流的独白者"。笔者觉得这种概括非常形象地反映了我国教师令人担忧、令人心痛的生存现状。而正是由于这种尴尬的生存现状，导致了教师生命质量的降低和生命意义的迷失。具体说来，教师生命意义的迷失现象主要有如下三方面的表现。

第一，倦怠——教师职业仅仅成为谋生的手段。许多调查表明，近年来，我国教师的职业压力越来越大、职业倦怠感越来越强。过大的职业压力、过强的职业倦怠感严重地影响了教师的生活质量，遮蔽了教师生命的本真意义，致使很多教师缺乏职业认同感和归属感，仅仅把教师职业当成一种谋生的手段，当成养家糊口的工具，在教育教学中体验不到职业的幸福和内在的尊严。"过度超负之下的苦行者"很形象地说明了教师的这一状况。

第二，无奈——教师被动的生存。教师生命意义的迷失现象表现在被动、机械、无奈的工作方式中。创造性是教师职业生命的灵魂，然而，我国教师却很难进行"自我创造"，他们通常受固定程序、统一标准和僵化逻辑的框定而丧失自我、自主和自由。很多老师都有这样的体验：刚从事教育教学工作的时候，可以说是激情万丈，很想自己有一番作为，很想成为受学生、领导、家长欢迎的好老师，很希望能通过大胆创新，形成自己独特的教育教学风格。然而在现实和理想的矛盾中，那种激情逐渐消退，取而代之的是越来越多的无奈。一方面，一切都与学生的分数挂钩，与升学率挂钩。提不高学生的分数，你再努力也是白搭；没有高升学率，你的创新便成了领导、同事、家长眼中的"另类"。于是，教师在"分数大战"和"升学率大战"中慢慢丧失了自我，没有了自主和自由。于是，在教学过程中，教师日复一日、年复一年地按照统一的模式进行，从备课到上课，从复习提问到讲授新知识，从巩固新知识到学生作业，一切都是规定好的，教师便成了国家、学校对学生施加影响的"代言人"，成了学校提高学生分数和升学率的"机器"，教师职业便成了手段和工具，教师的生命意义便在这无奈中消解了。另一方面，一切都与职称挂钩。职称上不去，你的工资待遇、职业威望便上不去。教师的专业发展不是受自身的"生命驱动"，而是受"利益趋动"；不是"自主驱动"，而是"制度驱动"；不是"我要学"，而是"要我学"。国家要求教师学历合格，教师就拼命地提升自己的学历；评职称需要论文，教师就想方设法地撰写论文；学校要求普通话、计算机等各种合格证，教师就利用寒暑假参加各种培训以获得各种证书，等等。教师的学习都只是为了应付各种要求，而不是因为自己有内在的需要。教师的内在生命价值就在这种"被发展"的过程中失落了。"带着镣铐的舞者"很形象地诠释了这一现状。

第三，疏离——师生关系的异化。师生关系是教师与学生在教育实践中形成的相互关系，它反映了教师与学生在教育中的地位、行为方式和相互的态度。良好的师生关系应该是教师生命主体与学生生命主体共同建构的关系，是哲学意义上的"主体"关系，社会学意义上的"交往"关系，伦理学意义上的"平等"关系和教育学意义上的"对话"关系。❶ 教育教学过程是一种生命与生命的灵动过程，师生之间建立起良好的师生关系是教育的应有之义。只有建立良好的师生关系，才能提高教育教学的质量和效果；也只有建立良好的师生关系，才有助于师生的共同发展。然而，现实中的师生关系已经发生了一定的异化，这种异化主要表现为师生情感上的疏离。有人调查发现，54%的学生认为"老师很少与我倾心交谈"；48%的学生认为"老师不能了解我的忧虑与不安"；40%的学生认为"找不到一位能倾诉内心隐私的老师"；38%的学生认为"老师常让我感到紧张与不安"。❷

由于缺乏理解与情感上的支持，师生关系单向化、冷漠化、功利化倾向日

❶ 张培. 生命的背离：现代教师的生存状态透视 [J]. 教师教育研究, 2009, 21 (1): 50-55.
❷ 王雪. 沟通·理解·发展——谈谈如何构建新型师生关系 [J]. 北京教育, 2002 (4): 19.

益凸显。本应是主体关系、交往关系、平等关系和对话关系，结果演化成一种单纯的教学关系、权力关系、技术关系和利益关系。绝大多数情况下，教师是导演和演员，学生只是观众和听众；教师灌输知识，学生无偿地接受和占有，师生都习以为常，认为是理所当然的事，毋庸置疑。没有情感的沟通，没有灵魂的碰撞，教师越来越成为"情感交流的独白者"。情感的冷漠和疏离，导致教师和学生在教育教学中丧失了生命的活力，教师的生命意义也就在这师生关系的异化中逐渐被消解了。

综上所述，虽然教师职业生命意义的迷失现象有多种原因，但师生的人生态度、价值观念和生命意识最为重要。本书认为，现今这种充满了诱惑和浮躁的社会对教师职业是一种巨大的挑战，它对教师的生命道德提出了更高的要求。教师生命意义的迷失呼唤教师生命道德的回归。

（四）教师生命意义的追寻与生命道德的回归

如前所述，教师生命道德是为"师"性与为"我"性、传承性与创造性、奉献性与发展性以及物质性与精神性的辩证统一。为"师"性、传承性和奉献性等属于教师的社会价值范畴，为"我"性、创造性和发展性等属于教师的个体生命价值范畴，教师生命道德要求既展现教师的社会价值，又展现教师的个体生命价值。然而长期以来，人们普遍只重视教师的社会价值，忽视了教师的个体生命价值，这就导致教师生命道德的生成和发展极不完善。师生漠视生命现象的频发和教师生命意义的迷失都意味着教师生命道德的严重缺失，而要改变这种极端现象就需要教师生命道德回归正常的发展轨道，需要教师不断地追寻生命意义。为此，社会必须树立关怀教师生命的意识，关注教师生命存在的权利；学校必须塑造关怀教师生命的管理文化，为教师专业发展提供平台；教师自身更应该在专业发展过程中凸显"生命性"。具体来说，教师生命意义的追寻和生命道德的回归可以从如下三个方面加以努力。

1. 增强生命意识，提升生命地位

生命的存在是干好一切事业的前提和基础，健全的生命是一切幸福的载体。虽然人不能为了活着而活着，但毕竟自然生命是精神生命的基础，丧失了自然生命，崇高的精神生命便成了空中楼阁。教师的专业发展自然也需要有良好的身体作保证，否则再多的知识、再强的能力、再崇高的信念，在脆弱的生命面前都是无足轻重的。那些猝死讲台的教师，那些高级知识分子的轻生行为以及学生的非正常死亡，给我们很好地诠释了这个道理：只有生命存在，才能谈得上发展和质量问题。生命对于每个人只有一次，一旦失去便永不复返。所以，无论身处什么条件下，无论出于什么理由，都不能轻易放弃生命。任何轻生行为都是对生命的一种亵渎，都是对自己、对他人、对社会的一种不负责任的态度。当然，在人的生命历程中肯定会有各种各样的挫折和矛盾，关键要看人以什么样的态度对待它。如果一个人始终以积极的态度面对人生，那么活着本身就是一种意义。因此，教师在专业发展过程中首先应该具有强烈的生命意识，始终要把生命的存在放在第一位，让"生命"成为处理与自己的关系、与学生关系的一种准则和核心价值追求。教师不仅要教育学生珍爱生命，而且自己对待生命也要始终有敬畏之心、尊重之情。教师不仅要关爱学生的生命，还应该关爱自己的生命。为此，教师在追求高学历、高职称、高升学率的同时，千万不能忘了给自己的生命"放假"。面对来自各个方面的压力，在社会和他人不能适时给予帮助时，教师自己得学会调节，让自己的生命适当地放松。

2. 回归生命化教育，提高生命质量

所谓生命化教育，就是以人的生命为基础，直面人的生命，为了人的生命，生命有爱的教育。生命的本性是追求快乐与幸福，所以生命化教育的核心应该是快乐与幸福的教育，是充满活力的人的教育，是引导人生走向美好和完善的教育。然而，在传统教育中，"人"的因素却往往被忽略掉，教师和学生的生命并没有成为教育关注的直接对象。教育直接关注的是知识，是升学，是诸如"教材"之类的"物"的因素。结果是，教育不仅没有给人带来快乐与幸福，相反在很多时候还成为抹杀人个性的"刽子手"。可以说，传统教育对人生命的忽视是造成部分师生漠视生命、体验不到生命意义和价值的重要原因之一。因此，教师在专业发展过程中，应努力回归生命化教育，使教育真正成为"为了人的生命的质量提高而进行的社会活动"，成为"以人为本的社会中最体现生命关怀的事业"。❶

回归生命化教育，要求教师在教育中要尊重学生的生命，让教育充满关注生命的气息。首先，教师要真正将学生看作一个活生生的人，而不是一个简单机械地接受知识的"容器"。教师要给学生一些权利让他们自己去选择，要给学生一些机会让他们自己去把握，要给学生一些问题让他们自己去解决，要给学生一些情境让他们自己去体验。其次，教师要给予学生全面而充分的教育，而不仅仅局限于知识和技术层面。教师要针对学生生命意识淡薄的现象进行适时的"生死教育"，针对学生意志薄弱的现象进行"挫折教育"，针对学生情

---

❶ 叶澜，等. 教育理论与学校实践［M］. 北京：高等教育出版社，2002：136.

感荒漠现象进行"感恩教育"等。最后，教师要关注学生丰富而完满的人性的培养，而不是只关注对其进行智力方面的训练。为此，教师要注意培养学生的兴趣爱好，注意挖掘学生的潜力，注意加强对学生进行世界观、人生观和价值观的教育等。

回归生命化教育，要求教师融入自身的生命，用生命去"教书"和"育人"。生命化教育强调用生命温暖生命，用生命滋润生命，用生命呵护生命，用生命灿烂生命。因此，教师不仅要教会学生专门的知识和技能，更重要的是同学生展开生命与生命之间的交流和对话，不断提高学生的思想境界和精神境界，培育和激发学生的创造力。教师自身的生命活力也在这种灵魂的碰撞中不断得到提升。如果教师对自己的职业缺乏认同感和使命感，对自己的学生没有责任感和爱，将自己的生命游离于教育过程之外，那么，这样的教育就不可能真正切入学生的生命，最终势必还是外在化和空心化的教育。❶ 正如叶澜教授所说的那样，"没有教师生命质量的提升，就很难有高的教育质量；没有教师精神的解放，就很难有学生精神的解放；没有教师的主动发展，就很难有学生的主动发展；没有教师的教育创造，就很难有学生的创造精神"。

3. 追寻生命意义，彰显生命价值

有这样一个故事：在一个建筑工地上，有三个工人在推砖。有人问第一个人："你在干什么？"他回答说："我在推砖。"问第二个人，他说："我在赚钱。"问第三个人，他说："我在建造高楼大厦。"第一个人只是为工作而工作，第二个人是为生存而工作，第三个人却是把工作当成了一种事业，所以后来第三个人成了著名的设计师。❷ 这个故事带给我们的启示是，如果教师只是为了工作而工作或者只是把职业当成谋生的手段，那么教师的生命境界可能永远只能停留在"生存"的层面上；教师只有把职业当成自己毕生追求的事业并融入自己的生命，其生命意义和价值才能得以彰显。德国社会学家、政治学家、哲学家马克斯·韦伯（Max Weber）在《以政治为业》的演讲中提出，以政治为业有两种方式：一是"为"政治而生存，一是"靠"政治而生存。"为"政治而生存的人，从内心里将政治作为自己的生命。他或者是因为拥有所行使的权力而得到享受，或者是因为意识到服务于一项"事业"而使自己的生命具有意义，从而滋生出一种内心的平衡和自我感觉。"靠"政治而生存的人将政治作为固定收入的来源，把政治作为职业而"靠"它吃饭。据此，

---

❶ 孟建伟. 教育与生命——关于教育的生命哲学的思考［J］. 教育研究，2007（9）：3–8.

❷ 周奎齐. 关注教师的生命发展［J］. 山东教育，2003（11）（中旬）：15–16.

我们也可以提出以教师为业的两种基本方式："靠"教育而生存和"为"教育而生存。"靠"教育而生存的教师是一种生存型教师，他仅仅把教师看作一种维持生计的职业。"为"教育而生存的教师是一种生命型教师，他把教师看作是一种值得追求和托付的事业，把教育当成自己的又一生命。

如前所述，人之为人，人之不同于动物的地方，就在于人不仅仅是为了满足自己的自然生命而活着。人在满足自己的自然生命的基础上，还要不断超越自然生命，追求生命的意义，体现生命的价值。我们呼吁教育要关注教师的自然生命，满足教师的生存需要，并不意味着教师只为活着而活着，教师同样希望追求有意义的人生。教师的生命意义和价值通常体现在创造性的教育教学活动之中，体现在和谐融洽的师生关系之中，体现在与学生共同发展的过程之中。而我国教师在强大的职业压力和职业倦怠、被动的生存状态和异化的师生关系中迷失了生命意义。要改变这种状况，一方面需要教师不断地学习，另一方面需要教师创造性地从事教育教学工作，构建一种理想的"对话"式的师生关系，让教育教学充满生命的活力，让教师职业成为教师生命内在的向往和追求，让教师的专业发展成为彰显生命价值的过程。

帕斯卡尔指出，人只不过是一根苇草，是自然界最脆弱的东西，但他是一根能思想的苇草，我们全部的尊严就在于能思想。思想不但让我们得以为"人"，而且让我们过上更加知性的生活，让我们的人生更有意义和更有价值。所以，要追寻生命的意义，教师首先应该学会思想。哲学是对智慧的追求和追问，是把智慧当作追求目的和追问对象的学问，"哲学"一词在古希腊文中的原义就是指"爱智慧"。同时，"哲学还是一种生活态度，致力于对人生经验的统一的、一致的和综合的观照。遵循这种态度，人们会去努力发展一种有助于解决冲突、恢复某种生活一致性的、综合的观点"❶。在现代社会，如果教师沉浸于每天忙碌的生活中，最终就会迷失自我。因此，教师应该不断地学习，在学习中吸取养分，在学习中获取智慧，在学习中不断进行"哲学思考"，培养自己的哲学思维。唯有这样，教师才能在个人和专业生活中获得一种深刻性和广博的视野，才能提升自己的生命意义和体现生命的价值。那么，教师需要什么样的"哲学之思"呢？"对于广大教师来说，'哲学之思'不在教育生活之外，而在教育生活之中。教师不仅要主动吸收古今中外的教育哲学思想，还要不断地对自己的教育经验进行回忆与反思"❷。比如，在教育教学

❶ 朱晓宏. 论哲学之思与教师专业发展 [J]. 教育研究，2007（10）：25-28.
❷ 朱晓宏. 论哲学之思与教师专业发展 [J]. 教育研究，2007（10）：25-28.

中，教师应该经常拷问自己：教育的目的究竟是什么？教师的责任究竟是什么？教师仅仅是一种职业吗？教师的生命意义何在？教师应该怎样活着才更有价值？我是一个合格的教师吗？……

　　一切教育活动最终要通过教师发自内心的主动参与才能产生最大的效果。心理学研究表明，当一个人以内在的价值和自主选择的方式来追求目标并达到可行程度时，其主观幸福感就会增加；如果一个人无所追求、碌碌无为，他就会感到厌倦、无聊和空虚。作为知识搬运工的"教书匠"的生活单调、乏味，不仅让教师丧失了生命的激情，也失去了教师职业的内在尊严与欢乐。所以，教师要想感受幸福，就不能把自己的职业仅仅当成一种谋生的手段，而应该当成一种事业来加以追求，并把教育教学活动视为一种人性完满的实现活动来加以对待。教育教学**"不只是为学生成长所作的付出，不只是别人交付任务的完成，它同时也是自己生命价值和自身发展的体现"**❶。教师只有积极发挥主体性，教育教学活动才能充满活力，教师也才能彰显生命的价值和意义。教育教学本身是一种创造性的活动，它没有固定的程序和方法，也不能套用统一的模式。教师应该根据自己独特的理解和学生的实际情况，充分发挥主体性，不断寻求适合于自己风格的方式和方法，力争使自己成为"反思型""研究型"教师，而不只是"经验型""工匠型"的教师。当然，教师的创造未必就一定非得提出什么有影响的教育理论，或提出什么新的教育观点。对自己所教的领域有独到的、新颖的见解，是一种创造，在教育教学中不墨守成规，不采用统一模式，而是根据学生的实际进行因材施教，也是一种创造；在课堂教学组织中，能充分调动学生的积极性，启迪学生的智慧，是一种创造，对自己的教学观念和教学行为能进行反思，以提高教育活动的实际效果，也是一种创造……教师只有在教育教学活动中进行创造性的劳动，其职业境界才能升至"发展境界"，生命才能得以发展和完善，生命意义才能得以"表现"和"表达"。❷

　　师生关系的异化消解了教师的生命意义，所以，教师生命意义的追寻也有赖于良好师生关系的建立。如前所述，良好的师生关系是一种主体关系、交往关系、平等关系和对话关系，换句话说，也就是一种理解型师生关系。理解型师生关系强调师生的自我理解和相互理解，其建构需要师生双方的共同努力，但由于教师身份的特殊性以及知识、阅历等原因，建立理解型师生关系的主要责任在教师。首先，教师必须树立正确的学生观。在教育教学中教师要充分地

---

❶　叶澜. 让课堂焕发出生命活力——论中小学教学改革的深化 [J]. 教育研究, 1997 (9)：3–8.

❷　刘瑞芳. 论教师生命意义的遮蔽与澄明 [D]. 开封：河南大学研究生硕士学位论文, 2006：47.

关爱学生，尊重学生，宽容学生。学生是处在发展中的人，需要教师的关爱和指导；学生是一个个独立的个体，需要教师的尊重，需要一定度的自由和独立的空间；学生在发展中难免会表露出很多的缺点和不足，这就需要教师的宽容，而不是讽刺、挖苦和打击。其次，理解型师生关系需要师生之间的真诚对话。对话是一种重要的认知方式，"在语言学领域，对话是指两个或两个以上的人以语言为中介所进行的交流和会谈；从解释学的角度看，对话是指双方各自基于自己的前理解结构，通过理解而达成的一种视界融合；从社会学和文化学的角度看，对话是指一种交往和互动、沟通和合作的文化，是与民主、平等、理解和宽容联系在一起并以之为前提的文化"。❶ 教育教学中的对话，是指师生在相互尊重、相互信任的基础上，通过言谈和倾听而进行的双向沟通、共同学习的方式。因为对话，师生之间不再是灌输与接受的关系，不再是支配与被支配的关系，不再是纯粹的利益关系，而是一种"主体间"的关系，是一种平等的"我—你"关系。在对话情境中，学生由于自己积极地参与，其所获得的知识是动态的、开放的、生成的；在对话情境中，师生双方以真诚的态度相互倾听、相互接纳，实现着灵魂的碰撞、心灵的沟通和精神的相遇，师生在彼此理解和沟通中感悟着生命的意义与价值。总之，"对话人生就其本质而言，是一种追求意义和价值的人生"。❷ 师生间的对话就是一种意义交流，师生在互相对话的过程中，充分发挥各自的主体性，形成主体间性，建立起和谐融洽的关系，并完成各自的意义建构。教师只有通过与学生的真诚对话，才能显现生命的意义，才能使自身的生存价值得到升华。

综上所述，要追寻生命意义、彰显生命价值，需要教师在专业发展过程中，既要崇尚"生命诚可贵，奉献价更高"的价值情怀，又要培养"创造着就是快乐着"的幸福情怀，更要有一种"与学生共同进步"的发展情怀，努力使自己成为"为"教育而生存的生命型教师，而不是"靠"教育而生存的生存型教师。

---

❶ 张增田，靳玉乐. 论新课程背景下的对话教学 [J]. 西南师范大学学报：人文社会科学版，2004，30（5）：77 – 80.

❷ 张增田，靳玉乐. 论新课程背景下的对话教学 [J]. 西南师范大学学报：人文社会科学版，2004，30（5）：77 – 80.

教师适应性调查问卷

尊敬的老师：您好！

首先感谢您在百忙之中抽空填写这份问卷。本问卷的资料将纯做学术研究之用，所有问题的回答仅代表您个人的看法，没有"对错""是非"之分。调查是以匿名的形式进行的，您的回答会处于完全保密状态。为了保证本次调查结果的准确性，请您认真阅读每一道题目，并根据您的实际状况如实地回答所有问题。您的回答对于我们得出正确的结论很重要，希望能得到您的配合和支持，谢谢！

一、下面共有 22 项描述，请您根据自己的真实想法和体会选择合适的选项，并在对应的数字上打"√"。数字和选项的对应关系是：1——很不符合，2——比较不符合，3——一般符合，4——比较符合，5——很符合。

题号	题 项	很不符合	比较不符合	一般符合	比较符合	很符合
1	我认为教师的社会地位不高。	1	2	3	4	5
2	我认为教师工作缺乏成就感，不能很好地提升自己。	1	2	3	4	5
3	我觉得教师工作没什么实际意义和价值。	1	2	3	4	5
4	我对自己的未来感到迷惑，时常想离开教师行业。	1	2	3	4	5
5	我对从事教师职业的工作要求、内容和责任非常清楚。	1	2	3	4	5
6	我能利用各种资源认真备课。	1	2	3	4	5
7	我能很好地驾驭课堂，遇到学生捣乱，我总有办法制服他们。	1	2	3	4	5
8	当学生完成作业有困难时，我能根据他们的水平调整作业。	1	2	3	4	5
9	我能胜任班主任工作，并有效地处理学生的各种问题。	1	2	3	4	5

题号	题　项	很不符合	比较不符合	一般符合	比较符合	很符合
10	我觉得自己所学的知识技能与实际需要有点脱节。	1	2	3	4	5
11	我到一个新的环境后，需要很长时间才能和周围的人融洽相处。	1	2	3	4	5
12	我觉得所在学校的人际关系比较复杂，因此时常感到无所适从。	1	2	3	4	5
13	我善于关注其他人对我行为的反馈，并积极调整自己的行为。	1	2	3	4	5
14	我能与不同背景、个性、价值观的教师协作共事。	1	2	3	4	5
15	我能很好地化解与同事之间的矛盾冲突。	1	2	3	4	5
16	所在学校的环境和条件不令人满意。	1	2	3	4	5
17	收入难以满足理想生活的需要。	1	2	3	4	5
18	我不太适应学校所在地的气候、习俗、方言等。	1	2	3	4	5
19	即使受到不公平待遇，我也基本上能保持心情平静。	1	2	3	4	5
20	我觉得工作压力很大。	1	2	3	4	5

二、下面共有 10 个问题，请您根据自己的实际情况加以判断，并在合适答案前的"□"内打"√"。

1. 您之所以选择教师作为自己的职业，是因为：

　　□教师职业比较稳定、清闲，尤其是有几个月的寒暑假

　　□希望能够从事教书育人的工作，为社会做点贡献

　　□找不到其他合适的工作，只能从事这份工作

　　□父母为我做的选择

　　□其他：＿＿＿＿＿＿＿＿＿

2. 如果可以重新选择，您是否还会选择当教师？

　　□会　　　　　□不会　　　　　□不好说

3. 平均来说，您每天花在工作上的时间：

　　□少于 8 小时　　□8 ~ 10 小时　　　□超过 10 小时

4. 您所在的学校是否重视对新教师的入职培训，并采取了积极的措施去帮助新教师尽快适应工作？

　　□不重视，从来没有考虑过新教师的适应问题

　□重视，采取了一些措施来帮助新教师转变角色

5. 您对所在学校在职业适应方面给您的指导和帮助是否满意？
　□非常满意　　　□较满意　　　□一般　　　□较不满意　　　□很不满意

6. 您最希望所在学校在哪些方面给予您职业适应方面的指导和帮助？
　□教学技能和班主任工作　　　□人际关系　　　□工作环境
　□职业认知　　　□其他：_____

7. 您是否觉得自己的工作不能得到领导的理解与支持。
　□是　　　　　　□否

8. 您是否觉得所在学校的规章制度和各类要求有很多不合理的地方。
　□是　　　　　　□否　　　　　　□有，但不多

9. 您所在的学校是否经常组织活动以丰富教师的业余生活？
　□是　　　　　　□否　　　　　　□偶尔

10. 您所在的学校是否重视教师的职业压力和心理健康问题？
　□是　　　　　　□否

三、您个人的基本信息（请在合适答案前的"□"内打"√"）

1. 性别：□男　　　　□女
2. 民族：□汉族　　　□苗族　　　□土家族　　　□其他：
3. 生源地：□湘西州内　　　　□湘西州外
4. 是否会民族语言：□不会　　　□会说苗语　　　□会说土家语　　　□其他：
5. 受教育程度：□高中或中专　　　□大专　　　□本科　　　□本科以上
6. 毕业学校性质：□师范院校（含非师范院校的师范专业）　　　□非师范
　院校
7. 教龄：□1年以内　　　□1~3年　　　□3年以上
8. 所在学校类型：□小学　　　□初中　　　□高中
9. 所教科目：□语文　　　□数学　　　□英语　　　□其他：_____
10. 工作学校所在地：□农村　　　　□城镇
11. 在进入本学校工作之前，您是：□在校学生　　　□教育工作者
　□其他非教育工作者

　　　　　　　　　　　　　　　　　　　　谢谢您的合作！

教师适应性研究访谈提纲

一、用于师范毕业生的访谈问题

1. 您热爱教师这个职业吗？如果有更好的工作您是否会选择离开？

2. 您是否关爱学生并愿意成为每个学生的支持性的朋友？

3. 您对师范院校开设教育理论课程（包括教育学、心理学、教育史、教育管理等）有什么看法？在实践中这些理论知识对您到底有多大的作用？

4. 您认为自己就读的师范院校在专业设置、教师技能、教育实习和毕业论文（设计）等方面还存在哪些问题，具体应怎样改进？

5. 您任教的学校重视教师的专业成长吗，都有哪些举措？

6. 您是否愿意积极参加各种讨论会以及学校组织的活动？

7. 您是否能接受同行（同伴）的批评，并愿意改变自己的观点支持那些提出更好解决问题办法的同事？

8. 您能与同事有效地合作吗？

9. 您能应付教育教学中的突发事件吗？

10. 您能与学生家长真诚交谈吗？

11. 您能谨慎、客观地评价学生吗？

12. 您能经常反思自己的工作方式和教育方法的有效性吗？

13. 您觉得自己在从学生向教师角色转变的过程中存在哪些困难和问题，产生这些困难和问题的原因是什么？您希望得到哪些帮助和指导？

14. 为了尽快完成从师范生向教师角色的转变，缩短职业适应期，您认为师范院校、任教学校和师范生自己应该从哪些方面加以努力？

二、用于学校领导和老教师的访谈问题

1. 您对近三年来毕业的师范生在教育教学态度和能力方面作何评价？他们在适应期通常存在哪些问题？产生这些问题的可能原因是什么？

2. 为了帮助师范毕业生尽快地进入教师角色，您认为学校应从哪些方面加以帮助和指导，师范生自己应该从哪些方面加以努力？

3. 学校关注教师的专业成长吗？都有哪些举措？

教师职业压力和心理健康调查问卷

调查说明：

请您认真阅读每一道题目，并根据您最近三个月的状况如实作答。所有问题的回答都是一种主观判断，没有"对"与"错"，"是"与"非"之分。调查是以匿名的形式进行的，您的回答会处于完全保密状态。

为了保证本次调查结果的准确性，还请大家客观、公正地回答所有的问题。您的回答对于我们得出正确的结论很重要，希望能得到您的配合和支持，谢谢！

一、下面共有 **18** 项描述，请您根据自己最近三个月的感受和体会，判断它们在您所在的单位或者您身上发生的频率。如果您从来没有这种想法或体会，请选择 **0**；如果您曾经有这种想法或体会，请选择合适的数字。（在选择的数字上打"√"）

选项标准说明：

0	1	2	3	4	5	6
从不	极少 一年几次或更少	偶尔 一个月一次或更少	经常 一个月几次	频繁 每星期一次	非常频繁 一星期几次	每天

1. 早晨起床时，我感到非常累，可是又不得不去面对一天的工作。
   0　1　2　3　4　5　6
2. 在工作中整天与学生打交道，对我来说确实压力很大。
   0　1　2　3　4　5　6
3. 我能非常有效地处理学生的各种问题。
   0　1　2　3　4　5　6
4. 工作让我有快要崩溃的感觉。
   0　1　2　3　4　5　6

5. 我感觉，我的工作对学生的生活有积极的影响。

　　0　　1　　2　　3　　4　　5　　6

6. 自从开始干这份工作，我对学生越来越不象以前那么热情了。

　　0　　1　　2　　3　　4　　5　　6

7. 我担心我的工作使我变得越来越没有同情心了。

　　0　　1　　2　　3　　4　　5　　6

8. 我并不真正关心有些学生的状况。

　　0　　1　　2　　3　　4　　5　　6

9. 跟学生在一起的时候，我很容易营造一个轻松的氛围。

　　0　　1　　2　　3　　4　　5　　6

10. 我因为工作上的事情，情绪低落。

　　0　　1　　2　　3　　4　　5　　6

11. 我因为工作上的事情，非常生气。

　　0　　1　　2　　3　　4　　5　　6

12. 我因为工作上的事情，非常紧张。

　　0　　1　　2　　3　　4　　5　　6

13. 失眠。

　　0　　1　　2　　3　　4　　5　　6

14. 消化不良或者食欲不振。

　　0　　1　　2　　3　　4　　5　　6

15. 呼吸困难或者头晕。

　　0　　1　　2　　3　　4　　5　　6

16. 担心下岗。

　　0　　1　　2　　3　　4　　5　　6

17. 想离开这个学校。

　　0　　1　　2　　3　　4　　5　　6

18. 我对在这个学校工作非常满意。

　　0　　1　　2　　3　　4　　5　　6

　　二、人们对于什么是造成压力的原因有各种各样的看法。下面共有 **20** 项描述，请您根据自己最近三个月的实际感受进行判断，并选择合适的答案。（在选择的数字上打"√"）判断的标准如下：

选项标准说明：

1	2	3	4	5
不是造成 压力的原因	在一定程度上是 造成压力的原因	是造成压力 较重要的原因	是造成压力 重要的原因	是造成压力的 关键原因

1. 负担过重（比如，工作量大，经常需要加班等）。
   1　2　3　4　5

2. 担心学生出各类问题。
   1　2　3　4　5

3. 学校与家长过分关注学生的分数。
   1　2　3　4　5

4. 担心自己能否被学生接受。
   1　2　3　4　5

5. 考核与评比（比如，评比太多，考核内容与模式僵化）。
   1　2　3　4　5

6. 职称评聘。
   1　2　3　4　5

7. 对教师业务能力要求越来越高（比如，多媒体教学等）。
   1　2　3　4　5

8. 工作缺乏成就感。
   1　2　3　4　5

9. 教师的社会地位不高。
   1　2　3　4　5

10. 单位人际关系复杂。
    1　2　3　4　5

11. 社会对教师的基本道德要求过高。
    1　2　3　4　5

12. 子女教育或就业问题。
    1　2　3　4　5

13. 经济负担（包括住房问题，工资发放不及时等）。
    1　2　3　4　5

14. 所做的工作不能得到客观、公正的评价与回报。
    1　2　3　4　5

15. 工作岗位竞争。

    1   2   3   4   5

16. 被动地适应学校各种改革。

    1   2   3   4   5

17. 工作不能得到领导的理解与支持。

    1   2   3   4   5

18. 在工作中不能不断提升自己。

    1   2   3   4   5

19. 家人对自己的工作支持不够。

    1   2   3   4   5

20. 学校的规章制度和各类要求有很多不合理的地方。

    1   2   3   4   5

三、关于教师的工作（在合适答案前的"○"里打"√"）

1. 您觉得您的大部分同事之所以选择教师作为自己的职业，是因为：

  ○教师比较稳定、清闲

  ○希望能够从事教书育人的工作，为社会做点贡献

  ○找不到其他合适的工作，只能从事这份工作

2. 当您感觉压力很大时，您一般会如何处理？

  ○分析遇到了什么问题，并采取措施来解决问题

  ○向家人、同事与朋友倾诉，以缓解压力

  ○花更多时间做其他自己喜欢做的事情（比如，吸烟、购物、上网、运动等）

  ○告诉自己：有人还不如自己

  ○不采取任何措施，拖一天算一天

3. 您所在的学校是否重视教师的压力问题，并采取了积极的措施去帮助教师预防或者减轻压力？

  ○不重视，从来没有考虑过教师的压力问题

  ○重视，采取了一些措施来帮助教师预防或者减轻压力

4. 您是否了解应该如何去应对压力？

  ○不了解

  ○通过非正式的渠道（比如，杂志、报纸或者图书）了解一点。

  ○通过正规的渠道（比如，学校的宣传或者培训），有一些了解，知道

如何去应对压力

5. 平均来说，您每天花在工作上的时间：
　　○少于 8 小时　　　○8~10 小时　　　○超过 10 小时

6. 如果可以重新选择，您是否还会选择成为一名人民教师？
　　○不会　　　　　　○不好说　　　　　○会

7. 您按计划锻炼身体吗？
　　○总是　　　　　　○经常　　　　　　○当可能时
　　○不经常　　　　　○偶尔　　　　　　○很难得

8. 您是否了解心理健康方面的知识？
　　○不太了解　　　　○有些了解　　　　○很了解

9. 总体来说，作为一名教师，您感觉：
　　○没有什么压力　　○有一点点压力　　○压力比较大
　　○压力非常大

四、您个人的基本信息（在合适选项前的"○"里打"√"）

1. 性别：○男　　　　○女
2. 民族：○汉族　　　○苗族　　　○土家族　　　○其他
3. 年龄：○20 岁以下　　　○21~30 岁　　　○31~40 岁　　　○41~50 岁
　　○50 岁以上
4. 教育程度：○初中或以下　　　○高中或中专　　　○大专　　　○本科
　　○本科以上
5. 婚姻状况：○未婚　　　○已婚　　　○其他
6. 您的教龄：○2 年以下　　　○3~5 年　　　○5~10 年　　　○10 年以上
7. 所在学校类型：○小学　　○初中　　○高中
8. 所在学校类型②：○重点学校　　　○非重点学校
　　○我们不存在这种分法
9. 所教班级类型：○主要是毕业班　　　○主要是非毕业班
　　○我们不存在这种分法
10. 所教科目：○主科　　　○副科　　　○我们不存在主、副科的分法
11. 您工作的学校所在地：○农村　　　○城镇

　　　　　　　　　　　　　　　　　　　　谢谢您的合作！

参考文献

［1］刘放桐，等. 新编现代西方哲学［M］. 北京：人民出版社，2000.

［2］［德］费迪南·费尔曼. 生命哲学［M］. 李健鸣，译. 北京：华夏出版社，2000.

［3］张曙光. 生存哲学：走向本真的存在［M］. 昆明：云南人民出版社，2001.

［4］王春燕. 教师：从职场专业发展走向生命关怀的个体成长［J］. 全球教育展望，2008（6）.

［5］［德］雅斯贝尔斯. 什么是教育［M］. 邹进，译. 北京：生活·读书·新知三联书店，1991.

［6］刘济良. 生命教育论［M］. 北京：中国社会科学出版社，2004.

［7］吕陈君. 智慧简史：对世界奥秘的终极探索［M］. 北京：中国言实出版社，2008.

［8］张志伟，欧阳谦. 西方哲学智慧［M］. 北京：中国人民大学出版社，2000.

［9］［美］奥兹门，［美］克莱威尔. 教育的哲学基础［M］. 7版. 石中英，邓敏娜，等，译. 北京：中国轻工业出版社，2006.

［10］陈友松. 当代西方教育哲学［M］. 北京：教育科学出版社，1982.

［11］郝文武. 教育哲学研究［M］. 北京：教育科学出版社，2009.

［12］郝文武. 教育哲学［M］. 北京：人民教育出版社，2006.

［13］苗力田. 亚里士多德选集（伦理学卷）［M］. 北京：中国人民大学出版社，1999.

［14］刘铁芳. 从"敬业"到"乐业"：当前师德建设的基本问题［J］. 教育科学研究，2005（7）.

［15］夏民安. 教师称谓种种［J］. 教书育人，2003（2）.

［16］林琳. 古代教师称谓溯源［J］. 文史杂志，1996（5）.

［17］新课程实施过程中培训问题研究课题组. 新课程与教师角色转变［M］. 北京：教育科学出版社，2001.

［18］阮成武. 主体性教师学［M］. 合肥：安徽大学出版社，2005.

［19］叶澜，等. 教师角色与教师发展新探［M］. 北京：教育科学出版社，2001.

［20］教育部基础教育司. 走进新课程：与课程实施者对话［M］. 北京：北京师范大学出版社，2002.

［21］程方平. 中国教育问题报告［M］. 北京：中国社会科学出版社，2002.

[22] 教育部师范教育司. 教师专业化的理论与实践［M］. 2 版. 北京：人民教育出版社，2003.

[23] 许凤琴. 教师教育与教师专业化［J］. 高等师范教育研究，2003，15（3）.

[24] 张素玲. 教师专业发展的特点与策略［J］. 辽宁教育研究，2003（8）.

[25] 孙峰. 教师专业伦理的价值选择［J］. 思想理论教育，2008（22）.

[26] 徐廷福. 论我国教师专业伦理的建构［J］. 教育研究，2006（7）.

[27] 罗昂. 教师专业伦理的内涵与持续发展［J］. 中国德育，2008，3（4）.

[28] ［法］保尔·朗格朗. 终身教育引论［M］. 周南照，陈树青，译. 北京：中国对外翻译出版公司，1985.

[29] 联合国教科文组织国际教育发展委员会. 学会生存：教育世界的今天和明天［M］. 华东师范大学比较教育研究所，译. 北京：教育科学出版社，1996（埃德加·富尔主席致联合国教科文组织总干事勒内·马厄函）.

[30] 国际 21 世纪教育委员会. 教育——财富蕴藏其中［M］. 联合国科教文组织总部中文科，译. 北京：教育科学出版社，1996.

[31] ［加］纳普尔，等. 高等教育与终身学习［M］. 徐辉，陈晓菲，译. 上海：华东师范大学出版社，2003.

[32] 高志敏. 关于终身教育、终身学习与学习化社会理念的思考［J］. 教育研究，2003（1）.

[33] 吴遵民，等. 现代学习论：通向"学习社会"的桥梁与基础［M］. 上海：上海教育出版社，2008.

[34] 吴咏诗. 终身学习——教育面向 21 世纪的重大发展［J］. 教育研究，1995（12）.

[35] 吴遵民. 现代国际终身教育论［M］. 上海：上海教育出版社，1999.

[36] ［瑞典］胡森，等. 教育大百科全书：第 8 卷（教学、教师教育）［Z］. 张斌贤，等，译. 重庆：西南师范大学出版社，2006.

[37] 张立昌. 试论教师的反思及其策略［J］. 教育研究，2001（12）.

[38] 熊川武. 论反思性教学［J］. 教育研究，2002（7）.

[39] 林菁. 提高教师反思性教学能力探微［J］. 教育评论，2003（4）.

[40] 熊川武. 说反思性教学的理论与实践［J］. 上海教育科研，2002（6）.

[41] 吕洪波. 教师反思的方法［M］. 北京：教育科学出版社，2006.

[42] 孙传宝. 建立"课堂教学反思录"［J］. 中小学管理，2004（7）.

[43] ［美］布鲁克菲尔德. 批判反思型教师 ABC［M］. 张伟，译. 北京：中国轻工业出版社，2002.

[44] ［加］马克斯·范梅南（Max van Manen）. 教学机智——教育智慧的意蕴［M］. 李树英，译. 北京：教育科学出版社，2001.

[45] 熊川武. 反思性教学［M］. 上海：华东师范大学出版社，1999.

[46] 赵蒙成. 反思性教学：教师在职发展的必要途径［J］. 中国成人教育，2000（10）.

［47］ 任劲松，杨玉萍. 以读为本 感悟语言——《初冬》教学片段与反思［J］. 湖北教育，2004（23）.

［48］ 胡波. 浅谈反思性教学中的个体反思策略［J］. 中国教育学刊，2003（6）.

［49］ 刘铁芳. 教育叙事：教师专业自主发展的可能路径［J］. 福建论坛：社科教育版，2009（7）.

［50］ 王枬. 关于教师的叙事研究［J］. 全球教育展望，2003（4）.

［51］ 张典兵. 教育叙事：教师专业自我发展的有效路径［J］. 教育导刊，2007（11）上半月刊.

［52］ 王凯. 教师叙事与专业发展［J］. 湖南师范大学教育科学学报，2005，4（2）.

［53］ 刘永福. 教育叙事的内涵解读与路径寻绎［J］. 山东教育，2009（31）.

［54］ 丁钢. 教育叙事研究特点和应用［C］//郝文武. 教育学人讲演录（第一卷）. 北京：北京师范大学出版社，2013.

［55］ 熊川武. 试析反思性教学［J］. 教育研究，2000（2）.

［56］ 朱智贤. 心理学大词典［Z］. 北京：北京师范大学出版社，1989.

［57］ 辞海（上册）［Z］. 上海：上海辞书出版社，1999.

［58］ 苏红，等. 关于合作行为影响因素的研究述评［J］. 昆明理工大学学报：社会科学版，2005，5（3）.

［59］ 王玮. 竞争与合作两种社会互动形式的伦理审视［J］. 辽宁教育行政学院学报，2005，22（11）.

［60］ 崔允漷，郑东辉. 论指向专业发展的教师合作［J］. 教育研究，2008（6）.

［61］ 邓涛. 教师专业合作的理论与实践研究［D］. 长春：东北师范大学博士学位论文，2008.

［62］ 饶从满，张贵新. 教师合作：教师发展的一个重要路径［J］. 教师教育研究，2007（1）.

［63］ 黄正夫. 教师专业合作的模式及策略研究［D］. 成都：四川师范大学硕士学位论文，2005.

［64］［加］迈克尔·富兰. 变革的力量——透视教育改革［M］. 中央教育科学研究所，加拿大多伦多国际学院，译. 北京：教育科学出版社，2004.

［65］ 邓涛. 西方教师专业合作研究述评［J］. 外国教育研究，2007，34（7）.

［66］ 崔允漷. 指向专业发展的教师同伴互导［J］. 当代教育科学，2005（20）.

［67］ 孙传波，郑丽娟. 浅谈新课改理念下的集体备课［J］. 河南教育，2006（11）.

［68］ 王霁，戴荣淑. 集体备课应注意的几个问题［J］. 教学与管理，2003（8）.

［69］ 滕静. 新课改背景下协同教学问题的研究［D］. 扬州：扬州大学硕士学位论文，2006.

［70］ 廖辉. 教学组织形式的革新——协同教学的理论与实践问题探讨［J］. 乐山师范学院学报，2004，19（10）.

［71］王少非. 协同教学：模式与策略［J］. 外国中小学教育，2005（3）.

［72］钟玲. 论教师专业发展取向的同伴观摩［J］. 职业技术教育：教学版，2006，27（23）.

［73］郭德侠. 互助与合作：教师专业成长的有效策略［J］. 教育理论与实践，2007，27（11）.

［74］邓涛. 教师专业合作的影响因素探析［J］. 外国教育研究，2008，35（12）.

［75］沈毅，夏雪梅. 基于合作的教师专业发展的调查报告［J］. 上海教育科研，2007（9）.

［76］熊梅，李洪修. 教师专业发展：一种合作的视角［J］. 外国教育研究，2008，35（9）.

［77］杨翠娥. 从师范生向教师转变的适应性研究［D］. 西安：陕西师范大学硕士学位论文，2012.

［78］National Board for Professional Teaching Standards（NBPTS）. What teachers should know and be able to do［DB/OL］.［2012 – 01 – 31］. http：// www. docin. com/p – 332986252. html.

［79］许明. 英国教师教育专业新标准述评［J］. 比较教育研究，2007（9）.

［80］王道俊，王汉澜. 教育学：新编本［M］. 2 版. 北京：人民教育出版社，1999.

［81］黄济，等. 小学教育学［M］. 北京：人民教育出版社，1999.

［82］袁振国. 当代教育学［M］. 4 版. 北京：教育科学出版社，2010.

［83］全国十二所重点师范大学. 教育学基础［M］. 2 版. 北京：教育科学出版社，2008.

［84］杨薇，郭玉英. 骨干教师视阈下的优秀教师评价标准［J］. 现代教育管理，2010（7）.

［85］［美］费斯勒，克里斯坦森（Christensen，J. C.）. 教师职业生涯周期：教师专业发展指导［M］. 董丽敏，高耀明，译. 北京：中国轻工业出版社，2005.

［86］谢安邦. 教师教育一体化改革的理论探讨［J］. 高等师范教育研究，1997（5）.

［87］郑友训. 教师教育一体化课程建构的理论与实践［J］. 课程·教材·教法，2006，26（6）.

［88］中华人民共和国教育部. 关于“十五”期间教师教育改革与发展的意见［J］. 基础教育外语教学研究，2002（5）.

［89］吴琼. “顶岗实习、置换培训”模式的多赢效应［J］. 现代教育管理，2010（12）.

［90］张贵新，饶从满. 关于教师教育一体化的认识与思考［J］. 课程·教材·教法，2002（4）.

［91］黄崴. 从“师范教育”到“教师教育”的转型［J］. 高等师范教育研究，2001，13（6）.

［92］邱秀华. 国际教师教育的一体化趋势及其启示［J］. 高教探索，2005（2）.

［93］袁桂林. 英国教师在职培训的六阶段模式［J］. 外国教育研究，1995（1）.

［94］高艳，等. 基于适应性的就业能力研究及启示［J］. 山西大学学报：哲学社会科学

版，2010，33（3）.

[95] ［美］杜威. 学校与社会·明日之学校 ［M］. 赵祥麟，等，译. 北京：人民教育出版社，2004.

[96] Carol R. Rinke. Understanding teachers' careers：Linking professional life to professional path ［J］. Educational Research Review，2008（3）.

[97] 中国大百科全书编辑委员会. 中国大百科全书（教育）［Z］. 北京：中国大百科全书出版社，1985.

[98] 何莹，等. 少数民族与汉族大学生学习适应性的调查研究 ［J］. 西南师范大学学报：人文社会科学版，2004，30（3）.

[99] 车文博. 当代西方心理学新词典 ［Z］. 长春：吉林人民出版社，2001.

[100] 车文博. 心理咨询百科全书 ［Z］. 长春：吉林人民出版社，1991.

[101] 郑日昌. 心理测量与测验 ［M］. 北京：中国人民大学出版社，2008.

[102] 许峰. 关于人的适应性培养的社会心理分析 ［J］. 教育研究与实验，2000（6）.

[103] 樊富珉. 社会现代化与人的心理适应 ［J］. 清华大学学报：哲学社会科学版，1996，11（4）.

[104] 张大均，等. 关于学生心理素质研究的几个问题 ［J］. 西南师范大学学报：人文社会科学版，2000，26（3）.

[105] 任学印. 教师入职教育理论与实践比较研究 ［D］. 长春：东北师范大学博士学位论文，2004.

[106] 丁笑炯. 对英国以学校为基地的教师职前培养模式的反思 ［J］. 高等师范教育研究，1998（2）.

[107] 赵昌木. 教师成长研究 ［D］. 兰州：西北师范大学博士学位论文，2003.

[108] 陈海凡. 初任教师的适应与思考 ［J］. 学科教育，2003（4）.

[109] 邓艳红. 小学新教师入职适应影响因素研究 ［J］. 中国教育学刊，2011（3）.

[110] 戴锐. 新教师职业适应不良及其防范 ［J］. 教育探索，2002（4）.

[111] 周立群. 新教师常见问题调查及对策探讨 ［J］. 中小学教师培训，2005（9）.

[112] 李良. 中小学新手教师适应问题研究 ［D］. 济南：山东师范大学教育硕士学位论文，2005.

[113] 王红梅. 小学新教师入职适应性调查研究 ［J］. 江苏技术师范学院学报，2011，17（9）.

[114] 唐雪梅. 硕士研究生职业适应性研究 ［D］. 成都：西南交通大学硕士学位论文，2009.

[115] 刘富喜. 教师职业认同的指向和态势 ［J］. 教师教育研究，2007（9）.

[116] 宋广文，魏淑华. 影响教师职业认同的相关因素分析 ［J］. 心理发展与教育，2006（1）.

[117] 王鑫强，等. 师范生职业认同感量表的初步编制 ［J］. 西南大学学报：社会科学

版, 2010, 36 (5).

[118] 孙利, 佐斌. 中小学教师职业认同的结构与测量 [J]. 教育研究与实验, 2010 (5).

[119] 程巍, 等. 高等师范教育专业学生的中小学教师职业认同现状调查 [J]. 教师教育研究, 2008, 20 (5).

[120] 郝文武. 教师专业发展与教师教育的开放性和专业化 [J]. 陕西师范大学学报: 哲学社会科学版, 2006, 35 (4).

[121] 郝文武. 促进基础教育课程改革的教师教育课程改革 [J]. 当代教师教育, 2008, 1 (1).

[122] 教育部. 关于大力推进教师教育课程改革的意见 [EB/OL]. [2011 – 12 – 25]. http://www. moe. edu. cn/publicfiles/business/htmlfiles/moe/s3702/201110/125722. html.

[123] 教师教育课程标准 (试行) [EB/OL]. [2011 – 12 – 25]. http://www. moe. edu. cn/publicfiles/business/htmlfiles/moe/s3702/201110/125722. html.

[124] 冯友兰. 中国哲学简史 [M]. 涂又光, 译. 北京: 北京大学出版社, 2010.

[125] [美] 帕克·帕尔默. 教学勇气: 漫步教师心灵 [M]. 吴国珍, 等, 译. 上海: 华东师范大学出版社, 2005.

[126] 张培. 论教师生存状态的内涵与职业规定性 [J]. 中小学教师培训, 2008 (1).

[127] 杨翠娥, 等. 民族地区中小学教师生存状态的调查研究 [J]. 黄冈师范学院学报, 2008, 28 (5).

[128] 李超平. 教师生存状况调查 [EB/OL]. [2005 – 09 – 09]. http://edu. www. sina. com. cn/l/2005 – 00 – 09/1653126581. html.

[129] 魏星. 教师的生存状态与专业发展 [J]. 教师之友, 2004 (5).

[130] 张辉. 关爱教师: 生命教育的另一视角 [J]. 当代教育科学, 2006 (2).

[131] 张培. 生命的背离: 现代教师的生存状态透视 [J]. 教师教育研究, 2009, 21 (1).

[132] 李蔚. 心理健康的定义和特点 [J]. 教育研究, 2003 (10).

[133] 俞国良, 曾盼盼. 论教师心理健康及其促进 [J]. 北京师范大学学报: 人文社会科学版, 2001 (1).

[134] 丁新胜. 教师心理健康研究的回顾与反思 [J]. 江西社会科学, 2005 (9).

[135] 杨建飞. 教师心理健康问题探因及维护策略 [J]. 教育探索, 2005 (4).

[136] 周雪梅, 俞国良. 教师心理健康问题: 类型、成因和对策 [J]. 教育科学研究, 2003 (3).

[137] 邢少颖, 等. 促进教师心理健康的几点思考 [J]. 教育理论与实践, 2003, 23 (8).

[138] 高峰, 袁军. 上海市小学教师心理健康现状调查 [J]. 上海教育科研, 1995 (3).

[139] 王加绵. 辽宁省中小学教师心理健康状况的检测报告 [J]. 辽宁教育, 2000 (9).

［140］胡卫平，等. 山西省中小学教师心理健康状况调查 ［J］. 教育理论与实践，2010，30（4）.

［141］田玉荣，周志田. 高校教师心理健康状况的调查研究 ［J］. 教育研究与实验，1993（3）.

［142］郝振君. 试析当前教师的生存状态及其调适策略 ［J］. 中小学教师培训，2005（9）.

［143］李小华，郭玉凤. 湖南省高校教师健康状况调查分析 ［J］. 体育世界：学术版，2011（6）.

［144］丁新胜. 教师心理健康影响因素研究 ［J］. 中小学教师培训，2005（6）.

［145］杨效华. 教师心理危机的成因及对策探讨 ［J］. 中国教育学刊，2006（4）.

［146］庞丽娟，等. 教师心理健康：关注与促进 ［J］. 教育理论与实践，2003，23（5）.

［147］徐学俊，魏礼飞. 论教师心理健康与调适 ［J］. 教育科学研究，2001（1）.

［148］杨翠娥，等. 民族地区中小学教师职业压力及原因探析 ［J］. 湖南师范大学教育科学学报，2008，7（1）.

［149］彭小虎. 社会变迁中的小学教师生涯发展 ［D］. 上海：华东师范大学博士后研究工作报告，2005.

［150］李玉峰. 中小学教师的职业压力与应对策略 ［J］. 中小学心理健康教育，2004（11）.

［151］邵光华. 中学教师压力谈 ［J］. 江苏教育，2003（17）.

［152］陈明丽，许明. 国外关于教师职业压力的研究 ［J］. 福建师范大学学报：哲学社会科学版，2000（3）.

［153］邵光华，顾泠沅. 关于我国青年教师压力情况的初步研究 ［J］. 教育研究，2002（9）.

［154］强晓华，王守恒. 高职院校教师职业倦怠现状调查与消解策略研究 ［J］. 职教论坛，2010（13）.

［155］李向群. 中小学教师职业压力及应对策略 ［D］. 济南：山东师范大学硕士学位论文，2006.

［156］杨秀玉，杨秀梅. 教师职业倦怠解析 ［J］. 外国教育研究，2002，29（2）.

［157］黄赐英. 职业倦怠：制约教师专业发展的一种重要因素 ［J］. 中国教育学刊，2005（8）.

［158］曾玲娟. 新世纪的关注热点：教师职业倦怠 ［J］. 株洲师范高等专科学校学报，2002，7（3）.

［159］徐隽. 职业倦怠：教师积极教育行为的障碍 ［J］. 宁波职业技术学院学报，2002，2（2）.

［160］王芳. 医学院教师职业倦怠及影响因素的调查研究 ［J］. 上海交通大学学报：医学版，2010（12）.

[161] 赵玉芳, 毕重增. 中学教师职业倦怠状况及影响因素的研究 [J]. 心理发展与教育, 2003 (1).

[162] 伍新春, 等. 中小学教师职业倦怠的现状及相关因素研究 [J]. 心理与行为研究, 2003, 1 (4).

[163] 戴新利. 教师职业倦怠的表现及干预策略 [J]. 江西教育科研, 2006 (6).

[164] 杜刚. 新时期高校教师职业倦怠的归因及消解 [J]. 江苏师范大学学报: 哲学社会科学版, 2014, 40 (6).

[165] 宫贤平, 等. 中小学教师职业倦怠研究 [J]. 教学与管理, 2007 (15).

[166] 韩文根. 改善教师生存状态——从 "工作体" 向 "生命体" 回归 [J]. 教育探索, 2006 (7).

[167] 王军, 吴若岩. 教师健康谁来管 [N]. 中国教师报, 2004 - 04 - 21.

[168] 范威. 高校教师健康状况调查 [J]. 教育与职业, 2014 (22).

[169] 肖光畔. 中国教育问题调查: 问题教育 [M]. 北京: 大众文艺出版社, 2005.

[170] 秦彧. 高校教师的心理问题探源 [J]. 教育探索, 2005 (2).

[171] 廖玫, 等. 广东省中学教师健康状况调查与分析 [J]. 湖北广播电视大学学报, 2012, 32 (4).

[172] 陈嘉利. 我国高校教师健康状况调查及相关对策研究 [J]. 武汉理工大学学报: 社会科学版, 2014, 27 (5).

[173] 夏启健. 武汉 3 所高校教师健康状况调查 [J]. 中国学校卫生, 2013, 34 (9).

[174] 周绍祥. 高校教师健康状况调查与分析 [J]. 中国社区医师, 2014, 30 (11).

[175] [EB/OL]. http://blog. renren. com/GetEntry. do? id = 711322248&owner = 244367095.

[176] 张曙光. 生命及其意义——人的自我寻找与发现 [J]. 学习与探索, 1999 (5).

[177] 俞国良, 罗晓路. 教师教学效能感及其相关因素研究 [J]. 北京师范大学学报: 人文社会科学版, 2000 (1).

[178] [美] 班杜拉. 自我效能: 控制的实施 [M]. 缪小春, 等, 译. 上海: 华东师范大学出版社, 2003.

[179] 洪秀敏, 庞丽娟. 论教师自我效能感的本质、结构与特征 [J]. 教育科学, 2006, 22 (4).

[180] 高申春. 自我效能理论评述 [J]. 心理发展与教育, 2000 (1).

[181] 辛涛, 等. 教师自我效能感与学校因素关系的研究 [J]. 教育研究, 1994 (10).

[182] 刘国权, 周树军. 试论教师教学效能感 [J]. 吉林师范大学学报: 人文社会科学版, 2003 (1).

[183] 孙英. 幸福论 [M]. 北京: 人民出版社, 2004.

[184] 高兆明. 存在与自由: 伦理学引论 [M]. 南京: 南京师范大学出版社, 2004.

[185] 刘次林. 幸福教育论 [M]. 北京: 人民教育出版社, 2003.

[186] 董月玲, 张开平. 风靡哈佛的 "幸福课" [J]. 基础教育, 2007 (9).

［187］扈中平. 幸福是教育追求的终极价值［J］. 教育科学论坛, 2007 (11).

［188］冯建军. 教师的幸福与幸福的教师［J］. 中国德育, 2008, 3 (1).

［189］檀传宝. 论教师的幸福［J］. 教育科学, 2002, 18 (1).

［190］陈艳华. 谈教师的幸福［J］. 济南大学学报, 2003, 13 (1).

［191］曹俊军. 论教师幸福的追寻［J］. 教师教育研究, 2006, 18 (5).

［192］熊川武. 教研是教师幸福之源［J］. 上海教育科研, 2004 (5).

［193］何茂勋, 等. 教师幸福感的制约因素及对策探究［C］//教育与幸福论文集. 全国教育基本理论专业委员会第十一届学术年会, 2007.

［194］余欣欣, 李山. 积极心理品质: 教师职业幸福感的基石［J］. 广西师范大学学报: 哲学社会科学版, 2012, 48 (2).

［195］张道理, 等. 教师职业幸福感的缺失与重建［J］. 黑龙江高教研究, 2010 (12).

［196］赵汀阳. 论可能生活: 一种关于幸福和公正的理论［M］. 北京: 中国人民大学出版社, 2004.

［197］卞敏. 哲学与道德智慧［M］. 南京: 江苏古籍出版社, 2002.

［198］叩培尊, 吴也显, 等. 智慧型教师素质探新［M］. 北京: 教育科学出版社, 2005.

［199］辞海 (缩印本)［Z］. 上海: 上海辞书出版社, 2002.

［200］曹兴. 哲学净化: 与绝对的合理对话［M］. 北京: 民族出版社, 2005.

［201］吴安春. 论道德智慧的四重形态［J］. 教育科学, 2005, 21 (2).

［202］张楚廷. 论道德智慧［J］. 当代教育论坛, 2004 (11).

［203］龙兴海. 论道德智慧［J］. 湖南师范大学社会科学学报, 1994 (4).

［204］张茂聪. 道德智慧: 生命的激扬与飞跃［J］. 教育研究, 2005 (11).

［205］王东莉. 德育人文关怀论［M］. 北京: 中国社会科学出版社, 2005.

［206］［美］内尔·诺丁斯. 学会关心——教育的另一种模式［M］. 于天龙, 译. 北京: 教育科学出版社, 2003.

［207］吴安春. 回归道德智慧: 转型期的道德教育与教师［M］. 北京: 教育科学出版社, 2004.

［208］王海明. 论自省［J］. 伦理学研究, 2008 (1).

［209］孙正聿. 属人的世界［M］. 长春: 吉林人民出版社, 2007.

［210］蒋利国, 刘雪立. 略论生命道德的实质［J］. 中国医学伦理学, 2001 (2).

［211］冯建军. 生命道德教育的提出及其内涵［J］. 现代教育论丛, 2003 (6).

［212］汪永清. 新教育之梦［M］. 北京: 人民教育出版社, 2003.

［213］刘慧. 生命德育论［M］. 北京: 人民教育出版社, 2005.

［214］马克思恩格斯全集 (第3卷)［M］. 北京: 人民出版社, 1960.

［215］［美］卡罗尔·吉利根. 不同的声音［M］. 肖巍, 译. 北京: 中央编译出版社, 1998.

［216］［法］卢梭. 爱弥儿 (上)［M］. 李平沤, 译. 北京: 商务印书馆, 1999.

［217］孙正聿. 哲学通论（修订版）［M］. 上海：复旦大学出版社，2005.

［218］［德］博尔诺夫. 文化人类学［M］. 李其龙，译. 上海：华东师范大学出版社，1999.

［219］张等菊. 论教育中的安全问题与人的生命价值［J］. 教学与管理，2009（15）.

［220］王雪. 沟通·理解·发展——谈谈如何构建新型师生关系［J］. 北京教育，2002（4）.

［221］叶澜，等. 教育理论与学校实践［M］. 北京：高等教育出版社，2002.

［222］孟建伟. 教育与生命——关于教育的生命哲学的思考［J］. 教育研究，2007（9）.

［223］周奎齐. 关注教师的生命发展［J］. 山东教育，2003（11）（中旬）.

［224］朱晓宏. 论哲学之思与教师专业发展［J］. 教育研究，2007（10）.

［225］叶澜. 让课堂焕发出生命活力——论中小学教学改革的深化［J］. 教育研究，1997（9）.

［226］刘瑞芳. 论教师生命意义的遮蔽与澄明［D］. 开封：河南大学研究生硕士学位论文，2006.

［227］张增田，靳玉乐. 论新课程背景下的对话教学［J］. 西南师范大学学报：人文社会科学版，2004，30（5）.

后　记

　　从中师到本科，从硕士到博士，我就读的学校都是师范院校。参加工作25年来，我从事的唯一职业是教师，工作的唯一学校是师范院校，教过的学生绝大多数是师范生（包括中师生、师范专科生和本科生）。从尝试进行教育科研时起，我思考过的问题、主持过的课题和发表过的论文也几乎都与教师有关。我的人生自然跟教师结下了不解之缘。一直以来我就有一个愿望，那就是写一本关于教师的书，将自己当教师的体验和感悟以及思考过的教师问题汇聚成册。《走向生命关怀的教师专业发展》就是我近十来年的思考和研究的成果。其中包含了主持过的两个课题："民族地区中小学教师生存状态的调查研究"（湖南省教育厅一般项目，2006—2009年）和"民族地区师范生从学生向教师转变的适应性研究"（湖南省教育科学规划一般项目，2011—2014年）以及发表过的10余篇论文。第一章中的"教师角色的现代转型"、第二章中"教师教学反思"的大部分内容、第四章中的"教师生存状态扫描""教师职业压力"和"教师职业倦怠"以及第五章的全部内容（"教师自我效能感""教师职业幸福感""教师道德智慧"和"教师生命道德"）都是在我发表过的论文的基础上修改而成的；第三章内容"阶段探寻：教师发展历程"是根据我的硕士学位论文《从师范生向教师转变的适应性研究》修改而成。还有一部分内容，如："教师专业发展的生命意蕴""教育叙事：教学反思的重要方式"和"教师专业合作"等则是根据我在攻读硕士学位期间提交的课程论文修改而成。

　　学问研究之路充满了艰辛，本书的出版使我感到了一丝丝的欣慰，但内心更多的是充满了惶惑和感恩。断断续续地一路走来，其中的酸甜苦辣只有自知。好在一路上得到过很多良师益友的帮助和鼓励，因此我才得以前行。在这里，我要对所有关心和帮助过我的人表达我最诚挚的谢意！首先，我要感谢导师郝文武教授。郝老师既是我的硕士生导师，也是我的博士生导师，能两次成为郝老师的学生是我此生最大的骄傲。最初认识郝老师非常偶然。2007年10月我到陕西师范大学参加了以"教育与幸福"为主题的学术年会，郝老师深邃的思想和独特而又带点幽默与陕北风味的主持风格深深地吸引了我，于是在2008年我鼓起勇气报考了陕西师范大学的硕士研究生并有幸被郝老师收入门下。2013年承蒙郝老师不弃又将我纳入门下攻读博士学位。郝老师渊博的学识、严谨的治学态度和勤于思考的习惯无时无刻不在影响着我。每每听郝老师讲《教育哲学》，我都有不同的启发和感悟。本书中的大部分内容都是在郝老师的启迪和耐心指导下完成的。书稿完成后郝老师又给了我极大的鼓励并提出了许多宝贵的修改意见，还耗精费神地为我写了序。对于郝老师的感激之情我实在难以言表，唯愿在以后的教育生涯和学术研究中时时以郝老师为楷模。

不惑之年才开始读硕、读博，肯定会遭遇跟年轻学子不一样的困难。但很多时候，我觉得自己还是很幸运的。读硕时学校给我安排了两位导师，如今攻读博士学位又有幸能接受两位老师的指导。除了郝老师之外，我还要特别感谢另外两位导师。高宝立教授是我的另一位博导。虽然由于地域的限制，我只跟高老师正式见过一面，但高老师温文尔雅的学者风范给我留下了深刻的印象。每次通过电话、短信和电子邮件请教学术问题，高老师都耐心地给予解答。高老师对教育问题的深刻剖析和独到见解给了我很多的启迪。年轻却颇有学术见地的郭祥超老师是我的另一位硕导，他对我硕士学位论文的选题和写作给了最直接的指导和帮助。同为郝门弟子，郝老师的很多学术思想我是通过郭老师才得以深刻领悟的。每每跟郭老师探讨学术问题，我都受益匪浅。郭老师还鼓励我读博，建议并督促我将硕士论文扩展、出书。本书的完成也是郭老师鼓励和帮助的结果。

对本书的部分内容提供过帮助的老师还有湖南师范大学教育科学学院的孙俊三教授和陈向阳教授、北京大学教育学院的文东茅教授、湖南文理学院的王亚力教授等，在此一并谢过。同时，我也要感谢陕西师范大学给我上过课的所有老师，感谢你们的学术思想和教学理念对我的影响和启发。感谢我工作单位——吉首大学师范学院的领导和同事们，感谢领导对我读硕、读博和进行学术研究的支持和鼓励，感谢同事徐桂荣、周忠华和石泽翰等老师给我提供的帮助，感谢龙晓飞、杨柳和符智荣等老师在工作上为我的分担，使我有更多的时间和精力来完成学业和进行研究。还要感谢接受我调查和访谈的中小学校和老师，感谢书中引用文献的所有作者。

本书的出版得到知识产权出版社汤腊冬编审的鼎力相助和具体指导，在此表示衷心的感谢！

最后，我还想感谢我年迈的双亲，你们长期以来的关爱和鼓励是我不断学习的动力；感谢我在小学任教的小妹和在中学任教的妹夫协助我进行的问卷调查和访谈；更要感谢我正在读高二的聪明伶俐的女儿，你的进步是我最大的安慰，你的健康快乐是我幸福的源泉！

尽管在本书的构思、写作和修改过程中我做了极大的努力，但由于能力和水平有限，缺点和错误在所难免，恳请读者和教育界同行专家不吝赐教。

杨翠娥

2015 年 11 月

于吉首大学师范学院